ullstein

Susanne Matthiessen, Jahrgang 1963, ist gebürtige Sylterin. Als Journalistin verarbeitet sie gesellschaftspolitische Entwicklungen zu Programmideen für Radio, Fernsehen und Internet. Sie hat unter anderem als Redaktionsleiterin der TV-Magazine *Dunja Hayali*, *Gabi Bauer* und – dort stellvertretend – *Sabine Christiansen* gearbeitet und ist langjährige Dozentin an der Akademie für Publizistik in Hamburg. Fünfzehn Jahre lang war sie Kolumnenschreiberin für die *Sylter Rundschau*.

Susanne Matthiessen lebt gern in Berlin, lebt aber nur am Meer richtig auf.

SUSANNE MATTHIESSEN

OZELOT UND FRIESENNERZ

Roman einer Sylter Kindheit

Ullstein

Besuchen Sie uns im Internet:
www.ullstein.de

Dieser Roman basiert auf wahren Begebenheiten, erhebt jedoch keinen Wahrheitsanspruch. Die dargestellten Ereignisse werden nicht zitatgetreu wiedergegeben. Manche Erzählsituationen stehen nicht in direkter Verbindung zu den genannten Personen.

Ungekürzte Ausgabe im Ullstein Taschenbuch
1. Auflage Juni 2021
5. Auflage 2023

Umschlaggestaltung: zero-media.net, München, nach einer Vorlage von Büro für Gestaltung – Cornelia Niere
Titelabbildung: © privat / Titelfotograf 1975: Tilo Frahm
Satz: LVD GmbH, Berlin
Gesetzt aus Galliard und Lydian
Druck und Bindearbeiten: CPI books GmbH, Leck
ISBN 978-3-548-06508-3

Für die Inselkinder

PROLOG

DIE SACHE MIT DER LAMMFELLJACKE

Man versucht sich rauszuwinden. Nicht zurückzurufen. Sich tot zu stellen. Aber das funktioniert nicht. Es kommt immer wieder jemand aus meinem alten Leben zu mir durch. Wie ein Sog ist diese gefährliche Sylter Unterströmung, gegen die man einfach nicht anschwimmen kann. Dabei bin ich schon vor Jahrzehnten weggezogen. Habe den Kontakt reduziert, mir eine halbwegs normale Existenz aufgebaut ganz woanders. Ich habe mir neue Freunde gesucht und einen ordentlichen Beruf gelernt. Meine Kindheit liegt sorgfältig verwahrt im Keller, der größte Teil sauber eingeklebt in Fotoalben. Der Rest in Kartons. Meinen norddeutschen Slang habe ich mir für seriöse Jobs bei Radio und Fernsehen abtrainiert, und über Jahre habe ich versucht, mich für die Inseln im Mittelmeer zu erwärmen. Hat alles nicht geklappt.

Ich bin und bleibe das Mitglied einer bizarren Schicksalsgemeinschaft. Und das habe ich inzwischen akzeptiert und meinen Widerstand endgültig aufgegeben. Ich bin Mitglied eines Vereins, aus dem man sich nicht rausmelden kann. Ich bin auf Sylt geboren – und deshalb automatisch mit der ganzen Insel verwandt. So eine Art Blutsbrüderschaft. Manchmal kommt es mir aber eher vor wie eine Sekte. Nur dass kein Außenstehender jemals erfährt, wer wirklich dazugehört. Ein vollständiges Register könnte ich zwar auch nicht anlegen, aber immer wenn ich die Sylter Rundschau aufschlage und die Traueranzeigen lese, weiß ich, ob wir wieder jemanden verloren haben. Das Verstörende ist, es kommt nichts mehr nach. Wir Sylter sterben aus.

Denn die Insel hat so ziemlich genau vor sechs Jahren, im Januar 2014, ihre Geburtsstation geschlossen. Und niemand startet für uns ein Volksbegehren wie in Bayern, wo für »Rettet die Bienen« mehr als 1,8 Millionen Menschen unterschrieben haben, damit die Artenvielfalt erhalten bleibt. »Rettet die Sylter!« wird nicht kommen. Ob wir Sylter aussterben oder nicht, interessiert in Wirklichkeit niemanden, am wenigsten uns selbst. Keiner rührt noch eine Hand. Und der Grund für die Schließung der Geburtsstation ist derartig banal, es grenzt schon an Beleidigung. Es ist schlichtweg zu teuer geworden, einen Kreißsaal mit Personal in der Westerländer Nordseeklinik zu betreiben. Für Krankenhäuser rechnet sich das erst, wenn mindestens sechshundert Frauen im Jahr ein Kind zur Welt bringen. Auf Sylt gab es in den Jahren vor der Schließung aber nur je achtzig bis hundert Geburten. Man möchte lachen. Jeden Monat werden auf dieser Insel zig Millionen Euro umgesetzt, auf dem teuersten Grund und Boden der Republik, aber eine adäquate medizinische Versorgung können wir uns nicht leisten.

Niemand wird mehr »Westerland/Sylt« als Geburtsort im Pass stehen haben. Dabei ist das doch wie Feenstaub. Diese Adresse verwandelt jeden Normalbürger in ein Sondermodell. Besser und exklusiver als Monaco. Als echte Sylterin gehört man qua Geburt automatisch einem Adelsgeschlecht an. Man ist immer etwas Besonderes. Wo auch immer der Personalausweis zum Einsatz kommt, sofort ist man im Gespräch. Kein Autoaufkleber wird in Deutschland häufiger gekauft als der Schattenriss der Insel. Inzwischen schon als Swarovski-Modell mit funkelnden Strasssteinen erhältlich. Ein Sehnsuchtsort, ein Fluchtpunkt für so viele Menschen. Und was man im Überschwang der Gefühle gern mal vergisst: auch ein Heimatort. Für mich zum Beispiel.

Ich wurde hineingeboren in diese Insel und bin ein Teil von ihr geworden. Ich bin mit ihr über so viele Jahre so stark verwachsen, dass ich mich nie wirklich überwinden konnte, meinen ersten Wohnsitz woandershin zu verlegen. Wenn einer die Insel quält, quält er auch mich. Wer Anspruch erhebt auf diese Insel, und das werden immer mehr, erhebt auch Anspruch auf mich. Wer durch die geschützten Dünen trampelt, der trampelt durch mich. Ich nehme es persönlich, wenn ich in der Sylter Rundschau lese: »FKK: Das Ende der Freikörperkultur. Immer weniger Menschen trauen sich nackt an den Strand.«

Denn nackt sein ist jetzt anstößig. Man wird von Badehosenträgern mit Handys gefilmt und als Mutant verhöhnt. Dabei heißt nackt sein doch frei sein. Schon gar in Wind, Sonne und Wellen. Wer die Nackten kränkt, kränkt auch mich. Wer die Nackten in weit entlegene Strandreservate verbannen will, der will auch uns Sylter loswerden. Ich frage mich schon lange, ob ich hier auf meiner eigenen Insel noch zu Hause bin. Aber wegziehen funktioniert nicht, das habe ich schon versucht. Ich kann mich eben nicht selbst verlassen.

Da ist ja auch noch so was wie Verantwortung. Denn diese Entwicklung haben wir uns selbst zuzuschreiben. Wir haben einfach alles aus der Hand gegeben. Die Brandstifter können nicht ernst meinen, was sie sagen, haben wir Biedermänner geglaubt und ihnen immer mehr Raum in unserem Haus gewährt. Bis sie es angezündet haben und fast zerstörten. In dem berühmten Theaterstück von Max Frisch haben die Eindringlinge ihre Taten angekündigt, und der gutgläubige

Bürger wollte es nicht wahrhaben, bis es zu spät war. Das Tückische an den Brandstiftern in der Literatur wie in der Realität war und ist, dass sie wie Freunde daherkommen. Sie sagen schreckliche Dinge, aber so charmant, dass der Biedermann ihnen nichts Zerstörerisches zutrauen kann. Sie wollten doch einfach nur auch ein kleines Stückchen dieser wundervollen Insel in ihren Besitz nehmen, wer könnte es ihnen verdenken. Und deshalb haben wir ihnen auch etwas abgegeben. Es war ja genug da. Gegen Geld natürlich. Sie nahmen aber immer mehr und mehr. Und für uns blieb weniger und weniger.

Die letzten zehn Jahre haben uns dann den Rest gegeben. Wir sind reich. Aber uns fehlen die Leute bei der Feuerwehr. Und viele von uns haben überhaupt keine echten Nachbarn mehr. Schulen wurden zusammengelegt oder ganz dichtgemacht. Mein Elternhaus? Abgerissen. Stehen jetzt vier langweilige Hausscheiben drauf. Dörfliches Leben gibt es eigentlich nur noch in Morsum und in Tinnum. Die Orte Kampen, Keitum, Rantum, Wenningstedt – leer. War es das wert? Meine Mutter sagt, ich übertreibe. Meine Freundin Korne sagt: »Alles hat seine Zeit.« Mein Vermieter sagt: »Hängen Sie bloß kein Protestplakat aus dem Fenster wie in Barcelona!« Meine frühere Deutschlehrerin sagt, wir würden alle als Wattwürmer wiedergeboren und müssten auf ewig durch den Schlick kriechen.

Apropos Wiedergeburt. Wie alle Sylter bin ich in der »Nordseeklinik« bei auflaufendem Wasser zur Welt gekommen. Direkt hinter der Düne. Auf Sylt kamen die Kinder immer mit der Flut. Setzten die Wehen ein, überprüfte die Hebamme erst einmal den Gezeitenkalender. Lief das Wasser ab, hatten alle noch jede Menge Zeit. Ob das jetzt genauso ist, wenn man auf dem Festland geboren wird, weiß ich gar nicht. Die Babys kommen ja jetzt aus Flensburg. Ob die auch mit der Flut rausgespült werden? Haben Säuglinge, die an der vergleichsweise zivilisierten Ostsee zur Welt kommen, denselben Respekt vor der Unberechenbarkeit des Meeres wie wir? Spüren sie die Gefahr des lauernden Untergangs? Gehören sie noch zu unserer Schicksalsgemeinschaft? Kaum ein Wort könnte besser beschreiben, was uns, die Kinder dieser Insel, zusammenschweißt. Laut Wikipedia bedeutet Schicksalsgemeinschaft »eine Gruppe von Personen, die einem gemeinsamen Schicksal ausgesetzt ist, zum Beispiel einer risikobehafteten oder gefährlichen Situation. Beispiele hierfür sind Schiffbrüchige, Geiseln oder in einem Bergwerk eingeschlossene Personen.«

Ja. Wir sind Eingeschlossene. Wir sitzen auf einer kleinen Insel, auf 99 Quadratkilometern, und um uns herum ist nur Wasser. Wohin man sich auch wendet, überall ist Endlosigkeit. Wir sind »Geiseln«. Wir kommen einfach nicht los von diesem großen Sandhaufen im Meer. Und wir sind auch Schiffbrüchige. Irgendwann über Bord gegangen, ohne dass es jemand bemerkt hätte. Und doch wurde jeder von uns wieder angespült – mehr oder weniger heil. Aber die Insel, die wir kannten, gibt es nicht mehr. Manche der ganz alten Sylter Originale wie Lütje Thaysen aus Archsum zum Beispiel orakeln herum und behaupten, dahinter stecke ein großer absichtsvoller Plan, und sie sagen auch, das sei die gerechte Strafe für das, was wir unserer Insel und damit vor allem uns selbst angetan haben. Alles hier sei »vermorscht«, friesisch für verrottet. Bisschen viel Dramatik für meinen Geschmack. Aber seit ich heute auf der Tinnumer Biike war, bin ich endgültig alarmiert.

Die Biike ist das letzte Fest, bei dem man auf der Insel noch echte Sylter einfach so treffen kann, ohne sich verabreden zu müssen. Am großen Feuer, das traditionell am 21. Februar nach Einbruch der Dunkelheit entzündet wird, rückt man zusammen und fühlt sich ein bisschen so wie früher, auch wenn man seine Leute zwischen den vielen Feriengästen erst mal gar nicht findet und sie aufwendig suchen muss. Denn seit einigen Jahren wird auch unsere urfriesische Biike als Touristik-Event vermarktet. Nimmt man ja gerne mit. Schließlich müssen sechzigtausend Gästebetten gefüllt werden, und das ist im Winter gar nicht so einfach. Wegen der Biike kommen nun auch im Februar immer mehr Leute von außerhalb auf die Insel, die vor allem eins, nämlich das Ursprüngliche suchen, denen das Sylter Salzwiesenlamm, der original Sylter Schafskäse, die echten Sylter Friesenkekse, das Sylter Bio-Galloway-Steak, die »Sylter Royal«-Auster, die Keitumer Friesentorte und das Lister Salathimmel-Dressing nicht mehr reichen, die wollen endlich auch mal einen echten Original-Sylter aus Fleisch und Blut sehen. Das kann man ganz gut in Tinnum, wo neben Westerland und Morsum im Vergleich zu den »Zweitwohnsitzen« die meisten Sylter leben.

Jedes Inseldorf hat sein eigenes Biikefeuer, das bei gutem Wetter weithin sichtbar übers Meer leuchtet. Die Biike ist keine rein Sylter Tradition, auch auf dem nordfriesischen Festland und auf den anderen Inseln werden riesige Feuer entfacht. Während die Biike brennt, halten Bürgermeister oder Ortsvorsteher oder andere verdiente Persönlichkeiten der Insel eine zumeist dazu passende, wahrhaft flammende politische Rede, häufig in friesischer Sprache, in der sehr oft der aus dem Ruder laufende Fremdenverkehr und der Zerfall unserer Sylter Gemeinschaft thematisiert werden. Manchmal fällt dieser Mahnruf auch ganz schön scharf aus, und man könnte ihn sogar als Aufschrei gegen den Ausverkauf der Insel verstehen.

Dass diese Lektion bei den meisten jedoch gar nicht ankommt und auch nicht die romantische Glühweinstimmung zerstört, in die sich unsere Gäste reingetrunken haben, mag daran liegen, dass Friesisch nicht mal mehr von den Eingeborenen verstanden wird, und sicherlich auch daran, dass meistens kein Mikrofon und keine Lautsprecher vorhanden sind und sich ein Megafon doch nur für eruptiv rausgebrüllte Parolen wirklich eignet. Wen es interessiert, morgen werden die Ansprachen in der Sylter Rundschau veröffentlicht. Da wird dann stehen, dass Raphael Ipsen in Tinnum gesagt hat: »Liebe Sylter, bitte begeistert euch für diese Gemeinde und für unser Sylt. Weg vom schnellen und spekulativen Einfluss von außen, hin zum selbstbestimmten Weg für uns und unsere Zukunft und die unserer Nachkömmlinge.« Und mein früherer Handballtrainer Peter Schnittgard ruft in Westerland beinahe zu den Waffen: »Wir müssen uns verbünden und eine gemeinsame Opposition gegen den Ausverkauf bilden!« Aber welcher Feriengast liest schon unsere Heimatzeitung und will wissen, was wir im Innersten fühlen und denken.

Darüber hinaus können sich alle Urlauber sicher sein, dass wir Sylter immer alles dafür tun, damit sie sich hier bei uns wie zu Hause fühlen können. Wir sind in erster Linie gute Gastgeber. Das liegt einfach in unseren Genen. Ja, wir mögen manchmal bellen, aber beißen tun wir ganz bestimmt nicht. Wir entrüsten uns nicht mal, wenn uns ein Marketingmensch aus Hamburg allen Ernstes einreden will, dass er auf dem Dachboden seines frisch erworbenen Friesenhauses ein altes Rezept für einen »Biikebrand« gefunden hat. Dieser Marketingmensch ist heute Abend hier am Feuer unterwegs. Auch mir hält er die Flasche unter die Nase. Er sagt, angeblich hätten unsere Vorväter diesen Schnaps getrunken. Und deshalb hat er gleich mal das Rezept ausprobiert und ein paar Probeflaschen bei einer Schnapsbrennerei in Auftrag gegeben. Er reicht mir ein Glas. Der Gag: In der Flasche schwimmt ein Stück verkohltes Holz. Zugegeben, das ist originell. Mit einer guten Geschichte kann man heute alles verkaufen. Am besten klebt man allerdings die gekreuzten Säbel der Sansibar drauf. Oder den Hummer von Gosch. Dann läuft's.

Zu seiner Ehrenrettung muss ich sagen, der Schnaps schmeckt gar nicht schlecht. Ein bisschen angebrannt sogar. Vielleicht hätte der sogar Chancen. Allerdings eher nicht bei der Inselbevölkerung. Der Sylter trinkt nämlich gerne Linie Aquavit. Diese Sorte Schnaps wird nachweislich in Sherryfässern im Bauch von riesigen Schiffen über den Äquator gefahren und hat deshalb eine gelbliche Farbe. Auch eine gute Geschichte, oder? Aber sie stimmt wenigstens. Bei dieser Gelegenheit möchte ich auch noch mit einem weiteren Vorurteil aufräumen: Wir trinken keinen Küstennebel! Auch der wurde uns untergejubelt. Selbst wenn mittlerweile sogar einige Nordfriesen behaupten, der sei auf der Hallig Gröde erfunden worden, alles nicht wahr. Küstennebel ist ein Fake. Ja. Aber ich weiß auch, dass es aussichtslos ist, den Menschen die Wahrheit zu sagen. Alle glauben, was sie glauben wollen.

Die Küste. Das Meer. Die Insel. Vollkommen in Ordnung. Dünen. Kutter. Orkan. Diese Begriffe lösen Bilder aus, ganze Assoziationsketten. Wir leben mit diesen Bildern. Wir leben in diesen Bildern. Wir erzeugen diese Bilder sogar selbst, denn wir sind uns als Einheimische bewusst, dass wir alle Klischees vom Leben am Meer bedienen müssen, denn von diesen Bildern leben wir. Wir sind anpassungsfähig. Waren es immer schon. Ich gebe dem neuen »Biikebrand« auf jeden Fall eine Chance, bedanke mich beim Hamburger Flaschengeist und kämpfe mich im Feuerschein der Biike weiter durch die Menschentrauben auf der Suche nach meinen Freunden.

Üüs Söl'ring Lön', dü best üüs helig
Dü blefst üüs ain, dü best üüs Lek!
Din Wiis tö hual'en, sen wü welig
Di Söl'ring Spraak auriit wü ek.
Wü bliiv me di ark Tir forbün'en,
Sa lung üs wü üp Warel' sen.
Uk diar jaar Uuning bütlön' fün'en,
Ja leeng dach altert tö di hen.

Kumt Riin, Kumt Senenskiin,
Kum junk of lekelk Tiren,
Tö Söl' wü hual' Aural;
Wü bliiv truu Söl'ring Liren!

Di Seewinj soong me litjem Suusin,
Hur ik üp Söl' üs Dütji slöp;
Fan Strön' jert ik dit eewig Bruusin,
Üs ik bi Mooters Hun' jit löp.
Ik haa di Stairer al bihöl'en,
Diar jens üüs Jungens Hemelrik,
Di Teft ön Uursem, fol fan Krölen,
Üüs Spölplaats bi di Bosk üp Dik.

Kumt Riin, Kumt Senenskiin,
Kum junk of lekelk Tiren,
Tö Söl' wü hual' Aural;
Wü bliiv truu Söl'ring Liren!

Unser Sylter Land, du bist uns heilig,
du bleibst unser Eigen, du bist unser Glück!
Deine Sitten wollen wir erhalten!
Die Sylter Sprache vergessen wir nicht.
Wir bleiben mit dir allzeit verbunden,
solang wir auf der Erde sind.
Auch wer sein Heim draußen gefunden,
sehnt sich doch immer zu dir hin.

Kommt Regen, kommt Sonnenschein,
kommen dunkle oder glückliche Zeiten,
zu Sylt halten wir immer;
wir bleiben treue Sylter Leute!

Der Seewind sang mit leisem Säuseln,
wo ich auf Sylt als Säugling schlief,
vom Strand hörte ich das ewige Rauschen,
als ich an Mutters Hand noch lief.
Ich habe die Plätze alle im Herzen,
die einst unser Kinderparadies:
die Wiese am Haus, im Frühling voller Blumen,
unser Spielplatz bei dem Busch am Deich.

Kommt Regen, kommt Sonnenschein,
kommen dunkle oder glückliche Zeiten,
zu Sylt halten wir immer;
wir bleiben treue Sylter Leute!

Als ich endlich meine treuen Sylter Leute finde, ist meine Wachstuchfackel schon ziemlich runtergebrannt. Gerade wird die friesische Inselhymne »Üüs Söl'ring Lön« (Unser Sylter Land) angestimmt, die hier bis auf ganz wenige Ausnahmen niemand mitsingen kann. Ich auch nicht. Und da ist auch Pfuschi, mit der habe ich 1982 am Gymnasium Sylt das Abitur bestanden. Sie hat sich danach mit einer Apartmentreinigung selbstständig gemacht und wird jetzt allerdings von einem immer größer werdenden Fanklub als Ikone des Sylter Fastenwanderns angebetet.

Pfuschi freut sich und umarmt mich wie in alten Zeiten. Sie ist mit ihrer Teenagertochter Merle da. »Scheiß-Fackel«, sagt Merle, »dauernd fällt der Stiel raus, der ist viel zu klein.« »Ist mir auch schon aufgefallen«, sage ich. Dieses Jahr sind die Fackeln bleistiftdünn, brennen total schnell ab und lassen sich nicht richtig festhalten. Gab's bei HB Jensen. Das größte Kaufhaus in Westerland. Da holen wir immer unsere Fackeln.

»Ich hab noch gefragt, ob sie keine anderen haben«, sage ich zu Pfuschi und Merle, »aber die Frau an der Kasse hat gesagt ›Nee‹. Dann habe ich gefragt, ob es noch irgendwo bessere Fackeln gibt, da hat sie gesagt: ›Ich kenn mich hier nicht aus. Ich komm vom Festland.‹« – »War ja klar«, sagt Pfuschi, »lauter unbekannte Leute in den Geschäften.« Sylt braucht viel Personal. Und das findet man immer weniger auf der Insel. Deshalb besteht zwischen Sylt und dem Festland ein reger Austausch von Menschen. Pendelverkehr. Weil man auf der Insel kaum noch bezahlbare und vor allem zumutbare Wohnungen findet, leben diejenigen, die den Laden am Laufen halten, auf dem Festland, in Niebüll, in Klanxbüll, in Emmelsbüll und sogar bis Husum rauf oder weiter. Die gesamte Region Nordfriesland hängt wirtschaftlich am Sylter Fremdenverkehr, eine unglaubliche Cash-Maschine.

Es ist eine Völkerwanderung, die jeden Morgen und jeden Abend am Bahnhof in Westerland zu beobachten ist. Rund viereinhalbtausend Menschen kommen morgens mit der Bahn auf die Insel zur Arbeit und fahren abends wieder über den Hindenburgdamm zurück. Das entspricht ungefähr einem Viertel der gesamten Inselbevölkerung.

Aber immerhin, Pfuschi wohnt noch auf der Insel, und zwar bei ihren Eltern in Keitum. Zusammen mit ihren beiden Töchtern. Die Familie besitzt an der Wattseite einen alten Hof, der nicht mehr besonders gut in Schuss ist. Da müsste man mal richtig investieren, eine Kernsanierung machen. Schön weiß gestrichen von außen. Reetdach, grüne Holztore, Specksteinpflaster im Innenhof. Aber im Grunde ist alles Bruch, und nur was funktionieren muss, ist notdürftig geflickt. Im Winter heizen ihre Eltern wie in alten Zeiten nur die große Küche und die angrenzende Stube. Weil das Öl so teuer ist, wird der alte Kachelofen angeschmissen. Auch die Gästeapartments haben bessere Zeiten gesehen. In den meisten gibt es überhaupt keine Heizung. Fernseher wurden auch abgeschafft, seit Kabel Deutschland am 4. Dezember 2018 die ganze Insel auf digital umgeschaltet hat.

»Der schlimmste Tag unserer Geschichte«, sagt Oliver Boettiger, der Chef von HB Jensen. Er wirkt immer noch wie unter Schock nach einem Erdbeben. »Da gingen auf der Insel die Fernsehlichter aus, und unsere Elektroabteilung wurde plattgemacht.« Über Nacht waren in Tausenden Ferienwohnungen, Hotelzimmern, Privathaushalten plötzlich die Fernseher tot. Kaum jemand war vorbereitet. Und wer einmal erlebt hat, wie Feriengäste ausflippen können, wenn der Fernseher nicht funktioniert, möchte diesen Tag und die Wochen danach am liebsten aus der Inselchronik streichen. Wir wurden so kurz vor dem Weihnachts- und Silvestergeschäft alle kalt erwischt. Noch heute arbeiten die Fernsehtechniker die Folgen vom »Schrecklichen Dienstag« ab.

Fachleute sind auf der Insel schwer zu bekommen. Was natürlich auch mit dem sich alarmierend auswachsenden

Fachkräftemangel zu tun hat, der auf Sylt seine ganz eigenen, seltsamen Auswirkungen hat. Es fehlt einfach überall Personal. Heizungen bleiben kalt, Gärten verwildern, Arztpraxen rufen den Notstand aus, Fachleute fehlen Sylter Tischlereien, in der Hausbetreuung, bei Dachdeckern und Fliesenlegern. Aber vor allem fehlt Gastronomiepersonal. Zimmermädchen, Hausdamen, Kellner, Köche, Reinigungskräfte. Deshalb hängt an mancher Tür schon ein Schild »Wegen Personalmangels geschlossen«. Sylt hätte so gern noch viel mehr Geflüchtete auf der Insel aufgenommen, um sie bedarfsgerecht auszubilden. Aber wir haben leider, leider, leider zu wenige abbekommen. Wenn es irgendwo richtig funktioniert hat mit der Integration, dann hier. Aber von denen ist bedauerlicherweise auch niemand Fernsehtechniker geworden.

Pfuschi sagt, bevor sie jetzt überall digitale Kabelanschlüsse verlegen lässt und dann Smart-TV an die Wände hängt, was heute wie selbstverständlich überall erwartet wird, verzichtet sie lieber ganz. Pfuschi hat aus der Not eine Tugend gemacht und hat Erfolg mit ihrem »Basic Lodging«. Sie beschwört den Geist von Klappholttal, der Barackensiedlung in den Dünen zwischen Kampen und List. Dort, in der damaligen Einöde zwischen Weststrand und Wattenmeer, wurde vor ziemlich genau hundert Jahren von Knud Ahlborn ein Ort der Begegnung gegründet, wo »Naturfreunde, Künstler und andere innerlich lebendige Menschen, die körperliche Erfrischung und geistige Anregung« finden sollten, wie es in einem Prospekt aus dem Jahr 1930 heißt. »Sommerliche Quintessenz eines Anders-leben-Wollens […] fernab der Brennpunkte von Politik und Wirtschaft« wird darin ebenfalls versprochen. Aus Entsagung entstand dort ein eigener Lifestyle, und der ist aktueller denn je. Dazu gehört und gehörte auch immer schon natürliche Nacktheit. Klappholttal ist für seine Verzichtkultur berühmt. Die »Akademie am Meer« ist eine für Sylter Verhältnisse wahrlich spartanisch ausgestattete Volkshochschule. Immer noch Pritsche statt Matratze. Auch das ist Sylt.

Eigentlich fing es genau damit mal an. Das Urwüchsige hat den Ton gesetzt. Das Unbezwingbare der Natur hat die Leute fasziniert. Und ich will mich da gar nicht ausnehmen. Dieses Gefühl der Tiefe und die Einsicht in die eigene Vergänglichkeit, das kann einen schon umreißen. Am Meer zu stehen und im selben Moment zu wissen, dass es etwas viel Größeres gibt als einen selbst, das löst bei mir eine innere Ruhe und bei manch anderen – wie ich auch schon gehört habe – geradezu Panik aus. Es ist genau dieses »Sylt-Gefühl«, warum so viele Menschen kommen. Und manche sind sogar bereit, jeden Preis zu zahlen, um einen Teil von dieser »magischen Insel« zu besitzen.

Falls Pfuschis Eltern jemals auf die Idee kommen sollten, ihren Hof zu verkaufen, was angesichts des Verfalls eine ziemlich gute Idee sein dürfte, würde ich allein für diesen Tipp von einem der hundertfünfzig (!) Immobilienmakler, die hier auf der Insel tätig sind, ein Prozent Provision auf die zu erwartende Kaufsumme erhalten. Und Pfuschis Hof taxieren die Fachleute auf mindestens fünf Millionen. Aber so was mache ich nicht. Es gibt allerdings Reinigungskräfte, Gärtner und Hausbetreuer, die mit solchen Indiskretionen sehr viel Geld verdienen. Gerät eine Ehe in die Krise, wird jemand ernsthaft krank oder kündigt sich eine andere Sorte tief greifender Veränderung der familiären Verhältnisse an, dauert es nicht lange, bis man ein Angebot im Briefkasten hat.

Wie oft ich schon von Arbeitskolleginnen und -kollegen in ganz Deutschland angesprochen worden bin, ob ich nicht was wüsste: »was Kleines, kann auch gerne eine Remise sein, sollte aber schon Strandnähe haben, gerne auch renovierungsbedürftig, ich kaufe sogar nur eine Garage …«, kann ich schon gar nicht mehr zählen. Ganz zu schweigen von den »guten alten Freunden«, die sich immer mitten in der Hochsaison melden und fragen, ob man nicht für ein paar Tage ein Bett auf Sylt für sie frei hätte, »das Wetter ist doch so schön«. Das kennen wir Sylter alle. Und lachen auch gern mal kollektiv über so viel Naivität.

Es gibt so vieles, was uns Sylter verbindet. Das Geschichtenerzählen, was man alles mit den Gästen so erlebt hat, gehört dazu. Und hier sind sie heute Abend alle versammelt, meine Freunde aus Kindheitstagen, manche sogar zusammen mit ihren Eltern, zum traditionellen Fest der Einheimischen. Und gekommen ist natürlich auch Malte Fürbringer, Spross einer eingesessenen Vermieterdynastie. Den kenne ich eigentlich nicht so gut persönlich, aber die Leute reden viel über ihn. Er steht gleich neben Pfuschi und hat ganz profimäßig seine »Biikejacke« an, ein alter Sack, vom Funkenflug vergangener Jahre durchlöchert. Und wie man sieht, hat der Ärmel auch irgendwann schon mal Feuer gefangen.

Malte ist einer von denen, die alle Hände schütteln und zu jedem Thema was zu sagen haben. Er trägt die Haare inzwischen wieder surferlang, obwohl er schon Mitte fünfzig ist, und spielt am Brandenburger Strand den ganzen Sommer über mit den Urlaubern Volleyball. Zweimal geschieden und jetzt Großvermieter. Vor fünf Jahren hatte er hundertachtzig Gästewohnungen, jetzt sind es dreihundertzwanzig.

Er akquiriert die Apartments von Zweitwohnungsbesitzern, die eine Möglichkeit suchen, ihre Objekte zu refinanzieren. Das Geschäft boomt. Selbst wenn deren Einrichtung neu und exquisit ist, reißt er alles raus und richtet sie nach seinen Prinzipien ein. Alles ist identisch, überall dieselben Modelle: Betten, Federkernmatratzen, dieselben Esstische, Teppiche, dieselben Stehleuchten, dieselben Strandfotos an der Wand. Nespresso-Maschine in der Küche, Strandkorb auf der Terrasse. Dasselbe Geschirr, dieselben Gläser. Malte hat in Rantum einen alten Bootssteg aufgekauft und lässt die wettergegerbten Planken »in liebevoller Handwerksarbeit« zu klassischen »Beachhouse Möbeln« verarbeiten.

Was Malte Fürbringer betreibt, ist ein riesiges dezentrales Hotel. Wenn etwas kaputtgeht, gibt es sofort Ersatz, weil er vom Wasserkocher bis zum Handtuch alles vorrätig hat. Und weil er mit seinem Geschäftsmodell zu Großhandelspreisen einkaufen kann, rechnet sich das auch. Malte Fürbringer kann sich leisten, Hausmeister zu beschäftigen, die sogar auf der Insel wohnen. Wenn nachts der Rauchmelder loskreischt oder für die späte Dusche das Wasser nicht heiß wird, steht immer jemand bereit, der helfen kann. Bei den meisten anderen Vermietern müssen die Gäste durchhalten, bis frühmorgens der erste Zug die Handwerker zusammen mit den gedruckten Tageszeitungen auf die Insel bringt. Das ist natürlich ein Vorteil. Weil der Konkurrenzdruck mittlerweile so enorm ist, ist jede Annehmlichkeit ein Pluspunkt und im Zweifel eine Buchung mehr.

Alle nehmen sich gegenseitig die Übernachtungsgäste weg. Mit jedem neuen Objekt, das auf den Markt kommt, bleibt andernorts ein Bett leer, oder es müssen einfach noch viel mehr Gäste auf die Insel geholt werden, sonst funktioniert unser aller Business nicht mehr richtig. Die Urlauber surfen durchs Internet auf der Suche nach der perfekten Unterkunft und buchen dann dort, wo sie für einen guten Preis den meisten Komfort bekommen. Netflix, Regendusche, Induktionsherd, Bügelbrett.

In der Sommersaison spielt das nicht so eine große Rolle. Da ist sowieso jedes Bett vermietet, und sei es noch so durchgelegen. Das Geld wird in der Nebensaison verdient. Und die Auswahl ist riesig. Deshalb wird es für Kleinvermieter immer schwieriger, einen guten Schnitt zu machen. Weil der Platz in ihren Häusern begrenzt ist und man für Erweiterungen in den allermeisten Fällen keine Baugenehmigung bekommt. Viele Kleinvermieter haben deswegen die Schlaf- und Badezimmer ihrer Apartments kurzerhand in den Keller verlegt. Aber genau das läuft nicht mehr so gut. Die Gäste möchten nicht mehr unter der Erde schlafen. Es ist ja auch illegal. Wenn es Alternativen gibt, bucht man lieber eine andere Ferienwohnung mit Blick nach draußen. Auch die klassische »Sylt-Garage« hat ihre besten Zeiten gesehen. Meistens schlecht isoliert, ohne größere Fenster. Die stehen jetzt in der Nebensaison leer und können nicht mit den vielen neuen Objekten konkurrieren, die nur deshalb entstehen, weil Kapitalanleger nicht wissen, wohin mit ihrem Geld. Wenn man zu viel davon hat, muss man bei den Banken Strafzinsen auf sein Vermögen zahlen. Dann doch lieber nach Sylt tragen, Immobilien kaufen und den Markt der Kleinvermieter ruinieren.

Auf Sylt wurde schon immer Geld mit Geld verdient. Aber jetzt wird es kritisch. Es fallen immer mehr von denen hinten runter, die mit der Ferienvermietung ihren Lebensunterhalt auf der Insel bestreiten. Die Einkünfte werden weniger, und oft bleibt nicht genügend übrig, um immer auf dem neuesten Stand zu bleiben und jede Mode mitzumachen. In den Topapartments ist zurzeit alles weiß, creme und sandfarben eingerichtet. Das sieht gut und modern aus (»Hampton Style«) auf den Bildern im Internet. Aber ein Glas Rotwein auf dem schicken Polstermöbel reißt dann sofort ein ganz schönes Loch in die Kasse der Kleinvermieter. So geht es zum Beispiel meinem Kinderfreund Lars.

Seit seine Mutter gestorben ist, meine heiß geliebte Tante Elvi, hat er ihr Gästehaus im Süden von Westerland übernommen inklusive aller Apartments. Er ist einer von denen, die zurückgekommen und auf die Ferienvermietung angewiesen sind. Einer von den Echten. Ich bin jedes Mal aufs Neue irritiert, wie eng ich mich mit ihm verbunden fühle. Wir sehen uns so selten, und trotzdem kommt er mir wie mein kleiner Bruder vor. Seine Haare sind inzwischen weggeweht, und doch hat sich das Kindliche in ihm erhalten. Wenn ich Lars treffe, steigen Bilder auf: der schlanke, sehr blonde Junge in seiner barocken »Fürst Metternich«-Uniform mit den goldenen, fransigen Epauletten auf der Schulter.

Ich sehe Lars vor meinem inneren Auge, wie er auf exklusiven Partys bei gut betuchten Hausbesitzern Furore macht, weil er Champagnerflaschen öffnet, indem er ihnen mit dem Säbel den Kopf abschlägt. Lars, ein strahlender junger König. Im Sabrieren war er spitze. Dafür legte er sich eine Magnumflasche auf die linke Hand und den Unterarm und führte mit der rechten den Säbel schwungvoll am Glas entlang, bis die Klinge auf den Wulst am Flaschenhals traf. Es machte Knack, und der Korken flog dann mitsamt Glaskopf viele Meter weit. Eventuelle Glassplitter wurden durch den Druck des sprudelnden Champagners weggeschleudert. Der geübte Sabreur Lars öffnete jede Flasche, ohne dass zu viel vom Inhalt verloren ging. Das machte ihm keiner nach. Auch kein Erwachsener. Diese Zirkusnummer geht übrigens auf Napoleon zurück. In Frankreich ist es sogar üblich, den abgeschlagenen Kopf und Korken mit dem Datum der Zeremonie zu beschriften und das Ganze als Glücksbringer aufzubewahren. Und ja. Ziemlich dekadent. Aber hey. Das hier ist Sylt! Und als Inselkind sollte man schon ein paar Kunststücke auf Lager haben.

Nur ein paar Meter weiter steht, beleuchtet vom Feuerschein, meine »Uralt-beste-Freundin« Korne. Wie immer unbewegt, unbeeindruckt, emotionslos, friesisch, kühl. Sie ist eine hochgewachsene, imposante Erscheinung, immer tadellos gekleidet. Niemals verliert sie die Fassung. Sie verzieht keine Miene und starrt ins Feuer. Selbst als ich schreiend näher komme, macht sie keine Anstalten, mich zu begrüßen. Schon lange habe ich das Gefühl, dass sie pausenlos damit beschäftigt ist, sich zu überlegen, wie sie diesen Familienfluch loswird. Einmal Hotel, immer Hotel. In der vierten Generation. Obwohl sie niemals das Geschäft übernehmen wollte, führt sie inzwischen das Traditionshotel Wünschmann in Westerland. Allein. Wie damals schon ihre Mutter.

Ich höre noch, wie sie mit dem Fuß aufstampft und als Zehnjährige durch den Flur ruft: »Ich gehe niemals ins Hotel! Ich werde Pilotin!« Aber irgendwie hat das nicht geklappt, und sie ist hier hängen geblieben und hat nur die teuersten Gäste. Meine Mutter hat mir erzählt, Korne steckt jedes Jahr zweihunderttausend Euro in die Modernisierung ihrer Zimmer. »Mindestens«, meinte meine Mutter. Wenn ich über Korne spreche, sage ich immer automatisch »meine Cousine«. Und sie macht es genauso. Dabei sind wir gar nicht verwandt. Das hat sich gehalten. Wie eigentlich alles, was sich in unserer Kindheit festgesetzt hat.

»Kommst du später mit in die Alte Schule zum Grünkohlessen?«, frage ich Korne. »Die ganzen Eltern sind auch da.« »Ja«, sagt sie knapp. Und das war's dann schon mit ihr. Auch sie arbeitet hart und sucht wie alle dringend Personal. Zu vierzig Prozent ist sie unterbesetzt, zieht selbst die Betten ab, kümmert sich allein um die gesamte Hotelwäsche und stellt zu nachtschlafender Stunde in der Küche das Gourmetfrühstück für ihre Gäste zusammen, das im Hotel Wünschmann natürlich noch am Tisch serviert wird.

Ursprünglich wurde die Biike vor Jahrhunderten entzündet, damit die Sylter Seeleute, die genau an diesem Tag die Insel verließen und mit ihren großen Segelschiffen auf Walfang gingen, ihre Heimat noch möglichst lange sehen konnten. Am nächsten Tag ist dann traditionell Petritag, da feiern die Frauen und Kinder ausgelassene Feste, und von da an übernahmen die Frauen auch das Regiment über die Insel. Das hat im Laufe der Jahrhunderte Spuren hinterlassen. Frauen auf Sylt haben seit jeher eine starke Stellung. Sie führen auch heute Betriebe, Behörden, Banken – ganz selbstverständlich auch allein. Niemand würde das infrage stellen. Denn das war immer schon so auf der Insel. Ich würde fast sagen, man erinnert sich an die Sylter Frauen eher als an die Männer. Und es zeichnet diesen Ort auch aus. Alle unsere Mütter sind berufstätig gewesen, manche stehen heute noch im Geschäft. Klassische Hausfrauen auf Sylt? Gab's nicht.

Wir nennen unsere Clique »Inselkinder«, das hat sich so eingebürgert. Wir heißen Korne, Pfuschi, Lars, Nann, John, Wiebke, Sönke, Jörn oder tragen typische Generationsnamen wie Claudia, Birgit, Thomas, Susanne, Stephanie, Dirk und Jörg. Wir sehen uns häufig in unterschiedlichen Besetzungen, auch weil wir uns auf diesem vergleichsweise kleinen Eiland ständig über den Weg laufen. Im härteren Kern sind wir ungefähr zwanzig Leute, davon fünf Geschwisterpaare.

Wir alle sind Mitte der 1960er-Jahre auf die Welt gekommen, die sogenannten »geburtenstarken Jahrgänge«. So viele Kinder gab es nie wieder. Nicht auf Sylt und nicht in ganz

Deutschland. Wir sind einfach die meisten. Unsere Eltern waren damals ein bisschen hippiemäßig. Es waren die späten Sechziger- und frühen Siebzigerjahre. Es war die Zeit der sexuellen Revolution. Sylt boomte und wurde geradezu von Feriengästen überschwemmt. Unsere Eltern waren jung, und die Geschäfte liefen glänzend. Während der Saison standen sie bis spät in der Nacht im Laden, in den Wintermonaten waren sie auf Reisen, und zu Hause ließen sie es einfach laufen. Hat funktioniert. Sie sind alle wohlhabend geworden. Manche sogar richtig reich. Die Langmaacks hätten jetzt sogar noch einiges mehr in der Tasche, wenn die Oma von Tante Ingrid nicht diese hässlichen, bunten Klecksbilder weggeworfen hätte, die ihr damals ein merkwürdiger Maler namens Emil Nolde geschenkt hatte.

Es waren Sylts »goldene Jahre«. Wer da keinen Erfolg hatte, musste tot sein. Zweistellige Zuwachsraten im Fremdenverkehr. Und das in jedem Jahr! Es war wie ein Rausch. Dazu die ganzen Partys, die verrückten Leute, der deutsche Jetset, die Hochfinanz, die Hemmungslosigkeit. Wir Kinder waren immer dabei. Manchmal dichter, als gut für uns war. Und die meisten von uns haben nicht die besten Erinnerungen daran. Aber schlecht geht es uns jetzt ja auch nicht. Wir haben die Geschäfte unserer Eltern übernommen und sind nun die Verweser der guten alten Zeiten. Hotels, Gastronomie, Versicherung, Feinkost, Hausverwaltung, Apartmentvermietung, Souvenirhandel …

Alle leben immer noch sehr gut von dieser Insel. Für mich und meine jüngere Schwester gilt das allerdings nicht. Wir sind Opfer einer Zeitenwende, die ihre Zerstörungskraft erst jetzt voll entfaltet und die für die meisten von uns nur eins bedeutet: Verlust. Das Geschäft unserer Eltern gibt es nicht mehr. Dabei gehörte es mit Abstand zu den erfolgreichsten auf Sylt. Wir waren richtig groß, und wir waren sogar Marktführer in ganz Deutschland. Wir sind der Kollateralschaden eines veränderten Lifestyles und haben deutlich zu spüren bekommen, was es heißt, wenn der Wind dreht und einem plötzlich mit Orkanstärke ins Gesicht bläst.

An unseren Händen klebt Blut. Wir sind Aussätzige. Niemand, der von sich behauptet, ein Gewissen zu haben, würde bei uns etwas kaufen. Weil wir Mörder sind. Unsere Scheiben wurden eingeworfen, unsere Autos mit Farbe beschmiert, wir wurden beschimpft, bepöbelt, mit Buttersäure angegriffen. Denn wir haben mit gequälten Kreaturen gehandelt. Unsere Eltern hatten ein Pelzgeschäft. Heute würde man sagen: »Echtpelz«-Geschäft.

Jetzt ist es raus.

Der Zeitgeist hat uns weggespült. Wir sind zusammen mit der Generation »Wir sind wieder wer« untergegangen. Pelze sind nur noch dafür da, anderen den gesunden Menschenverstand abzusprechen und sich rückwärts zu gruseln. Dabei war das Pelztragen einmal der weithin sichtbare Ausweis, dass man es geschafft hatte, dass man drin war im Klub. So viel Pelz wie auf Sylt war höchstens noch in St. Moritz. Doch mit dem Pelz sind auch die »Reichen und Schönen« von den Flaniermeilen Sylts verschwunden. Geblieben sind nur noch die Reichen. Und eine Szene, die nicht mehr zeigt, was sie hat, und sich stattdessen hinter hohen Hecken und verschlossenen Nachbauten von altfriesischen Türen von der Außenwelt abschottet.

Auf den Friesenwällen, die – übrigens typisch Küste – immer schon einen freien Blick auf die Häuser und ihre Bewohner garantierten, stehen jetzt dichte Nadelhölzer von Willi Petersen oder Stephan Hansen. Die Alt-Sylter bauen den Neu-Syltern ihre Festungen aus. Für Geld machen wir einfach alles. Wir pflastern dem Karl-Heinz Rummenigge auch sein FC-Bayern-Logo riesengroß in die Einfahrt vor seinem Haus in Kampen.

Und wir designen auch dem Guido Maria Kretschmer und seinem Mann eine derartig spektakuläre Hochzeitstorte, dass »Bunte« und »Gala« damit ihre Coverstorys aufmachen.

Wir lackieren den Leuten auch ihre Gärten mit echter Farbe, damit zum Beispiel der Rasen so frisch und so saftig und so grün strahlt wie auf einem hochauflösenden 92-Zoll-Fernseher.

Künstliche Welten sind unsere Spezialität. Weil viele Hausbesitzer ihre riesigen Anwesen monatelang nicht nutzen, manche kommen jahrelang nicht, kann man bei uns auch ein Attrappenleben für die eigene Immobilie buchen. Dann liegt eine aktuelle Zeitschrift auf der Sonnenliege, ein Volleyballnetz ist im Garten gespannt, ein Kaffeetisch wird erst gedeckt und dann wieder abgedeckt. Selbst ein Soundpaket der Alltäglichkeiten, Staubsaugergeräusche, Telefonklingeln, Radiomusik, kann mitgebucht werden. Das Basispaket kostet knapp tausend Euro im Monat, Extras extra. So was machen wir auf Sylt. Eskapaden sind unser Geschäft. Was der Kunde möchte, das bekommt er. Aber privat legen wir Einheimischen sehr großen Wert darauf, dass wir uns von diesem Zirkus distanzieren, und erholen uns im engeren Kreis wie ganz normale Leute, die bei Grünkohl, Bier und Schnaps alte Traditionen hochhalten und uns heute über das Biikefeuer genauso freuen können wie schon damals als Kinder.

Auch wenn hier in Tinnum gerade der Wind dreht und wir auf einmal in einer beißenden Rauchwolke stehen. War ja wieder mal klar. Aber es stinkt hier auch noch nach was anderem. Ich kann diesen schlimmen Geruch gar nicht zuordnen. Er weht mich an, und doch kommt er mir nicht richtig zu Bewusstsein. Doch noch bevor ich mir darüber Gedanken machen kann, gibt's schon wieder einen Schnaps aus dem Flachmann von Pfuschis Opa, Kümmel. Und auf einmal weiß ich, woran mich dieser strenge Geruch erinnert, der hier gerade in der Luft steht.

Es riecht nach diesen bunt und großflächig bestickten afghanischen Lammfellmänteln aus den 1970er-Jahren, die diese engen Röhrenärmel hatten und an den Kanten lange Zotteln. Es riecht nach Ammoniak und vergorener Milch. Aber niemand außer mir scheint sich daran zu stören. »Guck mal, ich habe mir eine neue Lammfelljacke gekauft«, sagt Pfuschi, »wahnsinnig schick.« Sie zieht sich den schwarzen Klumpen von den Schultern. Ein irre schweres Ding. Außen schwarzes Leder, innen helles Fell. »Kein Pelz!«, ruft sie aus, und es drehen sich gleich zwanzig Leute um. »Das echte Fell wurde ausrasiert. Guck mal!« Sie schwenkt die Jacke wie ein Torrero seine Capa. »Alles vegan. Alles vollkommen clean. So geht schick. Ist das nicht verrückt?«

Ja, denke ich. Vollkommen irre. Da rasiert man das echte Fell vom echten Leder ab, um Plastik einzukleben, und verkauft es als »vegan«. Auf so eine Idee muss man erst mal kommen. Und wieder ist es schlecht gegerbtes, grobporiges, billiges Leder von Schafen aus Afghanistan. Genau wie damals, als wir Kinder waren. Die Außenhaut von Pfuschis Jacke hat diese Prozedur offenbar nicht so gut vertragen und ist mit dem Kleber eine stinkende Verbindung eingegangen. Leder ja. Pelz nein. Bestellt im Internet.

Es muss unbedingt aussehen wie echt. Darf aber nicht echt sein. Wer echten Pelz trägt, ist ein schlechter Mensch. Deshalb behauptet auch meine Freundin Wiebke steif und fest, der bodenlange Ottermantel ihrer toten Mutter im hippen Seventies-Design mit eingearbeiteten senkrechten Lederbahnen sei »one hundred percent dead free«. Sie hat sogar unser Pelz-Matthiessen-Qualitätssiegel aus dem Futter geschnitten. Sie liebt den Mantel. Weil er ihrer Mutter gehört hat. Und weil ihre Mutter den Mantel geliebt hat. Weil viele Erinnerungen daran hängen. Und weil der Mantel einfach Style hat und Wiebke auch noch großartig darin aussieht. Und so kommt es, dass das Echte nur deswegen überlebt, weil es sich als Fälschung ausgibt.

Das ist hart für meine Eltern. Deren Traditionshandwerk ist tot. Ihr Lebenswerk heißt schon länger Schande. Dabei ist es doch Kunst gewesen. Und etwas absolut Einzigartiges, was man heute nirgendwo mehr bekommt.

Es hat nur eine Generation gebraucht, um dieses Wissen auszuradieren und Schönheit und Klasse in Abscheu zu verwandeln. Heute kann niemand mehr ein künstliches Fell vom echten unterscheiden. Fake ist das neue Original.

Und genau das verbindet unser Familienschicksal so eng mit dem Schicksal dieser Insel. Auf Sylt kann auch keiner mehr das Echte von einer Attrappe unterscheiden. Die Kopie tut's auch. Es muss nicht echt sein, es muss nur noch echt aussehen. Wenn es um die »Instagramability« geht, hat Sylt außergewöhnlich gute Performancewerte. Bei uns macht man einfach gute Bilder. Original oder Fälschung ist letztlich egal. Unterscheiden können das ohnehin nur noch die Einheimischen der älteren Generation.

Ist das echt alt? Oder sind nur die Steine alt? Ist das ein Holzfußboden, der nur wie Plastik aussieht, oder ist das ein Plastikboden, der so tut, als wäre er aus Holz? Ist das Attrappenarchitektur? Leben wir schon lange in Disneyland und werden als Sylter nur noch als originelle Statisten gebraucht? Es gibt kaum noch Baugrundstücke auf der Insel. Die Häuser an sich sind ja gar nichts mehr wert. Auch wenn sie nur zehn Jahre alt und massiv gebaut sind. Es folgt Abriss auf

Abriss und Neubau auf Neubau. Im Friesendesign oder was man dafür hält. Die wilden Wiesen meiner Kindheit sind verschwunden. Niemand hängt mehr Wäsche im Garten auf. Alle haben schon lange Trockner.

Es gibt so viel zu erzählen über diese kleine Insel, dass ein einziges Werk niemals ausreichend sein kann.

Geschichtsbücher werden andere schreiben. Mein Abschied soll persönlich sein. Auch deshalb gebe ich gern zu, dass ich vor diesem Moment, also vor dem Moment, an dem meine alte Welt endgültig zusammenbrechen würde, immer ein wenig Angst hatte. Folgerichtig hatte ich verdrängt, dass das Echte, das Freiheitliche und das Individuelle immer mehr verschwinden, dass die Sylter Originale sterben und an diese Stelle einfach ein »Nichts« tritt. Manchmal war diese Angst kleiner, in anderen Momenten war sie größer. Aber der Moment ist jetzt da. Die »goldene Generation« geht von Bord.

Es sind diejenigen, die aus Sylt das gemacht haben, was es heute ist. Es sind die Ersten, die aus diesem Wunder der Natur richtig Kapital geschlagen, die nirgendwo Grenzen gesetzt und wie in einem Rausch gelebt haben. Sie ziehen jetzt um auf die Sylter Friedhöfe und legen sich neben Rudolf Augstein, Peter Suhrkamp und die vielen anderen, die in dieser Republik mal was zu sagen hatten. Und mit ihrem Abgang beginnt der letzte große Ausverkauf. Grund und Boden sind so wertvoll geworden, dass sich die Erben nicht mehr gegenseitig auszahlen können und wir unsere Elternhäuser verkaufen müssen. Es sterben diejenigen, die die »goldenen Jahre« der Insel geprägt, ihre Seele ausgemacht und alles zusammengehalten haben. Ich kenne ihre Namen, und die meisten von ihnen kannte ich auch persönlich. Es ist nicht nur das Ende einer unglaublichen Ära. Es fühlt sich an wie der Tod des insularen Immunsystems.

Es sind die »echten« Sylter, die jetzt gehen und die das geheime Netzwerk mit ins Grab nehmen, das die Insel auf eine geheimbündlerische Weise immer noch geschützt hat. Sie hielten das Steuer in der Hand, als im explodierenden Fremdenverkehr nicht nur alle Hüllen, sondern auch alle Hemmungen fielen und die Insel zum Hotspot wurde für alle, die keine Regeln akzeptierten. Sie führten hinter den Kulissen klug Regie, und wir Kinder übernahmen die uns zugedachten Rollen als Vasallen. Immerhin sind wir dabei gewesen und können uns noch an die Zeiten erinnern, als der Tourismussektor noch keine geölte Maschine war.

Und immer noch lodert das riesige Biikefeuer weithin sichtbar in die Nacht. Und die schwere Holztonne, die ganz oben auf einem Pfahl mitten in den Flammen steht, ist noch nicht abgestürzt. Alle warten auf den großen Moment. Es heißt, wenn die Tonne fällt, ist der Winter zu Ende. Wieder eine von den vielen Sylter Geschichten und Märchen, die wir fleißig weitererzählen, um den Mythos zu nähren, wir haben es hier mit einer Feriendestination zu tun, die sich viele Geheimnisse, eine sehr lange Geschichte und ihre Identität erhalten hat.

So viel zur Legende. Jetzt zum Original.

KAPITEL 1

DIE SACHE MIT DEM SEELÖWENPELZ

Damals hat man ja noch wochenlang Urlaub gemacht im Sommer. Niemand kam nur für ein paar Tage nach Sylt. Vier Wochen Ferien am Stück waren normal. »Haus voll?«, riefen sich die Sylter über die Straße hinweg zu. Bis unters Dach hatte man vermietet. In jedem Schlafzimmer gab's ein Waschbecken, und der ganze Strand war voll mit diesem seidenweichen weißen Muschelsand, der so fein durch die Finger rieselt und den man heute nur noch in den Dünen findet, weil er unten am Strand vom Meer weggeholt und nach Amrum getragen wurde, sodass man jetzt über die gesamte Fläche nur noch diesen grobkörnigen, eher braunen Sand hat, der vom Meeresgrund geholt und jedes Jahr vorgespült wird, damit Sylt nicht untergeht. Und dass damals die Polizei kommen musste, um mich zu meinen Eltern zurückzubringen, ist heute eher eine lustige Anekdote, die meine Mutter immer wieder gern erzählt. Sylt in den Sechzigern und Siebzigern, ja, das war eine wilde Zeit. Meine Güte. Ist das alles wirklich passiert? Ich war ein Baby. Und dass es damals so aus dem Ruder lief, wird auch damit zu tun gehabt haben, dass die Pellmanns wochenlang im Ehebett meiner Eltern schliefen.

Sie waren über Jahre unsere Sommergäste und wohnten oben im ersten Stock. Herr Pellmann war immer dunkelbraun gebrannt und hatte am ganzen Körper eine Menge schwarzer Haare und dazu schneeweiße Zähne. Er fühlte sich einfach toll an. Bei ihm schlief man auf beheiztem Fell. Seine Frau trug eine Brille, hatte eine ziemlich fest sitzende Frisur und war auch insgesamt wenig beweglich. Sie soll in einer Bibliothek gearbeitet haben. Sie war nett und hat immer viel gelacht. Im Gegensatz zu ihr ging aber von ihrem Mann, Herrn Pellmann, eine unglaubliche Hitze aus, die man schon spürte, wenn er nur die Arme ausgebreitet hatte und lachend auf mich zukam.

Ich fand es schön, zwischen den beiden zu schlafen. Jedenfalls schöner als bei meinen Eltern. Die übernachteten unten im Wohnzimmer auf der kleinen Couch mit dem grünen Cordbezug. Genauer gesagt, meine Mutter schlief da drauf. Mein Vater lag davor auf einer Matratze am Boden. Für mich gab's noch den Sessel. Aber da schlief ich eher selten, weil ich einfach zu unruhig war, wie meine Mutter immer sagte. Sie beschwerte sich, dass sie meinetwegen nicht ausreichend Schlaf bekam. Das tat sie allerdings niemals laut. Und nie mit Worten. Das tat sie telepathisch.

Man brauchte ein funktionierendes inneres Antennensystem, um meine Mutter zu verstehen. Es sind lautlose Klopfzeichen. Wer mit ihr zu tun hat, lernt über die Jahre, auf diese Zeichen zu achten. Als Kind hat man sich am besten still verhalten und aufmerksam registriert, in welchem Zustand sich meine Mutter befand. Sie war immer im Stress. Mal mehr. Mal weniger. Aber niemals entspannt. Das begann schon mit dem frühen Aufstehen, um für unsere Sommergäste rechtzeitig das Frühstück auf den Tisch zu bekommen, bevor sie dann ins Geschäft ging und mit ihrem Hauptjob weitermachte.

Wie alle Sylter damals vermieteten wir jedes Bett in unserem Dünenhaus, Dr.-Ross-Str. 34 A. Es war ein sehr kleines Backsteinhaus, quadratisch, eine Querstraße vom Strand entfernt. Es gab dort sechs Betten in vier Zimmern und eine sehr fies knarrende Holztreppe vom Erdgeschoss in die obere Etage. Wir hatten ein Elternschlafzimmer mit dem Ehebett meiner Eltern, ein Dreibettzimmer und das Einzelzimmer. Im Wohnzimmer, das direkt in die kleine Küche überging, hausten in der Saison meine Eltern. Die Anziehsachen hingen auf einem rollbaren Ständer, den mein Vater aus der Firma mitgebracht hatte, und sonst gab's da eigentlich nichts. Ich kannte keine Familie in Westerland, in der es anders war. Wir lebten hautnah zusammen mit diesen vielen fremden Menschen, die die Insel im Sommer überfluteten. Es war eng. Es war laut. Wir teilten uns ein einziges Bad.

Im Dreibettzimmer logierte Herr Berg aus Berlin zusammen mit seiner Familie. Herr Berg war Vertreter für Sekt und hatte sehr viele Kunden in den Westerländer Hotels, Gaststätten und Bars. Seine Tochter nannte er Cörnchen, abgeleitet von Cornelia. Wie die meisten Kurgäste damals wurde Herr Berg von der Fremdenverkehrszentrale am Bahnhof an uns vermittelt. Fünfzehn Mark pro Person und Nacht mit Frühstück. Als Herr Berg zusammen mit seiner Familie sein Zimmer bezog, wechselte die Temperatur im Haus. Von da an wurde gefeiert und getrunken. Schon wieder eine neue Verpflichtung für meine Eltern. Kaum kamen sie spät aus ihrem Geschäft, schon begann für sie die Nachtschicht am Abendbrottisch mit der Familie Berg – egal wie müde. Und auch das war in allen Häusern in der Nachbarschaft gleich. Gute Gastgeber gingen nicht ins Bett. Und man hat einfach auch gern gefeiert.

Ein bisschen später servierte dann meine Mutter schon wieder das Frühstück in unserer schönen verglasten Holzveranda im Bäderstil. Eine Waschmaschine hatten wir nicht. Wäsche gekocht wurde auf dem Herd in einem riesigen

Kochtopf. Und das blieb alles an ihr hängen. Meine Mutter war vierundzwanzig. Sie war dünn und weiß. Sie sah aus wie ein Kind. Wenn neue Gäste kamen, musste sie sich anhören: »Wir haben hier gemietet, wo sind denn deine Eltern?« Darüber hat sie sich irgendwann nicht mal mehr geärgert. Musste ja weitergehen. Jeden Tag ein Stückchen aufwärts.

Für mich stand ein Hochstuhl am Tisch der Pellmanns. Dort fühlte ich mich endlich gesehen und wahrgenommen. Für die Zeit ihres Urlaubs hatten sie und meine Eltern ein Agreement getroffen. Die Pellmanns wollten mal ausprobieren, wie es sich anfühlt, Mutter und Vater zu sein. Und meine Eltern gaben Rabatt. Auf diese Weise war beiden geholfen. Meine Eltern waren mich los, und die Pellmanns hatten ein Baby. Eine klassische Sylter Win-win-Situation. Als mich die Pellmanns »adoptierten«, war ich ein halbes Jahr alt.

Zu meiner Geburt erlebte Sylt 1963 den eisigsten Winter seit Kriegsende. Das Thermometer war auf zweiundzwanzig Grad minus gefallen, und das Wattenmeer war zugefroren, als ich auf die Welt kam. Meterhoch türmten sich die Eisschollen vor der Westerländer Promenade. Neben dem Hindenburgdamm verlief zum ersten und einzigen Mal die »Eis-Avus«. Nie wieder danach konnte man das Wattenmeer mit dem Auto befahren. Die Autobahn war nur einen einzigen Winter lang in Betrieb. In Niebüll ging es rechts um die Ecke und dann immer geradeaus Richtung Insel. Eine Mark zwanzig nahm der Bauer am Deich für die Zufahrt auf die Rennstrecke.

Mein Vater war vierundzwanzig. Während meiner Geburt drehte er Pirouetten mit seinem Opel Rekord auf dem Eis vor Nösse. Auf dem Autodach lag bäuchlings sein Freund Loni und versuchte sich mit Händen und Füßen an den seitlichen Zierleisten festzuklammern, während mein Vater heftig aufs Gaspedal trat, dann bei voller Fahrt die Handbremse anzog und das Steuer rumriss. Loni segelte angeblich fünfzehn Meter weit und schlug derartig heftig aufs Eis auf, dass alle sicher waren, der ist tot.

In der Notaufnahme der Nordseeklinik dann Entwarnung. Der Tote hatte nur Knochenbrüche und seine Sprache verloren (vorübergehend). Aus meinem Vater entwich die Panik, jetzt musste er nur noch große Kraft aufbringen, diesen peinlichen Impuls zu unterdrücken, jedes Mal laut loszulachen, wenn er sich wieder und wieder Lonis Flugkurve in Erinnerung rief. Dann kam Schwester Gisela auf ihn zu: »Herr Matthiessen, herzlichen Glückwunsch. Sie haben eine Tochter.« So in etwa kam ich auf die Welt.

Kein Wunschkind. Auch nicht geplant. Es war aber auch kein Versehen. Es war eher eine Verkettung unglücklicher Umstände, dass es mich überhaupt gibt. Niemand wollte das. Am wenigsten meine Mutter. Dass ich auf die Welt kam, daran ist allein mein Großvater schuld. Der war in seinem Pelzgeschäft in der Westerländer Friedrichstraße ganz unpassend am Gas erstickt. Es heißt, er hatte sich Milch warm machen wollen. Der Gaskocher stand in einem kleinen Kabuff hinter dem Laden.

Ich erinnere mich an diese beklemmend kleine Abseite ohne Fenster. Dort stand eine Chaiselongue mit einem abgenutzten Bezug aus verschossener grüner Seide. Eine Kleiderstange mit fertigen, maßgeschneiderten Mänteln aus Nesselstoff, die auf die Anprobe warteten, darüber hingen zwei Fellbunde mit tabakbraunen Nerzen. Ein kleiner Tisch, ein Kamm, ein Rasierspiegel.

Es heißt, mein Großvater habe sich in der Mittagspause nur kurz hinlegen wollen, während dann die Milch auf dem improvisierten Gasherd überkochte. Mein Opa schlief, der

Milchschaum löschte die Flamme, Gas trat aus. Opa tot. Ein bedauernswerter Unfall und ein nicht gerade pompöses Ende für einen großen Modeschöpfer, für einen Mann mit dieser großen Karriere. Er hatte den Luxus zu seinem Lebenszweck gemacht und damit ein Vermögen angehäuft. Mit seinem Tod endete dann auch in meiner Familie etwas verspätet das Zeitalter der Superdiven mit den verschwenderisch gearbeiteten übergroßen Pelzgarderoben. Der Laden hing voll damit. Aber es gab Ende der Fünfziger, Anfang der Sechziger keine Kundinnen mehr dafür. Vor allem nicht auf Sylt. Die Insel suchte noch ihren eigenen Neuanfang irgendwo zwischen Keilhose, Friesennerz und Freikörperkultur.

Mein Großvater war nicht alt, als er starb. Er lag da »wie hingegossen«, sagte sein Vermieter, Herr Patrone, der ihn am Nachmittag fand. Mein Großvater hatte sich vorher ausgiebig rasiert, sein weißes Hemd zeigte nicht eine Knitterfalte. Er war in Form, und er war erst achtundfünfzig. Und doch schien er allen schon damals aus der Zeit gefallen.

Er war Kürschnermeister der ganz alten Schule. Seine Mode und Kreationen kann man noch heute in den alten UFA-Filmen bewundern. Das war die Zeit, als der Pelz noch den Unterschied gemacht hat zwischen einer Frau und einer Dame. Für meinen Großvater war das seine Lebensaufgabe. Er war derjenige, der eine Frau zu einer Erscheinung machen konnte. Dazu gehört großes handwerkliches Können. Und um die Spitze zu erreichen, muss Handwerk in Kunst übergehen. Es gibt keinen Zweifel: Den Umgang mit Fellen hat er geliebt, und er hatte ebenso ein gutes Gespür für den Umgang mit Frauen, die auf der Suche waren nach einer Prise Extravaganz.

Meine Oma behauptete zwar ständig und ungefragt und vor allem in den unmöglichsten und unpassendsten Situationen, ihr Mann sei vor allem der größte Schwule seiner Zeit gewesen und nicht der größte Kürschner, aber warum man nicht in beiden Disziplinen Außerordentliches leisten und es damit auch an die Spitze schaffen konnte, das hat sich mir schon als Kind nicht erschlossen. Viel nerviger waren eigentlich damals ihre ständig verschwörerisch vorgetragenen »Also ich kann Ihnen da was erzählen«-Vorstöße, mit denen sie alle unsere Kunden ins Vertrauen zog und ihnen erklärte, dass der große Modeschöpfer, der Pelz-Zar, ihr Ehemann, einem mysteriösen Giftanschlag zum Opfer gefallen sei. »Eine Dreiecksgeschichte, Sie wissen schon …« Und im Flüsterton schob sie nach: »Er ist recht pünktlich gestorben, ganz kurz bevor rauskam, dass er pleite war. Zu viele junge Männer, zu wenig Geschäft, zu viel ›Sylt bei Nacht‹.« Je nach Reaktion lieferte sie dann auch bereitwillig weitere Details aus der Kältekammer ihrer Ehe. Und wenn gerade niemand zur Hand war, dann erzählte sie alles mir.

Und so wusste ich dann schon mit zehn Jahren, welche verschiedenen Geschlechtskrankheiten es gab, wie sie übertragen werden und wegen welcher mein Großvater als Soldat in Frankreich im Lazarett war, wo doch alle dachten, er sei im Feld ehrenhaft verwundet worden. »Von wegen«, sagte dann meine Großmutter und machte eine abfällige Handbewegung. Sie erzählte mir, welche »Hexensalben« er genommen hat, um gesund zu werden, und dass sie sich gewünscht hätte, dass er am Ende mit deutlich mehr Glamour gestorben wäre. »Gas. Gas. Nein. Wie das klingt. Unmöglich!« Aber übergekochte Milch fand sie noch viel unmöglicher.

»Er sah zwar immer aus wie aus dem Ei gepellt, aber er war ein Suchtcharakter«, sagte meine Oma zu mir, rollte die Augen und rasselte mit ihren goldenen Armringen, um das Bedrohliche zu verstärken. Ich gruselte mich aber eher vor ihr als vor meinem toten Opa.

Sie war das, was man damals eine »gnädige Frau« nannte, nämlich eine extrem selbstbewusste, anspruchsvolle, aufwendig gekleidete Madame im Schneiderkostüm mit einer strammen Wasserwelle auf dem Kopf, die niemals aus der Form geriet, selbst wenn die großen Nerzhüte drückten. Meine Großmutter trug ihre Pelze mit einer lässigen Selbstverständlichkeit und passte sich in jeder Dekade mühelos dem jeweils herrschenden Lifestyle an. Kochen war nicht so ihr Ding. Sie war Geschäftsfrau und verstand sich nebenbei als so eine Art Göttin.

Als mein Großvater im Januar 1961 im Hinterzimmer unseres Ladens in der Westerländer Friedrichstraße 25 plötzlich verstarb, waren Göttinnen hierzulande längst aus der Mode gekommen. Man ging in Sack und Asche. Pelze standen nicht gerade weit oben auf der Anschaffungsliste. Und so war mein Großvater gezwungen, sein großes Warenlager bei den Banken zu verpfänden, um an Geld zu kommen. Das hatte nur einen Schönheitsfehler: Sein Warenlager existierte gar nicht mehr. Alles Luftbuchungen. Der große Bestand: ein einziger Bluff. Die Firma war in Konkurs. Komplett überschuldet. Eine Katastrophe für die Familie und alle Angestellten. Ich war zwar noch gar nicht auf der Welt, aber wie man ja überall lesen kann, setzen sich solche traumatischen Erlebnisse in den Genen fest und werden dann mal eben weitervererbt.

Wir waren also ruiniert. Mein Opa war weg. Marlene Dietrich, Zarah Leander, Katia Mann, Max Schmeling, Hans Albers. Alle waren weg. Nicht mehr auf der Insel. Es war vorbei. Auch das »Trocadero« war geschlossen. Das legendäre Tanzlokal, in dem Smoking Pflicht war und mein Großvater eine tolle Figur gemacht und mit seinen Kunden gefeiert hatte. Dort spielte im Durchgang von der kleineren schummrigen Tanzbar zum größeren Saal Nacht für Nacht eine Kapelle. Livemusik war selbstverständlich. Teddy Stauffer trat dort auf, Helmut Zacharias und die unverwüstliche Caterina Valente.

Das Tanzparkett war schachbrettartig aufgeteilt und nummeriert. Wenn die Musik abrupt aufhörte zu spielen, wurde eine Zahl angesagt, und wer genau auf diesem Quadranten nach wildem Getanze zum Stehen gekommen war, gewann eine Flasche Sekt. Im Trocadero war von Josephine Baker bis Professor Sauerbruch alles vertreten, was ein Glas halten konnte. 1950 fanden im Trocadero die Wahlen zur »Miss Schleswig-Holstein« statt. Es gewann Susanne Erichsen. Kurz danach wurde sie die erste »Miss Germany«. Sylt spielte auch nach dem Krieg ganz groß auf. Aber das Trocadero schloss 1958, mein Großvater hatte seine glamouröse Kundschaft jedoch schon lange vorher verloren. Von Prunk zu prekär brauchte es nur wenige Jahre.

Dabei hatte er geschäftlich schon große Krisen überstanden. Für einen Modeschöpfer wie ihn war es eine Zumutung, dass er im Krieg von den Nazis gezwungen wurde, nicht mehr für die Dame von Welt, sondern für den Soldaten in Russland Pelze zu fertigen. Die Wehrmacht brauchte warme Fellwesten und Fellmützen. Aus Kaninchen, aus Mardern, aus Ratten und Hamstern. Füchse gab's damals schon gar nicht mehr. Schafe hatte man auch ewig nicht mehr gesehen, alle längst geschlachtet, deshalb fiel auch Lammfell aus. Pferde waren eingezogen. Mancher Soldat trug dann eben auch Katze oder Hund am Körper. Egal. Hauptsache Fell. Hauptsache warm. Kein Filz, keine Wolle, keine Daune hält so warm wie echter Pelz. Und nichts fühlt sich so gut an.

Doch irgendwann gab es schlicht nichts mehr, dem man hätte das Fell über die Ohren ziehen können. Meine unerschrockene Großmutter fuhr damals mit zwei Schweinehälften – verteilt auf zwei Koffer – nach Leipzig, um die letzte noch verfügbare Pelzware zu besorgen. Der Fachbegriff heißt übrigens »Rauchwaren«. So nennt man die für die Weiterverarbeitung zugerichteten, gegerbten Tierfelle. Leipzig war die Welthauptstadt des Pelzhandels, des Buchdrucks und Buchhandels und auch der Parfümindustrie. Praktisch alle historischen Gebäude der Leipziger Innenstadt gehörten bis zum Zweiten Weltkrieg Pelzhändlern. Meine Großmutter kannte sich dort bestens aus und bekam immer noch Reste von Ware, solange sie etwas zum Tauschen dabeihatte.

Als es dann aber auch keine Schweine mehr gab, war die Schonfrist für meinen feinnervigen Großvater zu Ende, und er landete doch noch an der Front. Als Spätheimkehrer war er dann irgendwann wieder zu Hause. Sein Comeback in der Haute Fourrure gelang aber leider nicht mehr. Und dann kochte auch noch die Milch über.

»Er sieht gut aus. Er kann gleich so in den Sarg«, befand meine Großmutter. Sie wollte sich nicht länger damit aufhalten. Für sie war mein Opa ein Relikt aus einer anderen Zeit. Und die Enttäuschung ihres Lebens.

Der plötzliche Tod brachte meinen Vater in die Bredouille. Er hatte vor Kurzem erst seine Kürschnerlehre abgeschlossen, war einundzwanzig Jahre alt, arbeitete als Geselle bei einer Firma im Allgäu. So was war damals üblich. Zuerst die Lehre im elterlichen Betrieb, dann woanders und möglichst weit weg berufliche Erfahrungen sammeln, bevor man dann wieder in den heimischen Betrieb zurückkehrt.

Auch meine Mutter Telse lebte woanders. Sie startete gerade in Düsseldorf durch. Weit weg von zu Hause. Nach einer Lehre im Reisebüro hatte man ihr die gesamte Fahrkartenabteilung des »DER Deutsches Reisebüro« übertragen. Sie wollte Karriere machen, war auf dem besten Weg dazu, und dann kam leider die Vollbremsung: der Heiratsantrag meines Vaters. »Ohne dich schaffe ich das nicht«, sagte er. Er hatte mit der Westerländer Vereins- und Westbank gesprochen. Und ihm war ein Kredit und damit eine Chance zugesagt, die Firma neu zu beleben. Sie wollte aber nicht. Hat's dann aber trotzdem gemacht. Motivation: Ich kann ihn jetzt nicht hängen lassen, ich probiere es jetzt einfach mal aus, ich kann mich ja wieder scheiden lassen. Und so stieg sie in die Pelzbranche ein. Mit sehr wenig Begeisterung.

Heute sagt sie sogar: »Ich war immer auf dem Absprung. Meine Reisebüro-Chefs schrieben mir: ›Kommen Sie zurück!‹ Stattdessen kochte ich Wäsche im Keller, schleppte Kohleneimer runter und Asche wieder nach oben, hatte die Buchhaltung am Hals, tagsüber das Pelzgeschäft, zu Hause die Feriengäste und dann auch noch eine Schwiegermutter, für die ich immer nur zweite Wahl war. Viel zu wenig glamourös.«

Noch fünfzig Jahre später rechnen wir eigentlich jeden Tag damit, dass meine Mutter alles hinschmeißt und die Familie verlässt. Denn sie hat niemals einen Zweifel daran gelassen, dass ihr das alles hier nicht passte und unser gemeinsames Leben immer nur eine Zwischenlösung war – und noch ist. Aber bekanntlich hält ja nichts so lange wie ein Provisorium. Auch bei meiner Mutter.

Es war sicherlich nicht der teure Seehundmantel mit dem eingestickten Monogramm, den mein Großvater ihr auf den dünnen Leib geschneidert hatte, der sie am Ende überzeugte, in die Ehe mit meinem Vater Peida einzuwilligen. Obwohl sie sich da natürlich auch sehr geschmeichelt gefühlt hatte. Es war ihr erster Pelzmantel, echte Maßarbeit vom Kürschnermeister der UFA-Stars, und sie fiel damit auf.

Ein sogenannter Blueback, ein Mantel, für den ein Rudel Seelöwen aus Neufundland sein Leben gelassen hatte. Der Ursprung ist wichtig, denn nur diese Sorte Seehund hat eine ganz besondere Zeichnung: ein fast weißer und dazu sehr flauschiger Pelz, ohne diese klassischen Seehundflecken, und jedes Fell hat einen armbreiten eisblauen Streifen, was die Optik enorm aufpeppt. Meine Mutter trug fortan diesen gerade geschnittenen, schmalen weißen Seelöwenmantel, dessen eisblaue Bahnen sternförmig über die Schultern am Kragen zusammenliefen und für die andere Frauen in der damaligen Zeit einen Mord begangen hätten.

Es war nicht dieser Mantel, der sie überzeugte, meinen Vater zu heiraten und in diese schillernde Branche einzusteigen. Meine Twiggy-Mutter heiratete nicht für Geld, nicht für Schmuck, nicht für Pelze, nicht aus Liebe oder um versorgt zu sein wie viele andere in ihrer Generation. Meine Mutter heiratete auch nicht wegen des Briefs mit rührendem Inhalt, den mein Großvater ihr vor seinem Tod geschrieben hatte und den sie noch heute überall mit sich herumträgt. Darin reiht sich ein Kompliment ans andere.

Nein, meine Mutter heiratete, weil die Umstände es erforderten. Großvater tot. Verlobter in Not. Und dazu noch dieses Angebot: nämlich die lange geplante Hochzeit von Onkel Tilo, dem Bruder meiner Mutter. Mit Kirche, Bankett, Flitterwochen und allem, was dazugehört, die auf einmal nicht zustande kam, weil Onkel Tilo kurzfristig die Braut weggelaufen war. (Was meine Eltern so erzählen, kam das damals in den 60er-Jahren offenbar häufiger vor.) Eine vollständige Absage der Feierlichkeiten wäre wohl richtig teuer gekommen. Alles war doch bestellt und vorbereitet. Da sind dann meine Eltern eingesprungen. Es passte ja auch irgendwie. Nicht mal die Hochzeitsgäste mussten umgeladen werden. Der Freundeskreis war derselbe.

Und so heirateten meine Eltern im Jahr 1962, bis der Tod sie irgendwann scheiden würde. Und kaum hatte meine Mutter die Unterschrift unter die Heiratsurkunde gesetzt, war sie auch schon mit mir schwanger. Neun Monate später kam ich ausgerechnet am Todestag meines Großvaters auf die Welt. Super Voraussetzung. Die Euphorie meiner Eltern hielt sich in Grenzen, was auch daran lag, dass beide keine Ahnung hatten, wie man ein Baby versorgt, und auch meine Großmutter in Bezug auf diese Fertigkeiten sehr große Bildungslücken hatte. Kinderkriegen gehörte damals einfach dazu und war kein großes Ding. Ich selbst war auch kein großes Ding, sondern eher klein. In der Geburtsvorbereitung hatte meine Mutter darauf geachtet, konsequent bestimmte gymnastische Übungen zu machen, die darauf ausgerichtet waren, kleine, kompakte Säuglinge auf die Welt zu bringen, um den Geburtsvorgang nicht unnötig zu verkomplizieren.

Für alles gab es damals neue Bücher, es begann die große Zeit der Gebrauchsanweisungen. Wie man ein Baby aufzieht, konnte man nachlesen. Etwas später gab es dann auch Anleitungen, wie man besseren Sex macht. Dass meine Eltern relativ früh – noch vor allen anderen – mit den passenden Handbüchern ausgestattet wurden, lag auch an Oswalt Kolle, der sich irgendwann in unserem Geschäft nach einem Bärenfell umsah, das er in seinen Aufklärungsfilmen zum Einsatz bringen wollte. Bärenfelle in ganzer Größe waren in Deutschland nicht leicht zu bekommen. Aber die Geschichte erzähle ich später.

Zu meiner Geburt schenkte mir meine Großmutter einen sogenannten »Geldbaum«, eine kleine Topfpflanze mit sehr fleischigen Blättern, die in der Form mit etwas Fantasie tatsächlich als Geldmünzen durchgehen könnten. »Den darf man niemals eingehen lassen, dann stellt sich automatisch Wohlstand und Reichtum ein«, sagte sie. Und wirklich. Dieses hässliche Gewächs existiert noch heute, groß und ausladend steht es auf einer etwas abgelegenen Fensterbank im elterlichen Haus. Er wird kaum gedüngt, kaum gegossen, niemand pflegt diese Pflanze, und doch hat sie so viele Jahre überlebt. Kaum zu glauben.

Dass dieser Geldbaum immer noch lebt, ist nur damit zu erklären, dass wir in der Familie so abergläubisch sind. Niemand traut sich, das Teil zu entsorgen, aus Angst, dass wir dann alle wieder arm werden. Zu meiner Geburt bekam ich von meinem Onkel Tilo auch einen silbernen Löffel, in den mein Name eingraviert war. Ich bin also nicht mit einem goldenen Löffel im Mund geboren, sondern mit einem silbernen. Insofern waren meine Startbedingungen dann doch nicht so schlecht. Zumindest hat sich die Familie in Bezug auf meine Finanzen schon immer viele Gedanken gemacht.

Stichwort Muttermilch. Ich wurde einmal gestillt und dann nie wieder. Meine magere Mutter mochte das nicht. Und ich mochte es dann auch nicht mehr. Niemand mochte das damals. Keiner meiner Babyfreunde wurde gestillt. Sylt war Flascheninsel. Die jungen Mütter im Umfeld meiner neuen Familie legten ihr Kind nicht an die Brust.

Sylt war im Aufbruch, in jeder Saison nahm die Zahl der Feriengäste spürbar zu. Es begannen die goldenen Jahre. Die Frauen hatten anderes zu tun, als alle drei Stunden wertvolle Zeit zu verplempern und sich dann auch noch aussaugen zu lassen. Ich kannte keine Mutter, die das zuließ. Überhaupt waren Frauen auf Sylt schon immer die treibende Kraft für alles, was mit Veränderung zu tun hatte. Sie machten einfach ihr Ding und waren damit ihrer Zeit weit voraus. Es wurde einfach getan, was nötig war, um die Dinge am Laufen zu halten. Das Geschäft ging immer vor. Selbst Recht und Gesetz waren nur so lange bindende Regeln, solange nicht die Geschäfte der Sylter Eingeborenen berührt wurden.

Was die Frauen anging, so schrieb das Bürgerliche Gesetzbuch für das Festland damals allen Ernstes vor: Wollte eine Frau arbeiten, musste ihr das vom Ehemann erlaubt werden. (Und das galt noch bis 1977.) Aber in Westerland war es schon immer umgekehrt. Wollte eine Frau *nicht* arbeiten, musste ihr das vom Ehemann erlaubt werden.

Und es war sogar noch viel schräger: Bis zum 1. Juli 1958 hatte der Mann, wenn es ihm beliebte, den Anstellungsvertrag der Frau nach eigenem Ermessen und ohne deren Zustimmung fristlos kündigen können. In Bayern mussten Lehrerinnen sogar zölibatär leben wie Priester – heirateten sie, mussten sie ihren Beruf aufgeben. Denn sie sollten entweder voll und ganz für die Erziehung fremder Kinder zur Verfügung stehen. Oder alle Zeit der Welt haben, um den eigenen Nachwuchs zu versorgen. Bis 1958 hatte der Ehemann auch das alleinige Bestimmungsrecht über Frau und Kinder inne. Auch wenn er seiner Frau erlaubte zu arbeiten, verwaltete er ihren Lohn. Das änderte sich erst schrittweise. Ohne Zustimmung des Mannes durften Frauen kein eigenes Bankkonto eröffnen, noch bis 1962, ein Jahr vor meiner Geburt.

Erst nach 1969 wurde eine verheiratete Frau als geschäftsfähig angesehen. Da war ich dann schon sechs Jahre alt, und ich kannte keine einzige Mutter, die sich zu Hause um ihre Kinder gekümmert hätte. Im Gegenteil. Die Frauen betrieben Firmen, Geschäfte, Hotels und Restaurants auf Sylt. Gefühlt immer schon. Und wenn auch überall sonst auf dem

Festland die Frauen nach dem Krieg in ihre traditionelle Rolle zurückkehrten, weil ihre Männer ganz selbstverständlich nach der Heimkehr ihre alten Chefposten wieder einnahmen, so galt das nicht für die Insel. Hier steuerten die Frauen auch die ganz großen Pötte.

Insofern hatten die Pellmanns leichtes Spiel, als sie meinen Eltern vorschlugen, für die Dauer der Ferien meine Betreuung zu übernehmen. Schwach wehrte sich meine Mutter zunächst noch und hatte zwischendrin mal die Idee, meine Großmutter in die Pflicht zu nehmen. Aber die war in ihrer Egozentrik gefangen und in dem Gefühl, Jahre ihres Lebens mit dem falschen Mann verpulvert zu haben. Dadurch befand sich meine Oma im permanenten Nachholmodus. Als mich meine Mutter den Pellmanns übergab, machte sie sich weniger Sorgen um das Wohlergehen ihrer kleinen Tochter, sondern hatte eher ein schlechtes Gewissen wegen der Tatsache, dass sie kein schlechtes Gewissen hatte.

Wo war eigentlich mein Vater? Der freute sich, als die beiden Pellmanns mit mir im Kinderwagen an unserem Pelzgeschäft in der Friedrichstraße vorbeispazierten, nahm mich aus der Karre, schwang mich ein paarmal an den ausgestreckten Armen in die Luft und rief dabei »Wo ist denn die Kleine?«. Aber mein Vater war eben in erster Linie Kürschner und Kaufmann, denn Frau Pellmann interessierte sich für einen Seehundmantel.

Am besten gefiel ihr dann natürlich der von meiner Mutter. Der passte auch gut und gab ihr Kontur. Durch den geraden Schnitt erschien Frau Pellmann noch schlanker, als sie sowieso schon war. In der Silhouette wirkte sie elegant wie Audrey Hepburn aus »Ein Herz und eine Krone«. Und das ganze Ensemble »Frau im Pelz« – mit der wunderbaren Zeichnung der Bluebacks – sah in der Kombination auch noch sehr teuer aus. Aber nicht gewollt teuer. In den Sechzigern war das »Teuer-Aussehen« noch kein großes Thema. Auch die Frisuren waren eher schlicht. Aus diesem Grund war Frau Pellmann ihrer Zeit weit voraus, als sie Mamas Seelöwenpelz anzog. Gewollt teuer aussehen, das war in den Sechzigern noch nicht angesagt. Die Dekade der Furore sollte erst in den Siebzigern beginnen.

Und so verkaufte mein Vater den Seelöwenpelz meiner Mutter an Frau Pellmann für achthundertfünfundneunzig Mark. Das von meinem Großvater eigenhändig ins graue Futter eingestickte Monogramm mit Mamas Initialen wollte Frau Pellmann gern behalten.

Und so kam Frau Pellmann zu einem spektakulären Mantel, und meine Mutter war ihr Erinnerungsstück los. Aber! Kein Grund für Sentimentalitäten. Denn es kam Geld in die Kasse. Und einen Pelzmantel können wir jederzeit ersetzen. Man sollte sein Herz nicht an Dinge hängen. Mach doch einfach ein Geschäftsmodell daraus. Und so kam es dann auch. In den Siebzigern verkaufte mein Vater die Mäntel, die meiner Mutter gehörten, an besonders gute Kundinnen weiter. Es wurde zu einem Statussymbol, den Pelz der Chefin kaufen zu dürfen. Da konnte man sicher sein, dass man nur die allerbeste Ware und ausgezeichnete Handwerkskunst bekam. Frau Pellmann leistete also unbewusst Pionierarbeit.

Zum Dank für Pelz und Kind luden die Pellmanns meine Eltern ins Tivoli ein. Das heißt, Herr Pellmann lud ein, denn seine Frau blieb zu Hause, um mich nicht allein und unbeaufsichtigt zurücklassen zu müssen. Das Tivoli war ein Tanzlokal und lag genau auf halber Strecke zwischen unserem Geschäft und dem Strandübergang zur Westerländer Promenade. Es hatte eine auffällige Leuchtreklame, die an die Hamburger Reeperbahn erinnerte, und einen livrierten

Portier vor der Tür. Die Attraktion war das rotierende Tanzparkett.

Das Tivoli war Treffpunkt der Erlebnishungrigen und auch Hemmungslosen, die mehr und mehr die Insel bevölkerten. Das Etablissement wurde von einer Frau geleitet, Chefin und Institution zugleich: Emmi Böhm. Diese resolute Mittvierzigerin aus Hamburg hatte die besondere Gabe, aus einem Laden eine Goldgrube zu machen, in die jeder mit Vergnügen seine Ersparnisse warf. Herr Pellmann ließ auffahren. Freunde meiner Eltern stießen dazu, alles junge Geschäftsleute aus der Friedrichstraße und ein paar aus der Strandstraße. Hoppe, Düysen, Wegst, Voss, Fuchs, Volquardsen, Langmaack, Krause, Wahrig, Lehnen.

Der Abend wurde lang, am Ende boten sich alle das Du an. Herr Pellmann fragte in die feuchtfröhliche Stimmung hinein, ob sich meine Eltern nicht auch vorstellen könnten, ihre Tochter mal in den Urlaub zu schicken – zu den Pellmanns zum Beispiel. Ja, das konnten sie. Warum nicht? Die Pellmanns waren zuverlässige Leute und auch nicht so jung wie meine Eltern. Er war bei der Stadt in Kettwig, Nordrhein-Westfalen, sie war ja Bibliothekarin. Oder so was Ähnliches.

Am nächsten Morgen war wieder alles wie immer. Meine Mutter stand in der Küche, bereitete das Frühstück für die Pellmanns und unsere anderen Hausgäste zu und wärmte nebenbei meine Schmelzflocken auf. Nestlé Eledon. Das kam auch bei den Kindern in der Dritten Welt zum Einsatz, warum also nicht auch hier auf Sylt? Frau Pellmann schrieb sich dieses »Kindermehl« in ihr Notizbuch. Sie schrieb sich jeden Hinweis auf. Und übte auch die notwendigen Handgriffe bei der klassischen Babypflege. Irgendwann waren die Ferien der Pellmanns zu Ende. Es ist nicht überliefert, dass ich bei der

Abreise in deren VW-Käfer Heulkrämpfe gehabt hätte auf der Grundlage von Trennungsängsten.

Meine Eltern behaupten heute, sie hätten damals bei der Abreise dann schließlich doch kein gutes Gefühl mehr gehabt, als sie den Pellmanns und mir nachwinkten bei meiner ersten Urlaubsreise überhaupt. Stimmt natürlich. Denn nachgewinkt hatte – wenn überhaupt – nur meine Mutter, mein Vater war schon in der Kürschnerei, wo er auf eine Lieferung wartete – Waschbären aus Frankfurt sollten geschickt werden.

Bisschen Krimi war dann auch dabei, denn das Ehepaar Pellmann nutzte die Zeit in ihrer Heimatstadt Kettwig, um ruckzuck ihre alte Wohnung aufzulösen, ins Umland zu ziehen und ihre Spuren zu verwischen, indem Frau Pellmann die neue Bleibe in Castrop-Rauxel unter ihrem Mädchennamen Arends anmietete. Das Telefon in Kettwig wurde abgemeldet. Und dann waren sie verschwunden. Meine Eltern hatten sich natürlich gewundert, weil sie in den ersten Tagen so gar nichts von den Pellmanns hörten, nach einer Woche waren sie mittelschwer beunruhigt, nach zwei Wochen dann richtig in Sorge und nach drei Wochen schließlich entsetzt. Das war der Moment, in dem sie die Polizei einschalteten. Aber zwischen Sylt und dem Festland bis runter ins Ruhrgebiet war die Leitung ganz schön lang. Schon allein nach Hamburg ist man drei Stunden unterwegs. Und dann noch weiter bis Kettwig? Wo ist das überhaupt?

Weitere Tage vergingen, nichts passierte. Das Wetter wurde schlecht, der Himmel verdüsterte sich, Sturm zog auf, und meine Großmutter lief zu großer Form auf. Sie war ganz in ihrem Element. Oma intensivierte ihre paranormalen Aktivitäten, legte die Karten, pendelte meinen Aufenthaltsort aus, telefonierte mit wahrsagenden Kapazitäten im ganzen

Land und machte anlässlich meines Verschwindens zum ersten Mal Bekanntschaft mit Erich Jan Hanussen Second, Beruf: Telepath. Sie zahlte ihm hundertzwanzig Mark, um meinen Aufenthaltsort zu erfahren. Hanussen Second verortete mich in Castrop-Rauxel und erzählte meiner Oma, dass an mir eine Namensänderung vorgenommen worden sei. Man hätte mich umgetauft, und ich würde seit einiger Zeit Manuela heißen. Nach der Schlagersängerin und ihrem Nummer-1-Hit »Schuld war nur der Bossanova«. All diese Informationen gab die Familie natürlich auch an die Ermittler weiter.

Aber erst als sich mein Vater mit dringlicher Bitte um Unterstützung an Westerlands Bürgermeister Reinefarth wandte, kam Bewegung in die Sache. Heinz Reinefarth hatte überall hinein in die Polizei noch beste Kontakte. Sein Name dürfte heute nicht mehr allzu vielen Leuten geläufig sein. Das war jedoch in den späten Fünfziger- und frühen Sechzigerjahren anders. Zu dieser Zeit war der frühere SS-Gruppenführer und seit 1951 amtierende Bürgermeister von Westerland die Personifikation einer landesweit geführten Debatte um die lückenhafte und einseitige Aufarbeitung der nationalsozialistischen Vergangenheit in Schleswig-Holstein.

Reinefarth war Anfang August 1944 vom Reichsführer SS, Heinrich Himmler, höchstpersönlich zum SS-Gruppenführer und Generalleutnant der Polizei befördert worden und mit der Niederschlagung des Warschauer Aufstands beauftragt. In den ersten Tagen des Einsatzes verübten Angehörige der ihm unterstellten »Kampfgruppe Reinefarth« schlimmste Verbrechen an der Zivilbevölkerung. Obwohl das Massaker mehrere Zehntausend Zivilisten das Leben kostete, blieb Reinefarth auf Kurs. Telefonisch meldete er seinen Vorgesetzten, dass er zu wenig Munition habe, um alle Gefangenen zu liquidieren. Reinefarth war ein pragmatischer Karrierist, bot sich allen Hierarchen gleichermaßen an. Er war bis 1945 sowohl Exponent des Polizei- und Verwaltungsapparates als auch Militärführer.

Nach der Kapitulation kam er in amerikanische Kriegsgefangenschaft. In dieser Zeit wurde er mehrere Male in das Gefängnis des internationalen Gerichtshofs in Nürnberg verlegt, um dort als Zeuge auszusagen. Am Ende profitierte Reinefarth von einer gewissen Prozessmüdigkeit der Alliierten, die ihm in Verhören seine Verharmlosungen abgekauft und ihn schließlich freigelassen hatten.

Der 5. November 1951 war für die Stadt Westerland ein denkwürdiger Tag. Nach mehrmonatiger Vakanz wurde Heinz Reinefarth an diesem Abend im überfüllten Kursaal unter lauten Beifallskundgebungen zum neuen Bürgermeister gewählt. Die Sylter Rundschau stellte hochzufrieden fest: »Es waren nicht nur seine Parteifreunde, die ihm die Hand schüttelten, sondern in überwiegender Zahl Bürgerinnen und Bürger aus allen Kreisen der Bevölkerung, die wohl alle das Gefühl hatten, dass nunmehr der richtige Mann am richtigen Platz steht. Und wo Worte nicht ausreichten, ließ man Blumen oder stumme Lippen sprechen. Der ›Wahlkampf‹ gehört der Vergangenheit an. Möge sich das Wort unseres Bürgervorstehers bewahrheiten: ›Gute und Reine-Fahrt für alle Zukunft!‹« (Reine-Fahrt für Reinefarth. Darauf muss man erst mal kommen.)

Der solchermaßen gefeierte neue Bürgermeister hatte sich nach seiner Freilassung im Juni 1948 mit seiner Frau und seinen zwei Kindern in Westerland niedergelassen, wo er seit 1927 ein Ferienhaus besaß. Gefragt war zum damaligen Zeitpunkt vor allem nüchterner, anpackender Pragmatismus; eine

Tugend, die Reinefarth in den Augen der Stadtvertreter und breiter Kreise der Öffentlichkeit offensichtlich am glaubwürdigsten verkörperte. Es gibt keinerlei Anzeichen dafür, dass er die ihm kraft seines Amtes übertragenen Aufgaben unzureichend erledigt hätte. Andernfalls wäre er 1957 sicherlich nicht für weitere zwölf Jahre in seinem Amt bestätigt worden.

Reinefarth war ein eiskalter Kriegsverbrecher, verantwortlich für den Tod von mehreren Zehntausend Menschen. Auf Sylt galt er als Macher. Und so bat er nach alter Väter Sitte einen guten Freund aus verbotenen Zeiten, das kleine, verlorene Sylter Kind im Ruhrgebiet aufzuspüren. Seine Kontakte reichten bis hinauf ins Innenministerium. Es gab sie noch, die alten Strukturen, die unterhalb der neu eingezogenen im Verborgenen weiterlebten. Ihnen ist es zu verdanken, dass mich die Polizei am Ende fand, wobei der auffällige Seelöwenpelz von Frau Pellmann entscheidend dazu beigetragen hat, dass ich gefunden wurde. Vor allem das Monogramm mit den Initialen meiner Mutter war am Ende der Beweis, dass die Ermittler auf der richtigen Spur waren. Erinnern kann ich mich natürlich nicht mehr, und auch meine Eltern halten sich bedeckt, was am Ende mit den Pellmanns geschah, nachdem Reinefarth sich eingeschaltet hatte.

Unserem Bürgermeister hat die Sache jedenfalls nicht geholfen. Meine Rückkehr auf die Insel fiel zufällig mit dem Ende seiner politischen Karriere zusammen. Auf Antrag der CDU-Fraktion wählte ihn die Stadtvertretung Westerland einstimmig als Bürgermeister ab. Der Druck war einfach zu groß geworden, denn seine Kriegsverbrechen fanden den Weg an die Öffentlichkeit. »Der Spiegel« hatte einen Leserbrief des Freiburger Rechtshistorikers Prof. Dr. Hans

Thieme veröffentlicht, der den Warschauer Aufstand als Wehrmachtsoffizier miterlebt hatte und dort Reinefarth persönlich begegnet war und seine Kriegsverbrechen bezeugen konnte.

Reinefarth stellte Strafanzeige gegen den Professor und wurde dabei auch noch vom Westerländer Magistrat unterstützt. Es half nichts mehr. Der Bürgermeister war nicht mehr zu halten. Und als die Sache schon im Rutschen war, sprangen ihm tatsächlich noch ein paar prominente Westerländer zur Seite und setzten damit der ohnehin schon schillernden Historie des Kurbads Westerland noch ein paar neue Glanzpunkte auf: Der CDU-Fraktionsvorsitzende Dr. Zielinski ließ verbreiten, dass die »großen Verdienste des fachlich hoch qualifizierten Bürgermeisters« bei allen Parteien des Stadtparlamentes unbestritten seien und bestimmt auch in Zukunft gewürdigt würden. Und Westerlands Kurdirektor Hansi Petersen ging in einem Leserbrief in der Sylter Rundschau sogar noch einen Schritt weiter, indem er kritisierte, die Abberufung käme einer faktischen Vorverurteilung gleich. »Im Bewusstsein, dass dieser Leserbrief einige Wellen schlagen wird«, wolle er noch einmal darauf hinweisen, dass er, der Kurdirektor, persönlich nicht daran glaube, dass sich Reinefarth im Dritten Reich strafrechtlich schuldig gemacht hätte. Oh ja. Damit lehnte er sich mal so richtig aus dem Fenster. Hat ihm nie geschadet.

Auf Sylt entscheidet jeder selbst, was er für strafrechtlich oder moralisch relevant hält. Wir leben hier auf einer Insel. Gesteuert und regiert von ein paar Familien, die ihren eigenen Kompass benutzen. Und nur ganz kurzzeitig – für wenige Wochen – war ich diesem Einfluss einmal entzogen und schwamm in Castrop-Rauxel im Süßwasser. Ich hätte dort vielleicht ganz normal »behütet« aufwachsen können. Doch meine Eltern holten mich auf diese verrückte Insel zurück, und so startete ich in eine sandgestrahlte Kindheit im Reizklima der Wirtschaftswunderjahre, die auf Sylt in jeder Hinsicht extremer waren als überall sonst. Wir wuchsen auf im explodierenden Fremdenverkehr, im explodierenden Wohlstand und mit explodierenden Moralvorstellungen. Nicht alle von uns Kindern haben das überlebt.

KAPITEL 2

DIE SACHE MIT DEM PERSIANER

Zehn Jahre später sitze ich mit meinem Vater vor dem Fernseher, und wir gucken »Aloha from Hawaii«, Elvis Presley live aus Honolulu. Mein Vater sagt seit einer Stunde – und jetzt bestimmt zum 72. Mal: »Er ist der King, er ist wirklich der King«, als das Telefon klingelt. Teddy Leiche ist dran. Ob mein Vater mal eben vorbeikommen könnte im Hotel Wünschmann. Kein großes Ding. »Jetzt sofort?«, fragt mein Vater ziemlich genervt, und seine Stimme hallt so laut durch den Flur, dass ich befürchten muss, dass meine kleine Schwester oben in ihrem Kinderbett aufwacht. Bloß nicht aufwachen, Steff, schön weiterschlafen! Denn sonst würde Papa auffallen, wie spät es schon ist, und mein Fernsehabend wäre zu Ende. Bloß nicht.

Es ist der 14. Januar 1973. Meine Mutter ist kegeln mit ihren Freundinnen. Ich klebe mit den Augen an Elvis Presleys Glitzeroverall und seiner Hawaii-Blumenkette. Teddy Leiche macht es allerdings dringend, und so entschließt sich mein Vater kurzerhand, Elvis abzubrechen, mich ins Auto zu verladen und jetzt spät um halb elf Uhr an diesem gruseligen Januarabend zum Hotel Wünschmann zu fahren, um Teddy Leiche zu Diensten zu sein. Es ist ausgesprochen kalt und stürmisch draußen, die Hissseile peitschen laut und fies die hölzernen Fahnenmasten aus, überall auf der Insel dasselbe schnalzende

Geräusch. Minutenlang, stundenlang, tagelang. Jahrelang. Und aus der Ferne brüllt das Meer, dass es uns irgendwann doch holen wird und wir alle untergehen werden. Der Wind steht mit dichtem Druck auf meinen Ohren. Die Autotür muss man beim Öffnen mit eisernem Klammergriff festhalten. Sonst wird sie einem aus der Hand gerissen. Das steckt schon in Fleisch und Blut. Man muss gar nicht lange draußen sein, sofort sind auch die Haare nass. Salziges Sprühwasser legt sich auf alles. Was zu lange draußen ist oder nicht feuerverzinkt, wird zerfressen. Man hat besser Respekt. Autotür zu, und schon sitzt man in schockierender Stille. Draußen tobt es weiter. Man fürchtet sich vor dem Wiederaussteigen.

Jetzt im Januar ist die Insel leer. Schwarz glänzen die Straßen im fahlen Licht der wenigen Laternen. Alles ist verrammelt. Westerland hat geschlossen. Schärfer könnte der Kontrast nicht sein zum irren Trubel der Sommerwochen, in denen alles von der Sonne durchglüht ist und es nur so wimmelt auf den Straßen, in den Läden und vor allem am Strand. Im Januar passiert hier gar nichts. Es sei denn, Teddy Leiche ruft an. Er wird übrigens deswegen so genannt, weil er im Gegensatz zu allen anderen hier, die längst mit Schnurrbärten, wuchernden Koteletten und langen Haaren experimentieren, immer noch diese Ted-Herold-Elvis-Presley-Frisur hat. Wie passend. Ausgerechnet heute.

Teddy Leiche bleibt der Rock 'n' Roller von der Küste und heißt im wirklichen Leben weder Teddy noch Leiche. Aber der Opa von meinem Freund Dirk Volquardsen heißt auch überall nur Hans Geld, weil er der Chef der Sparkasse ist, und mein Vater wird von allen nur Peida Pelz genannt. Wir haben noch Claus Dokter, den Tierarzt, Uwe Butter, den Milchmann, Willi Wien, den Konditor, in Wenningstedt Kalli Schlachter und Unmengen weiterer Leute hier, von denen niemand weiß, wie sie wirklich heißen. In seiner Zeit als Gemüsehändler in Wenningstedt hatte zum Beispiel Thomas Jacobsen den Spitznamen »Thomas Tomate«. So heißt er heute noch, obwohl er jetzt einen Blumenladen hat.

Aber hier auf der Insel ist die Verwechslungsgefahr einfach zu groß. Es heißen alle Karstensen, Petersen, Hansen, Jakobsen, Sönksen, Klasen, Boysen, Düysen, Brodersen, Lorenzen oder Matthiessen, deshalb braucht es eine klare Zuordnung. Deswegen also Teddy Leiche. Aber Teddy kümmert sich nicht nur um alle Leichen auf der Insel, er ist gleichzeitig auch einer der besten Tischler am Ort. Auch wenn er zu viel Zeit mit dem Hobeln von Särgen verbringt, wie er sich immer beklagt. Außerdem gehört er zu Papas Kegelklub »Scharf ran«. Die Kegelbrüder treffen sich im Winter einmal die Woche auf der Kegelbahn im Schützenhaus direkt an der Himmelsleiter in Westerland.

Ganz in der Nähe befindet sich auch das Hotel Wünschmann, wo Teddy jetzt auf uns wartet und wo auch meine Freundin Korne wohnt. Korne kenne ich seit Rot-Kreuz-Kindergarten-Zeiten, sie ist eine meiner besten Freundinnen. Sehr blond. Sehr dünn. Sehr sportlich. Und sehr waghalsig. Und sehr laut. Was nicht immer so gut passt, wenn die eigene Mutter ein Hotel betreibt. Und vor allem: *so* ein Hotel.

Neben dem Hotel Stadt Hamburg und dem Miramar, dem Hotel Dünenburg und dem Hotel Wulff gehört es zu den besten Häusern am Platz. Das Hotel Wünschmann ist schon seit Generationen im Familienbesitz. Im Wünschmann checkt traditionell das alte Geld ein. Das neue Geld wohnt in Kampen. In Westerland schätzt man die Bäderarchitektur mit Blick aufs Meer und genießt die weißen gestärkten Tischdecken und das Nachtfahrverbot, das allen Gästen im Kurviertel Erholung garantiert.

Im Hotel Wünschmann liebt man das klassische Hotelsilber, in das Korne und ich heimlich unsere Monogramme einritzen, an Stellen, an denen man es nicht auf Anhieb sieht. Ich habe bestimmt schon mindestens zwölf kleine Kaffeekannen mit Buchstaben tätowiert. Kornes Spezialität sind die Henkel von Zuckerdosen. Jetzt im Januar ist das Hotel eigentlich leer. Nur wenige Stammgäste kommen manchmal trotzdem vorbei. Die perfekte Zeit, um an trüben Nachmittagen die Inventarschränke mit unserem Wunsch nach Verewigung zu quälen.

Manchmal übernachte ich bei Korne im Zimmer. Es fühlt sich nie nach einem Zuhause an. Es ist eben ein Hotel, und ich liebe es. Zusammen mit ihrer Mutter und ihrem kleinen Bruder Nann bewohnt Korne nämlich eine Suite am Ende des Flurs in der ersten Etage. Zwei Bäder und drei Schlafzimmer. Alle Klamotten müssen in einen schmalen dunklen Einbauschrank passen. Für nichts ist wirklich Platz. Es gibt kein Wohnzimmer, kein Esszimmer, es gibt keinen Platz zum Spielen. Nirgendwo kann man zum Beispiel eine Carrera-Bahn oder eine Märklin aufbauen. Dafür sind die Zimmer zu klein. In der Suite »Privat«, wie es in Messing eingraviert an der Tür steht, gibt es auch keine Küche, nicht einmal eine Kochplatte oder einen Kühlschrank.

Ich finde es spannend, in einem Hotel zu wohnen. Korne hätte lieber ein richtiges Zuhause. Denn falls wir mal etwas essen wollen oder auch nur eine Flasche Sprudel möchten, müssen wir jedes Mal vollständig und ordentlich angezogen, inklusive Schuhe, eine kleine Reise über mehrere Stockwerke antreten. Wir könnten ja auf dem Weg zur Küche, die im Hotel Wünschmann im Keller ist, irgendwelchen Hotelgästen begegnen. Wir dürfen nicht rennen und müssen darauf achten, dass wir die Füße abrollend aufsetzen. Nicht trampeln. Im Flur dürfen wir nicht sprechen, und sobald uns jemand entgegenkommt, sagen wir artig »Guten Morgen«, »Guten Tag« oder »Guten Abend«. Wenn es Stammgäste sind, sagen wir »Guten Tag, Dr. Conic« oder »Guten Tag, Frau Adler«. Viele der Hotelgäste kenne ich schon länger. Denn sie sind ebenfalls Kunden in unserem Pelzgeschäft.

Trotzdem haben wir manchmal keine Lust, nur wegen einer einzigen Cola unsere Hosen anzuziehen, dann rasen wir in Unterwäsche die Flure runter zu den großen Kühlschränken im Keller und suchen uns aus, was wir wollen. Manchmal packt Korne ein Piccolo Sekt ein. Die kleine Flasche werfen wir dann anschließend aus dem Fenster auf einen Balkon im benachbarten Apartmenthaus. Das scheint noch niemandem aufgefallen zu sein. Wir haben dort auch noch nie jemanden gesehen. Die werden sich wundern, wo die ganzen Flaschen herkommen, wenn da mal jemand die Terrassentür öffnet.

Was mir jedes Mal ein kleines Abenteuer ist, empfindet Korne als Qual. Sie sagt, dass es sie total nervt, ständig mit den Hotelgästen im Speisesaal essen und dort immer so angestrengt freundlich und wohlerzogen sein zu müssen. »Ich würde lieber woanders wohnen«, sagt sie. Ihre Suite trage zwar diesen Namen »Privat«, aber privat ist im Hotel gar nichts. Was die Gäste nicht mitkriegen, das kriegen die Angestellten mit.

Beide, Nann und Korne, sagen, dass Schlimmste wäre das exzessive Händewaschen und Fingernägelputzen jeden Tag. »Wir sind das Hotel«, sagt Korne. »Meine Mutter behauptet immer, wir Kinder sind das Hotel. Nicht sie ist das Hotel. Nicht die Angestellten sind das Hotel. Wir sind das Hotel. Weil man nur an uns Kindern sehen kann, ob meine Mutter wirklich alles im Griff hat.« Dabei ist Kornes Mutter tagein, tagaus die Liebenswürdigkeit in Person, aber wenn die Tür

»Privat« zufällt, dann liegt da eine ausgelaugte Leiche im Hotelbett, die sich jede Ansprache verbittet. So erlebe ich das jedenfalls. Und ich gehöre mittlerweile zur Familie. Und das sagt Korne, die nichts dagegen hätte, wenn ihr Vater irgendwann mal vorbeikommen würde. Aber der lebt in einem Wintersportort in Österreich.

Wir fahren vor.

Papa lässt seinen flaschengrünen Mercedes 450 SEL in der Auffahrt stehen. Das Holzportal am Eingang ist geschlossen. Die Beleuchtung ist sparsam. Wir versuchen, in das Hotel zu kommen. Gegen den Wind lässt sich der große Torflügel kaum aufstemmen. Mein Vater muss sich mit der linken Hand abstützen, um den rechten Teil der schweren Holztür zu bewegen. Normalerweise steht das imposante Portal offen. Heute ist es harte Arbeit, bis der Spalt zum Durchzwängen groß genug ist und wir, unterstützt von einer kräftigen Windböe, im Rücken getroffen und ins Hotel geschubst werden.

Die Rezeption ist verwaist. Das riesige, alte Segelschiff, das über dem Tresen schwebt, ist in gefährliche Schwingungen geraten. Am großen Schlüsselbrett sieht alles komplett aus. Wir sehen uns um. Wo sollen wir hin? Am Ende des Flurs erkenne ich auf einmal Korne im Dunkeln. In merkwürdigen Verrenkungen, als müsste sie dringend auf Toilette. Sie scheint mächtig unter Druck zu stehen und winkt uns hektisch näher. Korne trägt einen viel zu großen Bademantel. Sie hat keine Schuhe an und springt, lange bevor wir nahe genug sind, um mit ihr zu reden, schon die Treppenstufen hoch.

In der ersten Etage befindet sich ein Plateau. Von hier gehen sternförmig die großen Suiten ab, die teuren Zimmer. Eine Tür steht offen. Und ich erkenne den Rücken von

Teddy. Korne flitzt hinein in das Licht. Und als wir näher kommen, sehe ich auch Kornes Mutter. Ich lasse meinen Vater vorgehen, der gleich von Teddy begrüßt, geradezu von ihm in den Arm genommen und auf der rechten Schulter heftig abgeklopft wird.

»Oh mein Gott«, sagt mein Vater. Und an seiner Hüfte vorbei sehe ich einen alten Mann im Sessel hängen, halb rausgerutscht, ganz schief. Neben ihm am Boden liegt ein Gewehr. Der Kopf hängt an der Seite herunter, ist voller Blut. Der Mann hat keinen rechten Arm. Der Ärmel von seinem Oberhemd ist sorgfältig in seinen Bügelfalten zusammengelegt und oben an der Schulter mit einer eleganten Nadel befestigt. Das ist der alte Herr Benk, denke ich mir. Der hat im Krieg einen Arm verloren. Wurde ihm abgeschossen, hat meine Oma mal gesagt. Der alte Herr Benk hängt im Sessel, die nougatfarbene Auslegeware ist mit Blut vollgesogen.

Und genau gegenüber vom alten Herrn Benk steht ein zweiter Sessel, und darin sitzt seine Frau, sorgfältig frisiert, kerzengerade aufgerichtet, starrt sie ihn an. Sie wirkt fassungslos. Sie trägt einen schwarzen Persianermantel, hochgeschlossen, und eine dazu passende Pelzkappe. Sie sieht aus, als wollte sie gerade ausgehen. Teure Schuhe, schwarze Lederhandschuhe. Völlig regungslos starrt sie ihren toten Mann an. Mein Vater sagt ständig wieder »Oh mein Gott«. Ungefähr so häufig, wie er vor einer Stunde ständig wiederholt hat »Er ist der King, er ist wirklich der King«. Hinten am Fenster steht noch eine Frau, die ich noch nie gesehen habe, und starrt in die Nacht hinaus.

Teddy sagt: »Rauchen wir erst mal eine.« Dabei klopft er meinem versteinerten Vater aufmunternd auf die Schulter. Und dann bemerke ich erst, wie Korne hinten an der Anrichte permanent herumtanzt und ständig versucht, die Hand ihrer Mutter zu greifen, die dafür aber gar keinen Sinn hat und ihre Tochter anherrscht, sie solle sich jetzt mal zusammenreißen, und sie dann energisch beiseiteschiebt. »Müssen wir nicht langsam mal Doktor Fenger anrufen?«, fragt sie in die Runde. Teddy sagt: »Erst mal muss Peida sagen, was da noch zu machen ist.« Alle gucken Papa an, der aber immer noch bleich die Szenerie betrachtet, aber dann eine Schachtel »Lord Extra« aus der Innentasche seines Sakkos zieht. Ich würde mir jetzt auch gerne eine anstecken. Rauchen ist immer praktisch. Man raucht und muss nichts machen.

Die alte Frau Benk sagt keinen Ton und starrt geradeaus ihren kaputten Mann an. Und erst jetzt sehe ich, dass ihr Pelzmantel ein großes, blutiges Loch hat. Der Persianer ist in Brusthöhe schwarz-schmierig verklebt. Die alte Frau Benk sitzt wie 'ne Eins auf ihrem Sessel und wird von ihrem Pelzmantel tadellos aufrecht gehalten. Jeder Knopf ist geschlossen. Jeder Knopf ist aus echtem Büffelhorn aus Indien, die mein Vater wiederum über italienische Großhändler auf die Insel bringt. Seidig matt glänzend, Naturware. Kein Knopf sieht wie der andere aus, jeder hat seine eigene Maserung und sein eigenes Feuer. Und was einen Hornknopf von Plastik unterscheidet, merkt jeder sofort, wenn er ihn in die Hand nimmt. Er ist warm. Und er zieht auf faszinierende Weise die Blicke an.

Aber in diesem besonderen Fall ist die Schusswunde in der alten Frau Benk noch deutlich faszinierender als die Knöpfe. Und ihre aufrechte Haltung. Denn der berühmte »Matthiessen Hochverschluss«, der in der Regel verhindert, dass einem der Wind von oben in die Bluse fährt – unverzichtbar an der Küste –, sorgt hier und heute auch dafür, dass nicht einmal das Kinn der alten Frau Benk auf die Brust gefallen ist. Der Mantel ist wie ein Korsett.

So ein Persianer in der traditionellen Verarbeitung der Nachkriegsjahre ist für seine Trägerin eine Rüstung. Schutz und gleichzeitig Distanz wahrend. Und ähnlich schwer. Auch in der Maßanfertigung wiegt so ein Mantel immer noch sagenhafte zwölf Kilo. Solche Pelze kann man einfach auf den Boden stellen. Die brauchen keinen Bügel. Die tragen ihre Form in sich. Aber die gesamte klassische Textilmode der Fünfziger- und Sechzigerjahre war prinzipiell schwer und steif. Alles, was Oscar Siemer, Rudolf Prack, Grete Weiser und Co. in den alten Schwarz-Weiß-Filmen tragen, ist ohne Falte. Gestärkt, festgetackert, unterfüttert und auf eine unangenehme Weise stramm. Es gab keine Konfektionsware. Alles war vom Schneider.

Auch in den Persianer von Frau Benk ist noch »Steifleinen« eingearbeitet worden. Zusammen mit Rosshaar wird das von Hand zu einer festen Unterfütterung verarbeitet, die dann zum Beispiel im Schulter- und im Übergang zum Brustbereich so in den Mantel eingepasst wird, dass der Schnitt ohne Dellen oder unnatürliche Verwringungen und Verknitterungen sauber fällt. In der Pelzmode kann man diese Formgebung allerdings nicht einnähen. Das würde ja das Leder durchstechen und zerstören. Bei Pelzen hilft man sich mit der Fixierpresse, die die Unterfütterung und Polsterung auf das Leder stanzt und mithilfe eines Spezialklebers festsetzt. Diese ominöse Fixierpresse in unserer Kürschnerei ist ein Monsterapparat, der so groß ist wie ein Auto. Sie steht bei uns mitten in der Werkstatt. Mit riesigem Getöse stanzt diese Fixierpresse eine Silhouette in die Pelzbekleidung.

Die alte Frau Benk trägt einen dieser Persianer aus der traditionellen Fertigung. Auch meine Oma schätzt diese Formvorgabe. Es erleichtert die Verständigung mit der Außenwelt. Es ist eine Ansage, bezogen auf den sozialen Stand. Es ist ein Generationending. Und die Preisgestaltung ist transparent. Der klassische »Oma-Persianer« kostet zwischen zwei- und dreitausend Mark. Man kann ihn sogar bei Neckermann bestellen. Aber mein Vater sagt dazu: Die Qualität ist definitiv schlechter. Und bei uns bekommt man das gleiche Stück zum selben Preis in Maßarbeit.

Pelz ist Pelz, und Pelz ist teuer. Deshalb kommt jetzt auch die Frau vom Fenster auf meinen Vater zu. »Mein Beileid, gnädige Frau«, sagt der und schüttelt ihre Hand. Sie hat etwas Hildegard-Knefiges an sich. Wahrscheinlich wegen der Haare, die ganz Sylt-untypisch fluffig und gleichzeitig seidig in einer Art festen Föhnwelle an ihrem Kopf auf und ab federn. »Schrecklich, was mit Ihren Eltern passiert ist. Es tut mir sehr leid.« Die Frau ist sorgfältig geschminkt, trägt einen groß karierten, eng anliegenden Pullunder und eine helle Seidenbluse mit langen Kragenecken. »Halten Sie mich nicht für herzlos, Herr Matthiessen, aber ich möchte den Persianer meiner Mutter gern reparieren lassen. Lohnt sich das noch?«

Mein Vater, plötzlich ganz Geschäftsmann, lässt die Hand der falschen Frau Knef wieder los, macht zwei Schritte auf die Leiche zu und streicht routiniert über den weichen Fellrücken von Frau Benk, um sich sofort übel zu erschrecken. Seine Hand ist voller Blut. In dem Persianer steckt eine Tote. »Ich muss den Mantel von innen sehen«, sagt er. Schon eilt Teddy zu Hilfe.

Beide heben die alte Frau Benk aus dem Sessel und legen sie auf den Boden. Mein Vater beugt sich über die Leiche und öffnet vorsichtig die Knöpfe des Mantels. Die tote Frau Benk liegt in dem Persianer wie in einer Schale. Papa und Teddy rollen sie hin und her, um den Mantel von ihr losmachen zu können. Das Ding sitzt richtig fest. Aber die Rolltechnik funktioniert. Nur leider hatten beide nicht richtig darauf geachtet, dass die braune Auslegeware schon etwas zu stark mit Blut getränkt war, sodass Papas Hosenbein und auch der Persianer reichlich eingefärbt werden. »Auch schon egal«, sagt Papa abgeklärt. Er sieht sich das Futter an und befindet: »Reinigen, ausbessern, aufarbeiten, Fellbehandlung, neues Futter. Ich denke, wir landen bei ungefähr achthundert Mark.« Frau Hildegard nickt, gibt meinem Vater die Hand, sagt noch Danke in Richtung Teddy und Kornes Mutter und verschwindet. »Ich ruf jetzt die Polizei«, sagt Kornes Mutter und zündet sich noch eine Zigarette an.

Als wir endlich wieder zu Hause sind, hängt mein Vater den Mantel in der Garage auf und schickt mich anschließend sofort ins Bett. Inzwischen hat die tragische Persianer-Geschichte schon Fahrt aufgenommen auf ihrem Weg durch alle Inseldörfer. In der Sylter Rundschau wird niemals ein Wort dazu gedruckt. Die Polizei wird niemals bei uns nachfragen. Alle wissen es. Aber es wird niemals offiziell. Wie jede Geschichte, die von einer gewissen Tragweite ist.

Und ich träume in dieser Nacht meinen ewigen Traum. Ich liege ganz klein in einem ganz kleinen Bett in einem riesigen Zimmer, das in der Höhe die Ausmaße eines Hochhauses hat. Es gibt nichts Vertrautes, nichts, woran ich mich festhalten oder orientieren kann. Ich bin ganz auf mich allein gestellt. Das Zimmer ist vollkommen leer, und es ist dunkel, aber die Tür steht einen Spalt offen und lässt einen grellen, schmalen, turmhohen Schein ins Zimmer. Ich sehe mich von oben dort in meinem Bett liegen, so klein wie eine Ameise. Ich habe Angst und friere und höre, wie Menschen vor der offenen Tür aggressiv zischelnd miteinander sprechen. Aber niemand kommt, um mich in meiner Einsamkeit zu trösten.

Der Pelz wird am nächsten Morgen direkt in die Werkstatt gebracht, und mein Vater sagt, dass das verdammte Blut das Leder so hart gemacht hat, dass er den ganzen Pelz auseinandernehmen und die einzelnen Felle nach Frankfurt in die Zurichterei schicken muss, wo sie wie klassische Rohware mithilfe von Chemie und Klopfmaschinen wieder weich gemacht werden müssen. In Frankfurt kennen sie sich mit blutiger Rohware aus. Dort landen alle Felle, die die deutschen Kürschner bei Großhändlern oder auf den internationalen Fellauktionen kaufen. Frankfurt ist die Drehscheibe. Früher war es Leipzig. Jahrhundertelang wickelte die ganze Welt ihre Großhandelsgeschäfte über Leipzig ab. Aber das ist vorbei. Leipzig ist jetzt DDR und ist nicht mehr zu erreichen.

Was die Benks betrifft, habe ich nicht mehr viel rauskriegen können. Ingrid Langmaack hat meiner Mutter erzählt, dass die beiden alten Leute jeden Nachmittag bei ihr im Café Wien in der Strandstraße gesessen haben, wenn sie auf der Insel waren. Er mit Friesentorte, sie mit Lübecker Marzipantorte. »Waren teure Leute«, hat Tante Ingrid gesagt, »die haben überall viel Geld gelassen.« Angeblich soll er damit nicht klargekommen sein, dass sie so altersschwach war. Vor allem im Kopf. Sie war offenbar ziemlich verwirrt. Manchmal ist sie aus dem Hotel weggelaufen. Das Restaurant Seenot hatte wohl angerufen, dass sie da schon wieder am Strand herumirrte. Am Ende der Promenade. Sie lief ständig weg. Und den alten Benk verließen wohl auch langsam die Kräfte. Tante Ingrid sagte, er wollte sie nicht alleine zurücklassen.

Was die Tochter angeht, hatte sie wohl kein gutes Verhältnis zu den Eltern. Sie macht irgendwas mit Chemie. Wissenschaftlerin oder so was. Alleinstehend. Das sagt zumindest

Tante Ingrid. Und Jörg Strempel von der Seekiste hat gesagt, dass bei der Tochter auch irgendwas mit Alkohol läuft. Aber das kann meine Mutter auch falsch verstanden haben. Und es ist im Grunde ja auch vollkommen egal.

Es ist 1973, und bei uns Syltern ist überall der Wohlstand ausgebrochen.

Wir wohnen jetzt in einem größeren Haus, das mein Vater selbst gebaut hat. Meine Schwester und ich haben jede ein eigenes Zimmer und sogar ein eigenes Kinderbad in Altrosa. Unsere Zimmer sind eingerichtet wie Schiffskojen mit dunklem Holz und Messingbeschlägen an den Schranktüren und Schubladen. Nichts ist einfach nur an die Wand gestellt, nein, alles ist eingebaut wie in einer Schiffskabine. Als könnten wir mit unserem Einfamilienhaus jede Sekunde in See stechen und selbst den perfekten Sturm überstehen, denn sogar die Nachttischlampe ist an die Wand genietet, und die Schubladen haben eine Funktion, mit der man sie einrasten lassen kann, damit sie nicht von selbst auffliegen, wenn das Schiff krängt.

Der größte Traum meiner Mutter hat sich auch erfüllt. An jedem Fenster, an *jedem* Fenster, haben wir Metalljalousien. Todschick und hypermodern. Unsere Küche ist hochglanz weiß, und mittendrin steht ein hydraulischer Esstisch, der per Knopfdruck hoch- und runtergefahren werden kann. Warum? Keine Ahnung. Und über diesem Tisch hängt wie eine fliegende Untertasse eine ausladende Glaslampe in schreiendem Orange. Echtes Skandinavien-Design. Natürlich haben wir schon eine Geschirrspülmaschine und zusätzlich einen Hauswirtschaftsraum mit Waschmaschine und Trockner. Das Bad meiner Eltern ist in Dunkelgrün gekachelt, und in die Seitenwände der Dusche sind Brausen eingelassen für ein vollkommen neues Körpergefühl.

Es gibt mindestens einmal in der Woche Risi-Bisi mit Karbonade. Und wir haben ein Hausmädchen, das bei uns wohnt. Sie heißt Renate und ist taub. Sie kommt vom Festland. Woher? Weiß ich nicht. Ich glaube, meine Eltern wissen auch nichts über sie. Jedenfalls reden wir nie drüber. Renate ist vielleicht achtzehn Jahre alt. Sie trägt tagsüber einen rosa Kittel und Klapperlatschen von Berkemann. Sie hat eine Frisur wie Suzi Quatro und hört manchmal ganz laut »Can the Can« in ihrem Zimmer. Sie kann also nicht ganz taub sein. Aber wenn wir etwas von ihr möchten, dann schreiben wir das besser auf. Da meine Eltern so selten zu Hause sind, malt uns Renate abends kleine Speisekarten, von denen wir uns dann das Abendessen aussuchen können. Toast Hawaii. Oder Ragout fin. Oder Schwarzbrot mit Käse. Oder Spiegelei. Wir kreuzen an, was wir wollen, und geben das dann zu ihr in die Küche.

Meistens kommen noch meine Freunde vorbei, weil es bei Renate immer etwas zu essen gibt. Deren Eltern sind nämlich auch nie zu Hause. Seit Jahren ist Renate ein Teil unserer Familie. Aber ich könnte nicht sagen, wie ihr Nachname ist. Renate repariert unsere Fahrräder und klebt Pflaster auf, wenn wir wie Mary Poppins mit aufgespanntem Regenschirm vom Garagendach gesprungen sind. Aber sie hört mich nicht, wenn ich nachts rufe, weil ich wieder träume, eine kleine Ameise in einem riesigen Zimmer zu sein.

Unser Haus ist mit Einbauten gepflastert. Die Tischler von Alt Angler haben sechs Wochen quasi bei uns gewohnt, bis alle Einbauschränke standen. Wenn man jetzt von unserer futuristischen Raumschiff-Küche ins Wohnzimmer wechselt, haut einen der Kontrast geradezu um. Hochflorige Auslegeware in Moosgrün, darauf verteilen sich mehrere Perserteppiche. Die Sofagarnitur in ganz großem grün-orangem Karo, grob gewebt. Davor der Couchtisch in massiver Eiche. Der Esstisch wiederum ist aus Tropenholz, aus elegantem Mahagoni. Rundherum gruppieren sich einige Thonet-Stühle. Auch aus Mahagoni, mit handgeflochtener Sitz- und Rückenfläche.

Es gibt viel Messing überall. Kerzenleuchter, Aschenbecher, Obstschalen. Sogar Dochtschneider aus Messing liegen aus. Messingstehlampen mit grünem Samt-Lampenschirm und fein ziselierter Borte drum rum. Schwere Samtvorhänge in Dunkelgrün und über den Fenstern ausladende Samtschabracken wie im Schlosshotel. Und trotzdem dahinter noch die modernen Jalousien. Auf den Fensterbänken stehen überall üppige Pflanzenbatterien. Die Übertöpfe dafür sind aus weißem Porzellan, an denen links und rechts ein Löwenkopf ausgebildet ist. Es gibt sie in Reinweiß oder mit goldener Applikation. Das nennt sich »Friesentopf«. In so einem »Friesentopf« steht auch mein Geldbaum und wächst fleißig vor sich hin. An den Wänden Textiltapete aus Gras im Bronzeton. Daran anmontiert Kajütenlampen, frei schwingend im Messingring.

So hat Sylt sich eingerichtet. Überall. Wie bei uns sieht es rundherum in den meisten Häusern, Wohnungen, Hotels, Restaurants, Apartments und bei all meinen Freunden zu Hause aus. Nicht zu vergessen die beiden Porzellanhunde, die sichtbar im Fenster zur Straße stehen müssen. Das ist Pflicht. Diese zwei englischen Porzellanhunde, die entweder nach draußen oder nach drinnen schauen, haben eine lange Tradition auf Sylt. Zu alten Seefahrerzeiten haben diese Hunde der Außenwelt signalisiert, ob Gäste willkommen sind oder eben nicht. Je nachdem, in welche Richtung sie von ihren Besitzern gedreht wurden. Friesische Tradition ist eine lebendige Tradition. Der Rest ist »maritimer Landhausstil«. Und das erwarten die Leute einfach, wenn sie hier Urlaub machen. Wir passen uns lediglich den Wünschen des Publikums an, sagt mein Vater immer.

Und die Hohepriesterin dieses typischen Sylter Wohndesigns heißt Anne Hoppe. Ihr Einrichtungshaus setzt die Maßstäbe für diese ganz eigene Sylter Wohnkultur. Wenn vor zweihundertfünfzig Jahren die Keitumer Kapitäne nach wochenlanger Abwesenheit zurückkehrten auf ihre Heimatinsel, brachten sie Kunstschätze aus der ganzen Welt nach Hause. Heute macht das Tante Anne, die mit ihrem sicheren Gespür für Stil und Farben unsere Insel einrichtet. Komplett. Also auch die Bettwäsche, das Geschirr, Besteck und die Inhalte der Bettdecken und Kissen. Daune muss es sein mit einem geringen Anteil von Federn. Sonst ist es nicht griffig und wird schnell flach. Tante Anne stattet uns mit Treca-Betten aus, mit Taschenfederkernmatratzen und macht Kunststudenten zu Marinemalern, die sie per Zeitungsannonce sucht und bei denen sie dann Ölbilder in Auftrag gibt, um diese extrem teuer weiterzuverkaufen. Dazu beschäftigt sie auch ein Heer von Handwerkern, die im Moment dabei sind, die ganze Insel mit Teppich auszulegen.

Gerade waren ihre besten Leute im Hotel Wünschmann, um bei Kornes Mutter die Auslegeware auszuwechseln und das Zimmer neu zu streichen. Das hat natürlich auch wieder eine Stange Geld gekostet. Und dazu kommt der entgangene Gewinn, weil die Benks am Ende ihren Aufenthalt nicht bezahlt haben. Korne sagt, Hildegard Knef hat ein paar Scheine auf den Tisch gelegt, schwarz. Das war's dann. Niemand hat natürlich ein Interesse daran, dass unter den Kurgästen bekannt wird, dass im Hotel Wünschmann mit Schrotflinten geschossen wird. In so einem Zimmer will niemand mehr wohnen. Deshalb hat Kornes Mutter das Geschäft akzeptiert. Aber Korne sagt auch: »So kommen wir nicht über den Winter.«

Meine Mutter winkt bei solchen Themen ab und behauptet, keiner auf Sylt hat so viel Geld wie Kornes Mutter. »Der gehört doch nicht nur das Hotel, sondern die halbe Friedrichstraße.« Insofern ist eigentlich nie klar, was wirklich stimmt. Das ist auch so eine Sylter Tradition. Nie sagen, was ist. Die anderen wissen sowieso immer viel besser Bescheid als man selbst. Der Rest ist Anpassung.

Meine Mutter hat einen neuen Einbauschrank bestellt. Dieses Mal ist er nur für Geschirr. Und nur für eine Sorte. Mithilfe tatkräftiger Beratung von Tante Anne wird nun »Fruit Basket« aus England angeschafft. Wir brauchen nämlich dringend etwas Repräsentatives für sonntags und Gäste und große Familienfeiern. Da bietet sich als das Besondere kurioserweise Steingut an. Eben gerade weil es *kein* Porzellan ist und »spülmaschinenfest«. Das war das entscheidende Argument. Und weil es so wahnsinnig viele Einzelteile davon gibt. Bislang haben wir uns mit »Geranium« von Villeroy & Boch über Wasser gehalten. Das gibt es auch bei Korne im Hotel. Darauf zu sehen: in sich verschlungene grüne Ranken, die mit gelben und orangenen Geranien verziert sind. Klassisches Frühstücksgeschirr mit sommerlichem Dekor, das überall ein Verkaufsschlager ist.

Ganz anders »Fruit Basket«: Grundfarbe Rot. Wie der Name schon sagt, ein üppiger Old-English-Früchtekorb im Zentrum. Zarte Tellerbordüren, Kränze aus Federn, Erdbeeren und Weizen, Ranken aus Weinlaub … Dieses englische Geschirr, das es so auch schon im achtzehnten Jahrhundert gab, ist laut Aussage von Tante Anne »der Edelmann unter den Tonwaren«, »der Tafelprunk für den normalen Bürger«. Es ist gerade genug vornehm, um bei Kennern damit aufzufallen, und gleichzeitig so gewöhnlich, dass man nicht als peinlich neureich auffällt.

Denn bei aller Investitionsbereitschaft müssen wir Sylter

immer darauf achten, dass wir unsere Kundschaft nirgends übertrumpfen. Immer eine Stufe drunter bleiben. Wir sind und bleiben einfache Dienstleister und üben uns in ausgeprägtem Understatement. Hilfreich ist dabei allemal, dass wir als eingeborene Insulaner in ihren Augen als eigene Spezies gelten. Nach außen hin orientieren wir uns an den wachsenden Bedürfnissen unserer Gäste und geben ihnen das Gefühl, ein Teil dieses Naturwunders Sylt zu sein. Wir lassen alle teilhaben, beherbergen sie und laden sie an unsere Tische ein. Aber in Wirklichkeit leben wir in einem geschlossenen System, zu dem kein Gast und kein Kunde Zutritt hat, auch wenn er noch so viel bezahlt.

Vor allem aber bilden wir uns fort. Wir müssen mithalten und mit unseren Gästen immer auf Augenhöhe bleiben. Egal ob Dichter, Denker, Busfahrer oder Vorstandsgattin, die Ansprache muss sitzen. Vor allem bei Tisch darf man von rein gar nichts überrascht werden, sagt mein Vater immer. »Beim Essen entscheidet sich, ob man dazugehört oder nicht.« Perfekte Umgangsformen und eine tadellose Tischkultur sind unerlässlich, wenn man hier Geschäfte machen will. Aber nie vergessen: dabei auch noch lässig bleiben und ganz locker. Als sei es das Normalste von der Welt, ein Schneckenhaus mit dem richtigen Gerät in die Zange zu nehmen und das Weichtier dann mit einer geschickten Drehbewegung aus dem rechten Handgelenk mit einer kurzen zweizackigen Gabel herauszuziehen. Wie eine Gebetsmühle sagt unser Vater zu uns Kindern immer wieder: »Ich kann euch nicht viel mitgeben außer der Sicherheit, dass ihr euch in jeder Welt selbstverständlich bewegen könnt.«

Und dabei bezieht er sich auf den gesamten Kosmos von Austern, Krebsen, Kaviar und Hummer, aber auch auf Käse, Königsberger Klopse und Currywurst und die zum entsprechenden Verzehr notwendigen Instrumente. Im Schlaf kann ich eine Makrele filetieren oder mit dem entsprechenden Messer eine Jakobsmuschel auslösen, und meine Schwester, alle meine Freunde und ich haben natürlich gelernt, wie man eine große Schüssel voller gedämpfter Miesmuscheln vorschriftsmäßig in Angriff nimmt.

Keinesfalls operiert man das Muschelfleisch etwa mit einer Gabel aus der Schale. Das machen nur Leute, die keine Ahnung haben. Stattdessen nimmt man die Muschel selbst und benutzt die Schale wie eine Zange. Klappklapp, kastagnettenartig. Weil die beiden Schalenhälften mit einer Art natürlichem Gummiband verbunden sind, funktioniert das immer. Man nimmt das Muschelfleisch heraus, tunkt es in die kleine Tasse voller Muschelsud, die in guten Restaurants dazu serviert wird, und führt das Fleisch zum Mund.

Und niemals türmt man die leeren Schalen einfach so auf. Man schiebt sie ineinander, sodass ein Zopfmuster entsteht. Als Abschluss trinkt man den konzentrierten Sud aus der Tasse (bitte nicht wie eine Suppe auslöffeln) und isst dazu die beigelegte Scheibe Schwarzbrot. Und übrigens: Muscheln sind nur in den Monaten mit einem »r« eine echte Delikatesse. In der kühlen Jahreszeit von September bis April fühlen sie sich am wohlsten. Und dann schmecken sie auch.

So eine Muschelzopf-Schlange sieht nebenbei bemerkt in einem ovalen »Fruit Basket«-Teller sehr dekorativ aus. Meine Mutter zeigt sich begeistert. Ein Geschirr von schöner, ausgereifter Form, zuverlässig und nicht so aufdringlich, sodass man auch gern ein Leben lang auf diese Frühstücks-, Mittags-, Tee- und Abendtafeln gucken möchte. Kann ich übrigens nicht bestätigen.

Das Schönste an diesem Neuerwerb ist aber nicht die Form oder die Farbe oder das Dekor. Es ist dieser Formenreichtum, der meine Mutter restlos überzeugt. Sage und schreibe achtzig Einzelteile sind im Angebot. Zusätzlich. Zusätzlich zum klassischen Service, das ja auch schon achtundfünfzig einzelne Teile hat. Es gibt nichts zwischen Teegebäck und Gulaschsuppe, für das nicht ein extra Teller, Schüsselchen oder Schälchen vorgeformt wäre. Kerzenhalter und Messerbänkchen, Teesiebteller und Fingerschalen, Blumenvasen und Aschenbecher betonen, dass es bei Tisch nicht eigentlich ums Essen, sondern um ein Ereignis geht. Es ist der Zauber dieser außergewöhnlichen Details, dem meine Mutter verfallen ist. Es gibt Breakfast-, Sandwich- und Fruit-Sets und sogar klitzekleine Mokkatassen.

Und damit die Begeisterung über Speisen und Präsentation nicht nachlässt, holt meine Mutter dann auch noch regelmäßig die Kupferpfanne raus und flambiert alles Mögliche zum Nachtisch mit heller Stichflamme. Flambieren ist total in. Es gibt flambiertes Alaska-Soufflé, flambierte Palatschinken, flambierte Bananen, flambiertes Geschnetzeltes mit Whisky. Gerne erst ein bisschen Show und anschließend einen Jägermeister. Bei einem solchen Anlass ist vor Kurzem erst die Küche von Tante Elvi abgebrannt. So richtig mit Feuerwehr und allen Schikanen. Die Frauen waren wie immer unter sich, zeitgleich haben es die Männer in der Boja Bar zwischen Westerland und Wenningstedt krachen lassen.

Tagsüber stehen sie in ihren Geschäften in der Westerländer Friedrichstraße und in der Strandstraße, und nachts ist dann immer irgendwo was los. Damit wir Kinder keine Probleme machen und nicht etwa aufwachen, wenn niemand zu Hause ist, werden wir häufiger mal mit Schlaftabletten ruhiggestellt. »Na und?«, sagt meine Mutter dann, »dafür wurden sie doch erfunden.«

KAPITEL 3

DIE SACHE MIT DEM NERZMANTEL

Der Sommer fängt schon damit an, dass man nicht weiß, wie man ihn aussprechen soll. Bei uns heißt er Saison. Manche sagen auch »schlaflose Zeit« oder »Nichts geht mehr«. Am Telefon in Pensionen und Hotels heißt er »Leider nein«. Für uns Kinder heißt der Sommer »Macht uns jetzt bitte keine Probleme!«. Und für meine Oma heißt der Sommer in diesem Jahr »Herr Bodenhausen-Merschmeier«. Der logiert für ein paar Wochen im Hotel Miramar mit Blick seitlich auf die Westerländer Kurpromenade.

Am besten beschreibt man den Sylter Sommer allerdings mit »ultimativer Kontrollverlust«. Es ist kein einziges Bett mehr frei, und die Sylter ziehen mit ihren Familien auf den Dachboden oder schicken ihre Kinder im Garten zelten. Ganz Sylt ist durchgehend geöffnet. Menschenmassen ziehen durch die Friedrichstraße Richtung Strand. Und unser Familienleben findet in diesen Monaten ausschließlich im Geschäft statt.

Das kleine Kabuff ohne Fenster, in dem mein Großvater ums Leben kam, ist das Zentrum unseres privaten Universums. In diesem Loch auf zwei mal zwei Metern leben wir von neun Uhr morgens bis elf Uhr abends. An sieben Tagen in der Woche. Wir haben alles, was man braucht. Sogar eine kleine Toilette, die allerdings noch vollgestellt ist mit Staubsauger, Besen, Putzeimer und allem, was man benötigt, um den Laden und vor allem die Schaufenster sauber zu halten. Im Waschbecken stapeln sich Kaffeetassen und Sektgläser. Es ist unglaublich eng. Und es gibt keine Belüftung.

Ein schmaler Schreibtisch steht gleich links an der Wand. Hier mache ich normalerweise meine Hausaufgaben und wechsle mich dabei mit meiner Schwester ab. Wenn keine Ferien sind. Hier essen wir, spielen, lesen und organisieren unseren Alltag. Über diesem Schreibtisch hängen an einer Pinnwand unzählige Zettel mit Telefonnummern, Fotos, Papierfetzen, Ausrisse aus Modemagazinen und »Arbeitskarten« aus Pappe, die wir in der Druckerei Jüptner herstellen lassen und auf denen Namen und Körpermaße unserer Kundinnen notiert sind.

Die kleine Nische mit der Kleiderstange, unter der mein Opa starb, gibt es natürlich auch noch. Und wie damals hängt sie voll mit Mänteln und Jacken. Entweder gehen sie zur Änderung in die Werkstatt, oder sie hängen dort, weil sie auf ihre Abholung warten. Man kann darunter nur gekrümmt sitzen, denn eigentlich ist es ein Einbauschrank, bei dem die Türen fehlen. Man kann allerdings auch immer noch darunter schlafen, auch wenn es dort keine Liege mehr gibt und man es sich auf dem Fußboden bequem machen muss. In dieser Schranknische steht ein Tritt, auf dem immer irgendjemand sitzt. Ein zweiter Stuhl steht am Schreibtisch. Mehr Platz ist nicht. Falls man zu dritt ist, kann man noch auf einer von den zwei Treppenstufen sitzen, die hinunter in den Laden führen. Meistens ist die Schiebetür zum Geschäft geschlossen, geheimtürmäßig. Im Laden fungiert diese Schiebetür als großer Spiegel, der im täglichen Betrieb dringend gebraucht wird.

Zudem wird der hintere Teil unseres Ladens, an den sich das Kabuff anschließt, oft als Umkleidekabine genutzt. Wenn sich dort jemand auszieht und seine persönlichen Sachen ablegt, dann sitzen wir in dem Kabuff manchmal ewig lange fest, luftdicht abgeschlossen von der Außenwelt bei Neonlicht. Die Akustik ist allerdings fantastisch, weil die vielen Pelze, die hier hängen, den Schall schlucken wie in einem Tonstudio. Und auch der typische Geruch, den ein Pelz ausströmt, ist hier viel intensiver. Es riecht nach Cognac. Das muss mit den Gerbstoffen zusammenhängen, mit denen die Felle bearbeitet wurden.

An den einzigen zwei freien Wänden sind bis zur Decke Regale montiert, vollgestopft mit Büromaterial, Stecknadelkisten, Vordrucken für Arbeitskarten, Briefpapier, Rechnungsbögen, Stempelkissen, Nadelkissen und Kartons voller Knöpfe.

Und dann steht da dieses Ding, für das wir bis heute keinen Namen haben und das ziemlich viel Platz wegnimmt. Man kann es sich wie ein Messgerät auf Rollen vorstellen, das an einer Stange montiert ist. Es dient zum Markieren der Saumlänge per Kreidestrich für Röcke, Kleider und Mäntel. Mithilfe eines kleinen Blasebalgs, der über einen Gummischlauch mit dem Kreidebehälter verbunden ist, werden feine weiße Striche auf das Kleidungsstück gestäubt. Man fährt mit diesem Gerät um die Kundin herum und pumpt eine einheitliche Rocklänge auf den Mantel. Tante Elvi sagt, das Gerät »sieht aus wie eine Maschine zur Darmentleerung«. Deshalb ist es auch aus dem Laden verbannt, und wir müssen es hier hinten immer hin und her schieben, weil es einfach keinen festen Platz hat.

Und leider hat sich auch noch mein Vater bei der Anschaffung des neuen Kühlschranks mit dem Zollstock vermessen. Der ist viel zu groß geraten und ragt jetzt unangenehm in den Raum hinein, sodass man mit einem Hüftschwung aus der Toilette kommen muss, wenn man nicht mit ihm zusammenstoßen will. Papa hat ihn bei Elektro-Schröter gekauft, oben an der Ecke Friedrich- und Elisabethstraße gegenüber von China-Bohlken. Die wollen ihn nicht zurücknehmen, weil er vorher auch schon mal zurückgegeben wurde. Noch mal könnten sie ihn bestimmt nicht verkaufen. Letztlich brauchen wir ihn aber auch in dieser Größe, weil bei uns im Laden immer öfter Sekt getrunken wird.

Die Leute geben mehrere Tausend Mark aus, kaufen Pelze, Seidentücher, Lederjacken, sind im Urlaub, sind in guter Stimmung. Da muss man Passendes im Angebot haben, um die Anschaffung entsprechend zu begießen. Und dann kommen natürlich auch ständig Leute vorbei, die schon viele Pelze haben und sich einfach mal inspirieren lassen wollen. Die plumpsen auf unser Sofa und sagen: »Na, ist doch schon zwölf. Wir könnten doch mal.« Meine Mutter ist da ganz entspannt und lässt sich nicht lange bitten. Meistens schickt sie mich dann nach hinten, um mal im Kühlschrank nachzusehen, »ob noch was da ist«.

Im Sektflaschen-Öffnen könnte ich es zur Meisterschaft bringen. Ich bin inzwischen sehr effektiv und schnell. Da gibt es nämlich einen Trick, den hat mir Arndt von Bohlen und Halbach gezeigt. Man muss die Flasche mit der linken Hand relativ weit oben am Flaschenhals gut festhalten, dann mit der rechten Hand die Folie an der Stelle lösen, wo die kleine Drahtschlinge liegt. Dann dreht man den Draht so weit auf, dass man das Körbchen, das den Korken hält, vorsichtig abziehen kann. Mit der rechten Hand packt man den Pfropfen und dreht ihn gegen den Uhrzeigersinn mit einer »energischen Bewegung« aus der Flasche. Herr von Bohlen sagt, es darf nicht knallen. Der Korken darf auch nicht durchs Zimmer fliegen. Nur ein »sattes Plopp« ist erlaubt. Und ganz wichtig: Die linke Hand muss auch weiterhin den Flaschenhals umklammern. Denn die Wärme der Hand sorgt dafür, dass der Sekt nicht hochsprudelt, sagt Herr von Bohlen.

Normalerweise redet er nur ganz wenig. Und mit Kindern kann er gar nicht, sagt er. Aber als ich ihm zeige, wie gut ich das Sektflaschen-Öffnen mittlerweile beherrsche, wirft er lachend den Kopf in den Nacken und schüttelt seine kurze Lockenfrisur, als hätte er lange Haare. Dann klopft er mir mit ausgestrecktem Arm und nur zwei schmalen Fingern anerkennend auf die Schulter, als würde er mich zum Ritter schlagen wollen. Ich zucke innerlich ein bisschen zusammen, denn so was macht er sonst nie. Er verströmt eine Aura der Unnahbarkeit, sodass man sich nicht vorstellen kann, ihn anzufassen oder dass er überhaupt jemand anderen mal anfasst.

Wenn er zu uns in den Laden kommt, flattert er wie ein Vogel herein, zierlich, obwohl er eigentlich recht groß ist. Er ist flüchtig wie teures Parfüm. Und genauso auffällig. Ein sehr eleganter Mann, der ungeheuer selbstsicher auftritt, obwohl er aussieht wie eine Frau. Meine Mutter liest über ihn aus der Illustrierten vor: »Arndt von Bohlen und Halbach. Der reichste Frührentner Deutschlands. Ein Parasit, der sich von seiner Dekadenz ernährt.« Er wird ständig von Fotografen verfolgt. Vor allem seitdem er Hetti von Auersperg geheiratet hat, eine verarmte Adlige aus Österreich, die auch noch älter ist als er. Arndt von Bohlen und Halbach ist eine internationale Berühmtheit, und alles, was er tut, wird von der Presse aufmerksam registriert, denn er ist »der letzte Krupp«, der einzige Erbe des milliardenschweren Stahl- und Rüstungskonzerns und »der aufregendste Krupp, den es je gab«, wie die Illustrierte »Jasmin« über ihn schrieb.

Der Krupp-Erbe kommt sehr häufig nach Sylt. Es ist ja »das deutsche St. Tropez«, wo man sich ohne Sorgen ausleben kann und überall interessante Leute trifft. Wo es völlig normal ist, total unnormal zu sein. Wo es egal ist, woher das viele Geld stammt. Wo sich niemand darum schert, dass sein Vater, Alfried Krupp, für Adolf Hitlers Endsieg die Kanonen gegossen hat und anschließend als Kriegsverbrecher ins Gefängnis musste. Fünfundzwanzigtausend Zwangsarbeiter hat Alfried Krupp in seinen Stahlwerken schuften lassen. Darunter viele jüdische Frauen, die die Vernichtungsfeldzüge der Nazis mit Nachschub versorgten. Heute machen die Krupps immer noch in Stahl. Aber der Alleinerbe Arndt von Bohlen ist aus dem Unternehmen ausgeschieden.

Als der Generationenwechsel anstand, hat ihm sein Vater Alfried nicht zugetraut, diesen Tanker der Schwerindustrie mit hunderttausend Beschäftigten zu steuern. Und Arndt von Bohlen hat das angeblich auch selbst überhaupt nicht gewollt. 1966 verzichtete er auf die Milliarden, ist ausgestiegen und lässt sich den Verzicht mit einer jährlichen Abfindung bezahlen. Er erhält jedes Jahr immer wieder neu zwei Millionen Mark einfach so zum Ausgeben. Zwei Millionen. Immer wieder. Er ist unfassbar reich, und das sieht man ihm auch an. Vollkommen ungestresst schlendert er durchs Leben. Herr von Bohlen ist erst fünfunddreißig Jahre alt und verjubelt seine Millionen.

Wenn er bei uns Pelze kauft, kommt er niemals in Begleitung. Er muss sich mit niemandem beraten. Er trifft jede Entscheidung allein. Er muss auf niemanden Rücksicht nehmen. Er weiß, dass ihm keiner mehr etwas zu sagen hat. Schon gar nicht wegen Äußerlichkeiten. Er spricht so leise, dass man ihn kaum versteht. Er ist immer stark geschminkt. Und in den Illustrierten kann man seitenlang über seine Verschwendungssucht lesen. Die »Jasmin, die Zeitschrift für das Leben zu zweit« hat zum Beispiel über Herrn von Bohlen geschrieben: »Frauen können neidisch werden auf die langen, seidigen Wimpern, die seine grünen Augen groß und verträumt erscheinen lassen, bis sie dahinterkommen, dass er sie ganz dezent mit Harriet-Hubbart-Ayers Super-Long Mascara tuscht.« Ich finde, das sieht bei seinen kleinen Augen schon ein bisschen komisch aus.

In der Presse steht auch, dass er ständig Schönheitsoperationen machen lässt. Als Mann! Ich frage mich, woran man das sieht. »Am Kinn«, sagt meine Mutter. Aber das wirkt auf mich vollkommen normal. Auffällig ist vielleicht, dass seine Augenbrauen so sorgfältig gezupft sind, dass es nicht mehr natürlich aussieht. Er ist mit Schmuck behängt, trägt lange, großgliedrige Ketten mit fetten Anhängern, dazu fließende Gewänder mit einem orientalischen Flair. Seine Füße stecken in lederartigen Strümpfen, in ganz schmalen weichen Slippern, die ein bisschen wie Pantoffeln aussehen, in der Farbe Creme. Er sagt, er hat sie aus Marrakesch und man sagt »Babouche« dazu. Herr von Bohlen ist zart, schmal und dünn. Zurückhaltend und vornehm.

Ingrid Langmaack hat allerdings gesagt, Arndt von Bohlen und Halbach könnte auch ganz anders und wäre bisweilen etwas extrem. Neulich sei er von vier Männern spektakulär in einer goldenen Sänfte wie ein Maharadscha durch die ganze Strandstraße getragen worden bis hinein in ihr »Café Wien«, um dann dort bei »Rüdesheimer Kaffee« an einem großen Tisch Hof zu halten. Für Pomp und Königsglitter hat er was übrig. Auffallen will er schon. Er gibt bei meinem Vater immer sehr aufsehenerregende Pelzmäntel in Auftrag und lässt sich darin dann weltweit fotografieren.

Andererseits haben ihn auch schon eine Menge Leute hinterm Tresen im Kleist Casino Gläser spülen sehen. Dort möchte er lieber zum Personal gehören. Sagt Eberhard, der

Schulfreund meiner Mutter, der von dreihundertfünfundsechzig Nächten im Jahr immer genau weiß, was im KC stattgefunden hat, dem bekanntesten Homosexuellentreff der Insel. Arndt von Bohlen und Halbach ist definitiv ein großes Gesprächsthema auf Sylt. Und er ist derjenige, der bei uns im Geschäft meine Hausaufgaben sehen will, nur um dann zu sagen: »Was für eine Verschwendung von Lebenszeit.«

Heute liegen in unserem Laden auf dem Teppichboden ungefähr dreihundert Nerzfelle. Farblich gebündelt in sogenannten Lots. An so einem Lot-Haken hängen immer dreißig bis fünfzig Nerze im selben Farbton, frisch aus der Zurichtung aus Frankfurt, wo die Rohware für uns gegerbt und verarbeitungsfertig vorbereitet wird. Die Häute sind weich wie Fensterleder. Herr von Bohlen wünscht sich einen bodenlangen Nerz in »Naturbraun«. Nichts Gefärbtes. Aber weil die Natur unzählige Farben »Braun« im Angebot hat, könnte sich der Auswahlprozess noch ein wenig in die Länge ziehen. Für einen Mantel in der gewünschten Güte und Opulenz braucht man ungefähr sechzig Felle.

Mein Vater hebt immer wieder einzelne Nerzbunde vom Boden auf und wirft sie sofort wieder auf den Teppich, um das Sommerlicht einzufangen, das von draußen durch die Schaufenster in den Laden fällt. Die Sonne lässt die Felle in all ihren Farbreflexen seidig glänzen. Auf diese Weise werden bei den Naturfarben auch Nuancen sichtbar, die es bei gefärbter Ware so nicht gibt. Es ist nicht so einfach, wie man es sich vielleicht vorstellt, bei Naturfellen so viele Nerze in ein und derselben Farbe zusammenzubekommen, dass ein Kürschner daraus ein einheitliches Bild erschaffen kann. Wenn man dann auch noch Wildnerze will, die nicht gezüchtet sind, dann wird es nicht nur schwierig, sondern auch noch teuer.

Herr von Bohlen wirft sich jetzt selbst einige Nerze über die Schulter. Das Braun der Tiere müsse zu seinem eigenen Braun passen, sagt er. Meine Mutter schaltet sich ein und schiebt zwei Nerzbunde in die engere Wahl. Am Ende entscheidet sich Herr von Bohlen und Halbach für »Demibuff«, eine ganz neue Kreuzung aus zwei Nerzmutationen. »Demibuff« sieht aus wie eine Welle aus Karamellbonbons.

Anschließend geht es dann zwischen ihm und meinem Vater noch um die Details. Die Körpermaße haben wir in der Datei. Das Modell steht auch schon länger fest, »Callas«, ein opulenter Kragen – ein bisschen wie bei einem Opernkostüm –, der Rest schmal und schlicht geschnitten.

»Kann ich den Mantel auch ouvert tragen?« Herr von Bohlen sieht an sich herunter.

»Selbstverständlich«, sagt mein Vater, »beide Varianten kommen infrage. Wenn Sie ihn überwiegend offen tragen, sollten wir über eine verdeckte Knopfleiste oder noch besser über Clipverschlüsse nachdenken.«

«Herr Matthiessen, bitte achten Sie darauf, dass dieser Pelz links geschlossen wird und nicht rechts.«

«Davon rate ich ab«, sagt mein Vater, »das sieht doch aus, als hätten Sie den Mantel bei Ihrer Frau ausgeliehen.«

«Ich bestehe darauf, Herr Kürschnermeister.« Der feine Herr von Bohlen und Halbach dreht und wendet sich mit den Nerzen auf den Schultern vor unserem drei Meter hohen Spiegel. Die Nerze fließen von seiner Schulter wie ein elegantes Cape. »Bitte verletzen Sie nicht mein Stilgefühl. Es ist mir ein innigliches Anliegen.«

Er will einen Herrenpelz in einer Frauenausführung. In achtundvierzig Jahren Firmengeschichte fertigt mein Vater so eine Variante in diesem Sommer zum allerersten Mal an. Schon für den übernächsten Tag ist die »Nesselprobe« vereinbart. Dafür wird der Grundschnitt im Maßstab 1 : 1 in einem hellen, festen Stoff zur Probe genäht. Sollte es dann an manchen Stellen nicht perfekt sitzen, nimmt mein Vater per Schere und Stecknadeln Korrekturen vor, die er dann auf den Schnitt überträgt. Auch die Darmentleerungs-Maschine kommt zum Einsatz und wird um Herrn von Bohlen herumgefahren, damit der Saum eine perfekte Länge hat. Am Ende darf man davon ausgehen, dass der Mantel wie angegossen sitzen wird. Und Herr von Bohlen wird fantastisch darin aussehen.

Warum Männer übrigens die Knöpfe rechts tragen und die Frauen links, hat etwas mit dem Mittelalter zu tun. Aus ergonomischen Gründen. Am linken Hosenbund wurden die Waffen getragen. Um zu verhindern, dass sich das Schwert beim Herausziehen an den Knöpfen des Mantels verfing, waren die Knopfleisten auf der rechten Seite angebracht. Sollte es dann zu einem spontanen Kampf kommen, konnte der Kämpfer einfach die flache Hand links hinein in den Mantel schieben und die Waffe blitzschnell hervorziehen. Herr von Bohlen wollte es aber unbedingt andersrum. Wird er bekommen.

Warum Frauen die Knopfleiste links tragen? Meine Großmutter sagt, weil man »von außen« eine Frauenbluse auf diese Art viel schneller öffnen kann. Mit der rechten Hand einfach die Knopflöcher größer ziehen und mit der linken die Knöpfe durchschieben. »Das ist extra für die Männer so angebracht worden«, behauptet sie. Damit kenne sie sich nämlich bestens aus.

Direkt nach dem Krieg, als mein Großvater noch verschollen und das Pelzgeschäft quasi tot war, ist sie mit einem Rucksack und zwei Koffern voller Trikotagen, Hüft- und Strumpfhaltern nicht nur auf Sylt über die Dörfer gezogen und hat an alle Türen geklopft, sondern auch auf Amrum und Föhr, und hat ihr Geld mit Unterwäsche verdient. Sie musste sich und meinen Vater über Wasser halten. Sie hatte sich das gut überlegt. »Der Mensch lebt von innen nach außen«, sagt meine Oma. »Nur wer gute Wäsche am Leib hat, ist dem Dreck entkommen.« Frische Wäsche war der erste Schritt zum Neuanfang. Strahlend weiß musste sie sein. Irgendwann würden dann auch die Pelze wiederkommen. »Wenn die Leibwäsche keine Qualität hat, dann bleibt auch die schönste Bluse ohne Wirkung.«

Meine Großmutter hat zwei Weltkriege überstanden. Zweimal war sie bei null. Zweimal Währungsreform. Zweimal Neuanfang. Nichts bringt sie aus der Fassung. Sie greift zu, wenn sie was kriegen kann. Und das versucht sie festzuhalten. Seit der Pelzladen wieder läuft, ist sie überall in der Stadt als selbstbewusste Seniorchefin unterwegs. In ihrer Wahrnehmung ist sie endlich dort angekommen, wo sie immer hinwollte: in Sicherheit. Da darf man auch modisch wieder etwas wagen. Als sichtbaren Beweis trägt sie ihren vollkommen überdimensionierten Pelzhut aus Nerz, der aussieht wie ein viel zu groß geratener Zylinder.

Gerade erst war sie beim Friseur im Salon Madam in der ersten Etage im Hotel von Stephan direkt über unserem Laden, quetschte zum Entsetzen ihrer Friseurin den großen Hut auf ihre frische Dauerwelle und rauscht genau in dem Moment hinein in unser Geschäft, als Herr von Bohlen immer noch mit den Nerzen auf der Schulter vor dem Spiegel herumtänzelt. Ein kurzes Innehalten, dann der Augenblick der Erkenntnis, und im selben Moment fällt sie ruckartig in sich zusammen. Das rechte Bein knickt weg hinter das linke, der Oberkörper federt Richtung Teppich, sie macht eine tiefe

Verbeugung und sagt zu ihren Schuhen: »Durchlaucht. Ich hatte ja keine Ahnung.«

Denselben Schockmoment wie meine Oma hat Herr von Bohlen ganz offensichtlich auch, als er im Spiegel sieht, dass plötzlich eine alte Dame mit großem Hut neben ihm zusammenbricht.

»Aber, aber«, sagt Herr von Bohlen. »Gnädige Frau. Sie übertreiben. Stehen Sie auf. Ich bin doch nicht die Königin von England.«

Meine Oma schwingt ganz locker wieder aufwärts und streckt Herrn von Bohlen ihre Hand entgegen. Und zwar Richtung Gesicht. Der greift sofort nach ihren Fingerspitzen und haucht ihr seinen Atem auf den Handrücken. Meine Oma knickst noch mal im Ansatz, und ich muss mich wirklich wundern, wie beweglich sie auf einmal ist. Normalerweise schafft sie es kaum auf den Rücksitz eines Autos. Oder nur unter größten Anstrengungen.

Meine Mutter sagt allerdings, das würde nur daran liegen, dass meine Großmutter gegen Rücksitze prinzipiell allergisch ist. Sie kann nämlich nur in der ersten Reihe Platz nehmen. Prominent im Mercedes auf dem Beifahrersessel direkt neben meinem Vater. Meine Mutter soll immer nach hinten. Aber das läuft nicht mehr. Diese Schlacht ist geschlagen. Deshalb fährt meine Oma jetzt auch wieder ein eigenes Auto. Einen Opel Kadett in Schlammfarbe mit Gangschaltung am Lenkrad. Für ihren Geschmack ist der Wagen zu unglamourös, aber mein Vater hat im Autohaus Albrecht zu ihr gesagt: »Das hier oder keins. Kannst du dir aussuchen.« Da hat sie dann für den Rest des Tages beleidigt geschwiegen. Aber mitgenommen hat sie den Wagen trotzdem.

Bei meiner Großmutter im Auto mitzufahren ist überhaupt nicht lustig. Sie fährt viel zu langsam, und mit den

Händen hält sie das Lenkrad fest, als würde sie eine Schüssel tragen. Sie setzt den Wagen ausschließlich im zweiten Gang in Bewegung. Weil der erste so dicht neben dem Rückwärtsgang liegt, ist sie früher schon ein paarmal statt nach vorne ruckartig nach hinten auf ihren Nachfolger aufgefahren, wenn die Ampel auf Grün geschaltet hat. Ich durfte meinen Eltern nichts davon erzählen. Daran habe ich mich bis heute auch gehalten.

Beschwerden gab's sowieso nicht, denn wenn sich meine Großmutter mit ihrer Grandezza nach so einem Blechschaden aus dem Auto schwang und dem nachfolgenden Fahrer bedeutete, dass er sie ungalant bedrängt und dann rüpelhaft auf ihren Wagen aufgefahren sei, wurde die Sache meistens schnell mit etwas Bargeld erledigt. Kurgäste lassen sich sofort von ihr einschüchtern. Und im sommerlichen Trubel möchten die allerwenigsten Ärger bekommen mit den Einheimischen. Und ganz bestimmt nicht mit meiner Großmutter, die in solchen Momenten vergessen lässt, dass sie nur einen langweiligen Opel fährt, weil sie davon überzeugt ist, dass ihr mindestens ein Sportwagen zusteht.

Natürlich kennt Oma alle Geschichten über »den letzten Krupp«. Sie hat schließlich den Lesezirkel abonniert und arbeitet sich jede Woche durch unzählige Gazetten. Seine Villa in Palm Beach, die Jacht an der Côte d'Azur, der Märchenpalast in Marrakesch, das Familienschloss Blühnbach bei Salzburg, das Palais in der Schwabinger Georgenstraße … Alles kann sie aufsagen. Sie weiß sogar, dass der Ehevertrag zwischen Hetti von Auersperg und Arndt von Bohlen und Halbach angeblich deswegen nicht zustande kam, weil sich darin beide von den »ehelichen Pflichten« entbinden lassen wollten und die Juristen so eine Klausel für sittenwidrig hielten. Ehe ist Ehe. Pflichten sind Pflichten. Die Welt ist, wie sie ist.

Aber natürlich hat meine Oma bei ihren intensiven Studien auch registriert, welche Häme sich über das Paar ergossen hat, als dessen Verlobung bekannt gegeben wurde. Selbst die seriösen Zeitungen schrieben mit unverhohlener Verachtung über Herrn von Bohlen und nahmen sich jedes Recht heraus, den letzten Krupp mit Hohn und Spott zu überziehen, weil er so war, wie er war.

Auf Sylt ist Herr von Bohlen aber nur einer von vielen, die sind, wie sie sind. Einer von vielen, die den unendlich hohen Raum nutzen, um sich in alle Richtungen auszudehnen und sich frei und ungehemmt zu bewegen. Ohne Rücksicht auf die Festlandsmoral.

Meine Oma verabschiedet sich, denn sie hat noch etwas vor. Mit den Worten »Reichtum schützt übrigens« fegt sie wieder raus aus dem Laden Richtung Kurpromenade, wo sie mit Herrn Bodenhausen-Merschmeier zum Kurkonzert verabredet ist.

Das Große Kurkonzert in der Musikmuschel auf der Strandpromenade sorgt für stetigen Wellengang in der Westerländer Innenstadt. Sobald das Orchester aufspielt, fallen die Flaniermeilen trocken. Ist der letzte Ton verklungen, werden Friedrichstraße und Strandstraße mit Urlaubern geflutet. Mehrmals am Tag spielt das Orchester im Amphitheater auf und lockt mit Operette, Gassenhauer, Schlager und Klassik, und immer sind alle weiß lackierten Holzbänke bis auf den letzten Platz besetzt.

Das Kurkonzert direkt am Meer zieht die Massen an und versetzt die Gäste vor allem am Nachmittag und am Abend in Hochstimmung. Es kreisen die Möwen, die Sorgen verfliegen, die salzige Brise spendiert ein paar feine Glücksmomente. So soll es doch bitte immer sein. So unbeschwert unter blauem Himmel. Während die Musik vom Wind hinausgetragen wird über die Nordsee, fühlt man sich selbst leicht und leichter. Es ist die reine Freude.

Nach den Konzerten sind die Urlauber in Kauflaune und belagern unseren berühmten »goldenen Haken« direkt neben der Eingangstür zu unserem Geschäft. Hier hängt immer ein Pelzmodell zum spontanen Anprobieren. »Ziehen Sie den Mantel doch einfach mal über«, höre ich meine Mutter immer wieder sagen. Und weil ein glücklicher Strandtag am wogenden Meer alle Hemmungen in Luft aufgelöst hat, stehen die Damen mit ihren Ehemännern in Badelatschen und Frotteedress auf einmal mittendrin in unserem Pelzgeschäft.

Aber Frauen kaufen keine Pelze. Sie lassen Pelze kaufen. Sie drehen sich vor dem Spiegel, greifen in ihre salzverklebten Haare und versuchen, eine Frisur in Form zu bringen. Sie sagen: »Oh nein. Wie ich aussehe. Ich komme direkt vom Strand.« Und sie richten sich auf, gehen auf die Zehenspitzen, streicheln das Fell, umarmen sich selbst, schlagen den Mantelkragen hoch und sind spontan verliebt in dieses Pelzerlebnis. Aber wie gesagt. Frauen kaufen nicht selbst. Sie sind nur der Auslöser für den berühmten kritischen Moment. Von nun an läuft der Taxameter.

Bin ich meinem Mann diesen Pelzmantel überhaupt wert?

Jetzt kommt der Ernährer ins Spiel, der meistens auf einem Sesselchen mit dem Rücken zum Schaufenster kauert und sich fragt, wie er in diese Situation hineingeraten konnte. »Wie sehe ich aus?«, fragt die Frau ihren Mann, baut sich direkt vor ihm auf, und von seiner Antwort hängt für die Zukunft des Paares eine ganze Menge ab. Wenn er sagt: »Was kostet der denn?«, ist noch nicht alles verloren, aber er versetzt seiner Frau einen ersten Stich. »Lassen Sie sich Zeit«, sagt dann meine Mutter, »probieren Sie doch auch mal diesen hier. Etwas ganz anderes.« Sie greift in die Auslage und zieht einen kaffeebraunen Bisam vom Bügel. Der Mantel fällt elegant, die Größe ist perfekt, der Preis deutlich geringer als der Rotfuchs vom »goldenen Haken«.

Aber wenn der Mann dann sagt: »Du hast doch schon so viele Mäntel«, wird es frostig und blamabel für die Ehefrau, denn man ist ja schließlich nach Sylt gefahren und nicht nach Eckernförde. »Aber ich habe keinen einzigen Pelzmantel«, sagt die Frau verunsichert und rutscht automatisch eine Stufe tiefer auf der nach unten offenen Erniedrigungsskala. Das ist der Moment, in dem meine Mutter zu großer Form aufläuft. »Wie wäre es denn hiermit?« Zielsicher greift sie zu einem Kurzmantel, Größe 42. »Nur einfach mal überziehen. Man muss doch auch erst mal ein Gefühl dafür bekommen.« Mit diesen Worten landet der neue Pelz auf dem Schoß des Mannes, während sich seine Frau vom Bisam befreit, der von meiner Mutter gut sichtbar direkt neben dem Spiegel aufgehängt wird.

»Fühlen Sie doch mal«, sagt sie zu dem Mann, »federleichte Chinchilla. Herrlicher Tragekomfort. Gerade erst fertig geworden in unserer Werkstatt. Der würde Ihrer Frau ausgesprochen gut stehen.« Während der Mann nun widerwillig beginnt, das flauschige Chinchillafell, grauweiß mit einem Schuss ins Violette, zu streicheln, wirft mir meine Mutter in einer Drehung ihren intensiven Telefonblick zu, und ich weiß sofort Bescheid. Papa anrufen. Aber leise. Er muss aus der Werkstatt in Tinnum nach Westerland in den Laden kommen, damit er sich einschalten kann. Taktik »Jetzt kommt der Chef«.

Denselben Telefonblick setzt sie auch dann ein, wenn Leute zu lange im Laden stehen und sich einfach nur noch unterhalten wollen. Dann ziehe ich die Schiebetür vom Kabuff zu, warte ein paar Minuten, erscheine dann wieder überraschend auf der Bildfläche und sage: »Mama, Telefon. Frau Eichendorf möchte dich sprechen.« Und das ist dann die perfekte Gelegenheit für die Plaudertasche, sich zu verabschieden, sodass meine Mutter wieder durchatmen kann und einen Moment der Erholung hat.

Es gibt auch Codes, die noch viel besser getarnt sind. Falls sich eine Dame nicht entscheiden kann und über Tage immer wieder mit ihrem Mann im Laden erscheint, um ständig dieselben drei Mäntel zu probieren, sage ich bei Tante Elvi im Feinkostladen Fuchs Bescheid, und die schickt dann Frau Weselmann aus dem Haus Schack vorbei. Frau Weselmann hat eine Figur, an der sieht einfach alles gut aus. Sie fackelt nicht lange und kauft im Rekordtempo einen der Mäntel aus der engeren Wahl, lässt sich das gute Stück einpacken und sagt: »Auf Rechnung, Frau Matthiessen, wie immer.« Das hinterlässt in der Regel einen starken Eindruck, sodass der Entschluss bei den Entscheidungsschwachen deutlich schneller reift.

Manchmal ist der Mantel auch tatsächlich schon verkauft, wenn die Leierkasten-Leute wieder einlaufen. Denn der Umschlag unserer Ware ist enorm. An guten Tagen gehen fünf bis zehn Teile über die Theke.

Und da stürmt auch schon mein Vater in den Laden. Dynamisch im hellen Anzug mit groß gemusterter Krawatte in Grün und Orange, und natürlich trägt er über der Schulter wie immer am abgeknickten Arm einen Haufen Mäntel, die Bügelhaken klemmen ihm das Blut an den Fingern ab. »Guten Abend, gnädige Frau, darf ich Ihnen behilflich sein«, ruft er gut gelaunt in den Laden. »Hallo, Schatz«, sagt er, zieht meine Mutter kurz an sich und haucht ihr einen Kuss auf die Wange. Um aber nicht gleich zu familiär zu werden, werden wir Kinder prinzipiell nicht begrüßt. Der Kunde soll nämlich immer das Gefühl haben, er stünde an erster Stelle, und keinesfalls darf bei ihm der Eindruck entstehen, hinter Kindern einsortiert zu sein.

Schon hat sich der Sommersandalen-Mann vom Sessel erhoben und stellt sich vor. »Weber. Mühlheim. Angenehm.« Nun ist der Damm gebrochen, und die Frau probiert Mantel um Mantel, fühlt sich sicherer und sicherer, und am Ende kommt sie doch wieder auf den Rotfuchs zurück. Mein Vater erklärt ihr die Verarbeitungstechnik. Mein Vater sagt, wo er die Füchse gekauft hat. Mein Vater schmeichelt. Mein Vater kniet. Mein Vater widmet dieser Frau seine vollkommene Aufmerksamkeit. Mein Vater schlägt den Saum ein, um eine andere Länge auszuprobieren. Mit dem Maßband um den Hals und den Stecknadeln im Mund zeigt er, dass die optimale Länge schon erreicht ist. Er sagt, zehn Zentimeter oberhalb des Knöchels muss der Mantel enden. Midi. Für die unterste Fellbahn wurden die Füchse quer verarbeitet und hängen wie ein zusätzliches Gewicht am Mantel, so schwingt er wie ein Glockenrock. »Ein Einzelstück«, sagt mein Vater. »Immer ein Einzelstück. Immer individuell. Von Hand gefertigt. Hier auf der Insel.«

Der Ehemann hat sich inzwischen eingewöhnt, scherzt mit meiner Mutter, lobt das Sortiment und präsentiert sich auf einmal wie ein Mann von Welt. »Sieben fünf?«, fragt er. »Natürlich drei Prozent Skonto«, entgegnet meine Mutter und dreht sich zu mir um und wirft mir diesen auffordernden Blick zu, der mir bedeutet, dass jetzt wieder der Moment für die Flasche gekommen ist. Dass die Leute beim Spontankauf in der Regel kein Geld dabeihaben, ist für uns kein Problem. Wir verkaufen bekanntlich auf Rechnung. Überweisung später. Es macht leise Plopp. Beim Gläschen Sekt wird eingepackt. Dafür legt meine Mutter den schmalen Rollspiegel aus dem hinteren Teil des Ladens quer und faltet den Mantel kunstvoll, mit edlem Seidenpapier abgepolstert, zu einem handlichen Paket und schiebt ihn in eine große, feste Papiertasche, auf die unser Firmenname in schwungvollen Buchstaben aufgedruckt ist. So geht es Stunde um Stunde. Und Tag für Tag.

Pelze werden zu neunundneunzig Prozent von Männern gekauft. Vordergründig als Geschenk an die Ehefrau. Als Dankeschön und Anerkennung. In Wirklichkeit ist es viel mehr. Für die meisten Frauen ist der Pelzkauf wie die Erneuerung des Eheversprechens. Damit lässt sich einwandfrei belegen, wie viel sie ihrem Mann bedeutet. Und vor allem ist es für alle Außenstehenden ein sichtbarer Beweis, dass die Ehe funktioniert. Die gute Ware, und die Herkunft »Pelz Matthiessen Sylt« legt noch einen obendrauf. Und für die Männer ist es eine Art Trophäenkult. An der Ehefrau sollen alle anderen ablesen können, wie viel Geld man hat und was man sich alles leisten kann. Die Ehefrau als Schmuck und Ausweis. Für beide Parteien ein Geschäft auf Gegenseitigkeit, an dem meine Eltern gut verdienen. Es hat etwas Romantisches und funktioniert wie teure Diamanten vom Juwelier. Nur dass das hier noch etwas spektakulärer und exklusiver ist. Und vor allem größer und voluminöser. Sie bekommt den Pelzmantel. Und er fährt das große Auto. Das ist die Übereinkunft.

Und dieses Bündnis ermöglicht vor allem meinem Vater, seine Leidenschaft für teure Wildware auszuleben und auf den Fellauktionen in Dänemark, in der Sowjetunion und in Amerika die beste Qualität ohne Zwischenhändler in großen Stückzahlen zu kaufen. Dazu kann er sich sogar leisten, preisgekrönte Fachkräfte in unsere Pelzwerkstatt nach Sylt zu holen, sodass unsere Firma mittlerweile mehr als vierzig Angestellte hat, die alle ihr Handwerk aufs Beste verstehen. Unser Laden platzt buchstäblich aus allen Nähten. Vor allem am Abend ist es richtig voll, wenn die Gäste aus den Restaurants nach Hause gehen und noch einmal am »goldenen Haken« stoppen und den ausgestellten Pelz »einfach mal eben überziehen«.

Pelzgeschäfte machen auch auf dem Festland gute Umsätze, selbst die kleinsten Städtchen haben ihren ortsansässigen Kürschner. Aber im Gegensatz zu den Läden im Rest des Landes ist der Blick in unseren Laden frei, und niemand muss klopfen oder gar klingeln, um eingelassen zu werden wie in eine verrammelte Schlüssellochbar. Durch unser Schaufenster sieht man direkt hinein in den Laden, alles ist lichtdurchflutet und hat somit nichts von einem klassischen Kürschnerbetrieb, bei dem der Chef im weißen Kittel seine Kundinnen berät. Immer steht die Tür weit offen. Selbst im Winter.

Jeden Morgen putzt meine Mutter alle Scheiben und trägt dabei gefährlich hohe Schuhe und immer die teuerste Garderobe. Jeden Abend, kurz bevor das Geschäft geschlossen wird, dekoriert sie eigenhändig den Verkaufsraum großflächig mit den schönsten Modellen. Mit Tüchern. Mit Gürteln. Mit Pelzmützen, Handschuhen und anderen Accessoires. Das dauert auch noch mal mindestens eine Dreiviertelstunde. Manchmal kommen selbst dann noch Kunden in das Geschäft, nachdem die Tür schon abgeschlossen war und wir endlich nach Hause wollen. Sie machen lange Schritte, um die Dekoration nicht zu zerstören, und probieren trotzdem noch Mäntel an und verwickeln meine Mutter in belanglose Gespräche.

Manchmal schlafen wir Kinder dann schon lange hinten im Kabuff in der Koje, weil wir eigentlich seit Stunden zu

Hause sein wollten. Wir dürfen nämlich nicht allein losgehen, wenn die Zeit schon zu weit fortgeschritten ist. Angeblich zu gefährlich. Ich denke jedoch, das hat eher damit zu tun, dass wir so spät allein nicht auf der Straße gesehen werden sollen. Auf Sylt kennt jeder jeden. Und das wirft eben ein schlechtes Licht auf Mama, wenn sie ihre Kinder einfach so durch die Nacht spazieren lässt. Das wäre das Gegenteil von »Macht uns jetzt bitte keine Probleme«, dem Sylter Eltern-Mantra der Sommersaison.

Ganz am Schluss des Tages trudelt dann auch noch meine Großmutter wieder ein, ranschmeißerisch untergehakt bei Herrn Bodenhausen-Merschmeier. Dieser Mann sieht einfach nur alt aus. Heute sogar noch älter als neulich. Er ist derartig tiefbraun gebrannt und mit Tiroler Nussöl lackiert, dass ich zuerst dachte, meine Oma sei mit Rudolf Schock unterwegs. Herr Bodenhausen-Merschmeier hat einige Ähnlichkeit. Vor allem die makellos weiße Zahnreihe, die bei ihm allerdings nicht so richtig fest sitzt. Und seine Ohren sind viel zu groß und hängen wie Lappen an seinem Kopf. Er trägt einen himmelblauen Blazer, der an den Schultern zwar passt, aber südlich der Revers weit offen steht, weil alles, was an ihm mal fest war, nach unten durchgerutscht ist. Darunter hat er sich heute für einen elfenbeinfarbenen Rollkragenpullover aus sehr dünnem Strick entschieden, der sich über seinem Leib spannt wie eine zweite Haut. Meine Oma hält seinen Arm wie in einem Schraubstock und stützt ihn beim Gehen.

Herr Bodenhausen-Merschmeier ist ein freundlicher Mann. »Er besitzt eine Privatbrauerei im Hunsrück«, hatte mir meine Großmutter neulich noch zugerufen, »aber er ist kein Trinker«, musste sie noch hinterherschieben. Herr Bodenhausen-Merschmeier kommt mir allerdings etwas merkwürdig vor, als wäre er nicht ganz anwesend. Er tätschelt mir die Wange und behauptet allen Ernstes, eine Märchenfee zu sein.

Und er fragt mich, ob ich drei Wünsche hätte.

Und ich sage, um ihn reinzulegen: Nein!

So spät schon, aber Oma will ihm trotzdem unbedingt für seinen kahlen Kopf ein Schiffchen aus Seehundfell schenken. Und zwar genau das gleiche, das sich neulich erst Gerhard Schröder hier gekauft hat, der Außenminister aus dem Kabinett Adenauer, der seit 1960 ein Haus in Kampen hat. »Wir sind doch für die CDU, oder?«, fragt sie gedankenverloren, als sie nach der passenden Größe sucht. Aber selbst das kleinste Schiffchen will nicht auf seinem Minikopf halten. »Wie wäre es denn hiermit?«, fragt meine Mutter, ganz leicht gereizt, und greift zu einer traditionellen Persianerkappe, der berühmten Karakul-Mütze, die zierlicher und feiner ist und mit ihrer flachen Schaflocke viel besser auf das schüttere Haupt von Herrn Bodenhausen-Merschmeier passt. »Seehund ist viel zu mächtig für Sie. Persianer ist eleganter«, erklärt meine Mutter und rückt noch einmal die grau melierte Pelzkappe auf dem Köpfchen zurecht. Meine Großmutter wirft prüfende Blicke und zeigt sich einverstanden.

Die Lammfellkappen verkaufen sich inzwischen viel besser als die schweren Robbenmützen der Sechzigerjahre. Kopfbedeckungen für Herren sind grundsätzlich ein schwieriges Thema. Aber drei Jahrzehnte später wird genau diese Karakulschaf-Mütze noch einmal richtig Karriere machen, und zwar auf dem Haupt von Hamid Karzai, dem Präsidenten von Afghanistan. Und zwar derartig nachhaltig, dass der berühmte amerikanische Modedesigner Tom Ford Präsident Karzai zum »schicksten Mann auf dem Planeten« ernennt, und das explizit wegen seiner Persianermütze, die der Designer als »sehr elegant und sehr stolz« lobte. 1973 muss man für diese moderne Adaption einer traditionell muslimischen Kopfbedeckung vierhundertachtzig Mark auf den Tisch legen. Besser gesagt: müsste man. Aber meine Großmutter ist eine sehr großzügige Frau, vor allem wenn meine Eltern bezahlen.

Einige Tage später wird ein riesiger Blumenstrauß bei uns zu Hause abgegeben. Nur Renate und ich sind zu Hause. Vollkommen klar, dass sie nicht zur Tür geht. Sie ist ja nicht mal rausgegangen, als ein dicker Mann direkt in unserer Einfahrt einen Herzinfarkt hatte. Erst als seine Begleiterin in wilder Panik schreiend auf der Suche nach einem Telefon in unser Haus stürmte, ist sie schüchtern aus der Küche getreten und hat auf den grauen Apparat gedeutet, den man auf der gemusterten Marmorfensterbank leicht mal übersehen konnte. Renate hört einfach zu schlecht. Was außerhalb unseres Hauses passiert, blendet sie aus. Aber wenn jemand in unserer Diele randaliert, dann bleibt ihr nichts anderes übrig, dann muss sie reagieren. Normalerweise will sie aber einfach ihre Ruhe haben. Mich hat es sowieso gewundert, dass der Blumen-Mann geklingelt hat. Das ist völlig unüblich. Die Häuser sind auf Sylt nicht abgeschlossen. Klopfen, Klingeln ist hier kein Thema. Man geht einfach rein und ruft dann laut, dass man da ist. Das ist überall so.

In diesem besonderen Fall aber wartet dieser Besucher in seiner mausgrauen Uniform draußen vor der Eingangstür und bewegt sich keinen Millimeter. Er trägt auch noch kniehohe Lederstiefel. Und als ich öffne, verbeugt er sich, fragt kurz »Hier bei Matthiessen?« und überreicht mir einen derartig gigantischen Blumenstrauß, dass sich keine passende Vase findet. Renate bringt den Eimer, den sie sonst zum Bodenwischen benutzt. An dem zarten Blumenpapier klebt ein Umschlag mit einer raumgreifenden Schrift. »Eheleute Matthiessen« steht dort mit blauer Tinte geschrieben. Und als ganz spät am Abend Mama endlich nach Hause kommt, stehe ich extra noch mal aus dem Bett auf, um ihr Gesicht zu sehen. Doch meine Mutter zeigt enttäuschenderweise überhaupt keine Reaktion. Sie ist zu müde, um sich zu wundern. »Ich guck es mir morgen an.«

»Aber ein Mann in Uniform hat ihn gebracht. Da hängt ein Zettel dran.« In meiner Fantasie hat sich dieser Blumenstrauß längst zum Vorboten eines Millionen-Lottogewinns hochgeschraubt.

»Ich kann kein Wort mehr sagen und keine Zeile mehr lesen.«

»Dann lass mich doch.«

Ich greife nach dem Papier, öffne den Umschlag und lese vor:

»In Erwartung einer lang ersehnten Kostbarkeit. Ich freue mich auf morgen.

Ihr Arndt Bohlen Halbach«

In dieser Nacht fährt ein Auto mit vollem Karacho rückwärts in das Schaufenster unseres Ladens. Die Scheibe zerspringt. Die Alarmanlage geht los. Bei uns zu Hause klingelt das Telefon, und mein Vater braucht einen Moment, bis er begreift, dass etwas passiert sein muss. Er hebt den Hörer ab, und eine Automatenstimme sagt: »Einbruch bei der Firma Pelz-Matthiessen. Einbruch bei der Firma Pelz-Matthiessen.« Die Polizei wurde von der Alarmanlage zeitgleich informiert. Hoffentlich nicht so schlimm.

Aus dem Schlaf gerissen, stehen in Westerland die Urlauber auf den Balkonen rundherum und können genau beobachten, wie vier Männer in Windeseile unseren Laden ausräumen. Sie raffen nur die teuersten Pelze zusammen. Luchs, Zobel, Ozelot, Chinchilla und Nerzmäntel. Die Gäste aus dem Café Orth auf der anderen Straßenseite haben einen Logenplatz, sie sind keine dreißig Meter entfernt und können hinterher sogar eine halbwegs brauchbare Täterbeschreibung liefern. Es dauert nur Sekunden. Bevor die Polizei eintrifft, ist der Wagen verschwunden und mit ihm unsere Pelze im Wert von rund hundertzwanzigtausendtausend Mark.

Trotz inselweiter Großfahndung, trotz Polizeiverstärkung vom Festland, trotz intensiver Kontrollen am Autozug, am Bahnhof und an der Fähre in List werden die Täter nicht gefasst und das Auto nicht gefunden. Unsere Pelze sehen wir nie wieder. Und der Demibuff-Nerzmantel von Herrn von Bohlen und Halbach ist auch verschollen. Jetzt will er seinen neuen in Weiß.

KAPITEL 4

DIE SACHE MIT DER LEDERHOSE

Pfuschi Lorenzen kommt per Anhalter aus Keitum. Sie weiß, dass das verboten ist. Alle wissen das. Wir dürfen nicht trampen. Das erlauben unsere Eltern nicht, aber niemand hält sich dran. Es gibt nichts Bequemeres, als sich per Autostopp über die Insel zu bewegen. Immer hält jemand an. Und immer wird man auf der Tour gefragt, ob das nicht zu gefährlich ist, einfach ein Auto anzuhalten. Aber ehrlich gesagt, habe ich daran noch nie einen Gedanken verschwendet.

Im Grunde könnte ich längst selbst fahren, aber das mache ich nur auf abgelegenen Wegen, wenn meine Oma mich ans Steuer lässt. Sie sagt, eine Fahrschule wäre nur dann gut, wenn man keine Großmutter hat. Sie selbst hat auch nie eine besucht. Und die Einwilligungserklärung meines Großvaters, dass sie die Fahrprüfung ablegen durfte, hat sie gefälscht. Sie meinte, er hätte zwar auf jeden Fall zugestimmt. Aber es war unter ihrer Würde, ihn zu fragen. Sie sagt, so besonders sei Autofahren nun auch wieder nicht, dass man dafür eine Genehmigung des Ehemanns bräuchte.

Meine Mutter besitzt übrigens einen Renault 5 in Quietschorange mit ebenso orange aufgeschäumten Plastiksitzen und einem schwarzen Faltdach. Ein Geschenk meines Vaters zu ihrem 35. Geburtstag. Damals hat meine Mutter den ganzen Tag im Bett gelegen und nur geheult. Das neue Auto konnte sie nicht über den Verlust ihrer Jugend hinwegtrösten. Jedes Jahr, das verging, brachte sie weiter weg von ihrem Traum, fernab von der Insel ein eigenständiges Leben zu führen. Ich wollte sie trösten. Aber das wollte sie nicht und hat sich im Bett einfach zur Wand gedreht.

Ihr neues Auto habe ich dann auch öfter mal ausprobiert. Meistens, wenn meine Eltern im Urlaub waren. Ich bin damit zur Himmelsleiter gefahren und wieder zurück. Mit Revolverschaltung. Was bedeutet, dass der Schalthebel wie eine umgedrehte Pistole vorne im Armaturenbrett steckt und nicht am Boden verankert ist. Revolverschaltung ist etwas gewöhnungsbedürftig und macht Mühe. Solange ich also noch nicht offiziell Auto fahren darf, steige ich während der Saison bei anderen ein. Und an Mitfahrgelegenheiten besteht auf Sylt wahrlich kein Mangel. Deshalb kommt Pfuschi auch halbwegs pünktlich in der Friedrichstraße an.

Als Erstes gehen wir mal zu Käpt'n Heinz in die Paulstraße. Käpt'n Heinz ist früher mit Pfuschis Opa zur See gefahren. Dann hatte er auf einer Fangfahrt einen Unfall zwischen Ankerkette und Winde, und sein rechtes Bein ist steif geblieben. Käpt'n Heinz sitzt jetzt jeden Tag in einem kleinen Kiosk, der nicht viel größer ist als eine Telefonzelle. Innen gibt es keine Fenster, Licht kommt nur durch die große Holztür, die Käpt'n Heinz morgens zur Seite aufklappt und mit einem alten Rettungsring festklemmt. Sein steifes Bein ragt neben dem winzigen Verkaufstresen bis raus auf den Fußweg.

»Na, ihr seuten Deerns«, sagt er und langt mit seinen roten, klumpigen Händen in einen Bastkorb und hält uns zwei durchsichtige Lollis hin, in denen Lakritz-Salmis eingeschlossen sind. Seine Finger sind kurz und dick, und die Fingernägel sehen aus wie geriffelte Herzmuscheln. Schneeweiß. Ich greife sofort zu und nehme gleich beide Lollis an mich. Pfuschi schlängelt sich akrobatisch hinein in den Laden und wirft Käpt'n Heinz von hinten ihre Arme um den Hals. Obwohl er nicht so richtig einen hat. Fast fliegt ihm der speckige Elbsegler vom Kopf. »Ui«, sagt Käpt'n Heinz, »nu ma sutsche.«

»Moin, Käpt'n«, sagt Pfuschi, rutscht um ihn herum und versucht, sich an seinem massigen Körper entlang auf seinen Schoß zu schieben. Da ist nicht viel Platz zwischen seinem fetten Bauch und dem Verkaufstresen. Sein runder Schädel wird immer roter. Sie schiebt. Und er zieht. Es ist ein sehr heißer Tag, die Sonne brennt vom Himmel, die Leute sind alle am Strand, und Käpt'n Heinz schnappt nach Luft.

»Tu mal die Sonnenblende bisschen kippen«, presst er heraus. Und ich greife nach der Schnur an der Wand, die dort mit einem Seemannsknoten an der Klampe festgemacht ist. Ich ziehe am losen Ende, und mit einem Ruck löst sich die ramponierte Markise und fällt in ihre Verankerung. Schatten. Käpt'n Heinz hat sich heute nicht so gut rasiert. Es gibt Stellen an seinem Kinn, die er ganz offensichtlich vergessen hat und wo inselartig weiße Stoppeln stehen geblieben sind. Aber Pfuschi hat sich jetzt so dicht vor sein Gesicht geschoben, dass nichts mehr davon zu sehen ist. Ihr schmaler Körper vor seinem massigen Leib sieht aus, als hätte er einen Aal gefangen. Und genauso bewegt sie sich auch.

Das ist mein Moment. Ich greife in die kleine Holzkiste neben den Weingummis und nehme blitzschnell einen Fünfzigmarkschein heraus. Es sind noch zwei andere drin. Wird ihm wahrscheinlich wieder nicht auffallen. Pfuschi kniet jetzt auf seinen Oberschenkeln und drückt den puterroten Kopf von Käpt'n Heinz an ihre Brust und reibt ihren dünnen Oberkörper an seinem Gesicht auf und ab. »Soll ich Opa von dir grüßen?«, fragt sie ganz laut, weil sie ihm ja mit den

Armen auch noch die Ohren zuhält. Käpt'n Heinz murmelt etwas, das ich nicht verstehen kann.

Aber dann lässt Pfuschi plötzlich von ihm ab, drückt ihm noch ein Küsschen auf die Wange und steht ruckzuck wieder neben mir auf der Straße. Das weinrote Gesicht von Käpt'n Heinz wird schlagartig grau. Der alte Mann dampft noch ein bisschen. »Bis nächste Woche«, ruft Pfuschi. »Mama sagt, du sollst mal wieder vorbeikommen. Opa will mit dir Karten spielen.« Und dann sind wir weg.

Nur zweimal um die Ecke, und schon stößt Pfuschi die Glastür bei Godbersen auf, unser einziger Schallplattenladen auf Sylt. Hinterm Tresen steht die stets gut gelaunte Frau Schnittgard, Herrin über fünf Plattenspieler, an denen jeweils ein filigraner Sennheiser-Kopfhörer hängt mit gelben Schaumstoff-Ohrpolstern. Stundenlang kann man sich bei Frau Schnittgard Platten auflegen lassen. Sofern nicht alle Plätze besetzt sind und die Leute nicht Schlange stehen. Dann ist sie eindeutig im Stress und spielt die Titel nur circa dreißig Sekunden an, und es macht definitiv weniger Spaß, Platten zu kaufen. Aber heute ist das Wetter so gut, dass nur ein paar wenige Sylter im Laden sind und wir alles ausreizen können.

Ich bin ein Riesenfan von »The Sweet« und kaufe mir für sechs Mark den neuen Smash-Hit »Ballroom Blitz«. Meine Glam-Rock-Phase hat gerade erst begonnen. Ich bin unsterblich in Marc Bolan verliebt und habe schon nach London geschrieben und ihn nach Sylt eingeladen. Noch hat er nicht geantwortet. Wie eine Bombe eingeschlagen hat aber auch Suzi Quatro mit »48 Crash«. Die Bravo hat eine Telefonnummer geschaltet, da kann man ihre Stimme hören mit einer persönlichen Botschaft für ihre Fans. Da habe ich so oft angerufen, dass meine Eltern über die hohe Telefonrechnung ausgeflippt sind. Suzi Quatros Starschnitt hängt in meinem Zimmer an der Wand. Auf meiner Einkaufsliste stehen noch Platten von The Slade, Gary Glitter, Alice Cooper und natürlich Ziggy Stardust. »Starman« habe ich schon als Single.

Das Allerbeste am Glam Rock ist allerdings eine Boutique in der Friedrichstraße: Bei »marki's shop«, schräg gegenüber von unserem Laden, gibt es Original-Glam-Rock-Outfits – sogar für Kinder. Kommt alles aus London. Schlaghosen, feuerrote Knautschlederjacken, Cord-Hotpants mit aufgebügelten Filz-Schmetterlingen, enge T-Shirts mit Lou-Reed-Konterfei und wildbunte Kickers-Schuhe, die aber sehr teuer sind. Meine Mutter ist immer ausgesprochen verständnisvoll, wenn es darum geht, die neuesten Trends mitzumachen. Modisch gekleidete Kinder sind ein guter Ausweis fürs Geschäft. Deshalb dürfen meine Schwester und ich uns bei »marki's shop« alles aussuchen, was wir wollen. Nur bei der groovy Leder-Fransenweste mit den funkelnden Pailletten hatte sie etwas dagegen. Weil wir die in unserer Werkstatt selbst herstellen könnten. Aber dazu ist es leider nie gekommen, weil keiner Zeit hatte, mir einen Schnitt abzunehmen.

In Sachen Musik kauft meine Mutter sowieso alles, was zu haben ist und was sie selbst gut findet. Wir haben ein Konto bei Godbersen und besorgen ständig Platten auf Rechnung. Meine Mutter brennt in diesem Sommer für Julio Iglesias. Wenn sie sich daran überhört hat, geht es mit den Les Humphries Singers weiter. Fürs Geschäft besorgt sie die Songs auf Musikkassetten. Da wird dann auch schon mal laut aufgedreht und im Laden wild getanzt. Manchmal hört sie einen Song im Radio, dessen Titel sie nicht weiß. Dann geht sie zu Frau Schnittgard und singt ihr vor, was sie in Erinnerung hat. Und Frau Schnittgard versteht sofort und greift nach der richtigen Platte.

Dass wir musikalisch so gut sortiert sind, liegt auch daran, dass meine Eltern in jeder Saison im großen Kursaal einen eleganten Modeball veranstalten, für den sie sich enorm Mühe geben mit der Musikauswahl und der mit rund sechshundert Platzkarten immer ausverkauft ist. Alle Gäste werfen sich in Abendkleid und Smoking. Meine Mutter konzipiert einfach alles. Die Songs. Das Licht. Die Dramaturgie. Vom spektakulären Eröffnungsbild bis zum Schlussakkord. Das ganze Jahr über verfolgt sie das internationale Modegeschehen und kauft alles von Vogue über Petra bis zur Brigitte, um auf dem aktuellen Stand zu sein. Die Sendung »Neues vom Kleidermarkt« mit Antonia Hilke in der ARD ist in unserer Familie Pflichtprogramm.

Meine Mutter orientiert sich an den großen Schauen in Paris und Mailand. »Auf diesem Niveau müssen wir uns auch bewegen.« Sie engagiert professionelle Mannequins, die meistens aus Hamburg und aus Düsseldorf kommen. Sie stellt alle Outfits zusammen vom Hut bis zu den Schuhen. In den Sylter Boutiquen besorgt sie die Kleider und Accessoires. Stiefel, Pumps, Peeptoes und Schnürer steuert Schuh-Wahrig bei. Und die einzige Sorge meiner Mutter ist, dass die Pelze, die gezeigt werden sollen, schon vor der Show weggekauft werden.

Für den Modeball ist die ganze Firma im Geschirr. Unsere Pelznäherinnen und Direktricen fungieren als Anziehhilfen. Die Kürschner und Kürschnerinnen nehmen noch kurzfristig Änderungen vor und kümmern sich darum, dass die Pelze perfekt sitzen und schwingen. Fräulein Sönnichsen, die unser Büro schmeißt und sogar besser als meine Eltern alle unsere Kunden kennt, sorgt wie immer für den reibungslosen Ablauf hinter den Kulissen, damit an den Outfits nichts fehlt. Mein Vater ist der Conferencier und imponiert auf der

Bühne. Er steht in einem Lichtkegel, moderiert durch den Abend und sieht fabelhaft aus in seinem glänzenden violetten Smoking. Er ist gerade mal sechsunddreißig Jahre alt, und alle Frauen liegen ihm zu Füßen.

Dass die Musik im richtigen Moment und in der richtigen Lautstärke eingestartet wird, dafür bin ich dann zuständig. Wehe, ich mache einen Fehler, dann wirft mir meine Mutter vom Rand der Bühne vernichtende Blicke zu. Sie steht direkt an der Rampe hinter dem seitlichen Vorhang und schickt die Mannequins und den einen Dressman, Wolfgang, der immer dazugebucht wird, pünktlich aufs Stichwort auf den Laufsteg. Man hört »Ahs« und »Ohs« aus dem Publikum. Selbst von oben aus dem Rang, wo es auch noch zahlreiche zusätzliche Tische gibt, die alle besetzt sind. Es gibt auch spontanen Applaus, und nach der Show stürmen viele Damen über die Bühne hinein in die Kulissen, um die Pelze anzuprobieren, die sie gerade gesehen haben. Während ein kleines Orchester für den Saal zum Tanz aufspielt.

Nur meine Großmutter ist unzufrieden, weil sie von meinen Eltern zusammen mit Herrn Bodenhausen-Merschmeier an einem Tisch am äußeren Rand des Saals direkt unter der Treppe zum Rang platziert wurde. Sie findet, das wäre nicht angemessen, weil sie doch auch Repräsentationspflichten hätte. Sie sieht wie immer spektakulär aus, weil ein voluminöser Silberfuchs im Ganzen – als Schal gearbeitet – ihr Dekolleté in Szene setzt. Der Fuchskopf wurde von unserem Kürschnermeister, Herrn Becker, rekonstruiert und mit funkelnden Knopfaugen versehen. Der Fuchs hat eine kleine harte, geschrumpfte, lakritzartige Nase. Er sieht gefährlich echt aus. Unter seinem Kopf ist eine große Klammer eingearbeitet, um den Pelz zu halten. Als mein Vater von der Bühne aus seine Mutter begrüßt, steht sie auf und verbeugt sich nach allen Seiten, die Menschen applaudieren, während der Fuchs jede ihrer Bewegungen fließend begleitet.

In diesem Jahr haben wir natürlich wieder einen Stargast verpflichtet. Nachdem im letzten Sommer Peter Rubin den Saal mit »Azzurro« zum Kochen brachte, ist es dieses Mal Renate Kern. Sie singt mit ihrer tiefen Stimme »Morgen früh da lachst du schon wieder«. Und wer nicht tanzt, klatscht wild mit. Und weil Sylt total ausgebucht ist und wir kein adäquates Zimmer für Renate Kern mehr bekommen konnten, hat meine Mutter sie kurzerhand bei uns zu Hause einquartiert. Ein echter Schlagerstar am Frühstückstisch. Das beeindruckt sogar meine abgeklärten Freundinnen.

Dieser Modeball bringt die ganze Familie immer an den Rand des Zusammenbruchs, denn mitten in der Saison müssen meine Eltern auch noch eine Großveranstaltung stemmen. Jeder von uns hat klare Anweisungen. Es gibt für alles einen Plan. Nächtelang sitzt meine Mutter für die Ausarbeitung im Wohnzimmer am Esstisch und hackt die Abläufe und die Kostümpläne mit mehreren Durchschlägen und irre viel Kohlepapier in die Schreibmaschine. Weil es manchmal mehr Kopien braucht, als die Schreibmaschine schafft, besorge ich mir bei der Schulsekretärin Matrizen und drehe dann ein paar Tage später die Vorlagen durch den Spiritusdrucker. Mache ich ganz gerne, denn es riecht so schön spritig nach Alkohol. Die Schulsekretärin bekommt zwei Freikarten dafür, dass sie die Ausstattung für schulfremde Aktivitäten zur Verfügung stellt. Die nimmt sie gerne an.

Damit die Musikanlage im Kursaal perfekt funktioniert, wird jedes Jahr wieder Herr Köster aus Kampen engagiert. Der wohnt auf dem Gelände der Kupferkanne in so einem kleinen Backsteinhaus halb unter der Erde. Herr Köster ist ein großartiger Techniker, wirkt aber in wichtigen Momenten ein bisschen unsortiert, sodass meine Mutter in den wenigen Stunden, in denen sie schlafen kann, oft denselben Albtraum hat: Herr Köster tritt am Abend des Modeballs in einem viel zu engen Paillettenkleid seinen Dienst an und bittet um Erlaubnis, noch mal in der Nordsee baden gehen zu dürfen, bevor es losgeht. Dann wacht meine Mutter schweißgebadet auf und findet keine Ruhe mehr.

Aber sie hat sowieso niemals Ruhe in der Saison. Denn sie kann einfach nichts dem Zufall überlassen. Immer muss alles perfekt sein. Selbst um die Blumensträuße für die Mannequins kümmert sie sich selbst und kauft auch gleich ihren eigenen ein, den mein Vater ihr ganz am Ende der Show, nach dem Schlussbild, auf der Bühne überreicht, um sich anerkennend bei ihr zu bedanken. »Meine sehr verehrten Damen und Herren, nun darf ich Ihnen diejenige vorstellen, die diesen stimmungsvollen Abend hier überhaupt erst möglich gemacht hat. Einfach wunderbar! Meine Frau!« Dann stürmt meine Mutter lachend auf die Bühne, in einem groß gemusterten Chiffonkleid von Missoni, und Fräulein Sönnichsen hetzt mit dem Blumenstrauß hinterher, den mein Vater dann formvollendet überreicht und meine Mutter fest umarmt. Keine Küsse. Das wäre zu viel.

Und ich spiele »Sacramento« von Middle of the Road. Das hat meine Mutter für diese Szene so vorgesehen.

»Ballroom Blitz« von The Sweet kann ich beim Modeball leider nicht einsetzen. Glam Rock ist für unsere Kunden zu extrem. Was aber nicht heißt, dass viele, die bei uns einkaufen, nicht exzentrisch wären. Auf dem Weg von Schallplatten-Godbersen zum Strand stoppen Pfuschi, die sich mit der neuesten LP von Gilbert O'Sullivan eingedeckt hat, und ich noch mal bei uns im Laden, wo sich meine Mutter gerade um eine kleine, zerdrückte Frau bemüht.

Die Alte, höchstens halb so groß wie Mama, hat pechschwarze, raspelkurz geschnittene Haare, ein weiß getünchtes Gesicht und mittenrein gemalt: einen feuerroten Mund. Jeder kennt sie hier. Sie heißt Valeska Gert, wird aber auf der ganzen Insel nur »die Hexe« genannt. Wahrscheinlich weil sie ein Buch geschrieben hat, das »Ich bin eine Hexe« heißt, in dem sie ihre Geschichte erzählt. Auf der ersten Seite steht: »Es ist das Leben einer Frau, das für zehn Frauen ausreichte und das drei wahrscheinlich nicht lebend überstehen würden.« Meiner Meinung nach müsste es allerdings eher heißen, wer Valeska Gert lebend übersteht, übersteht auch zehn weitere Leben. Auch deshalb ist sie eine typische Sylterin, obwohl sie in Berlin geboren wurde, als »entartete Künstlerin« vor dem Judenhass der Nazis nach Amerika floh und schon seit Anfang der Fünfzigerjahre nun hier auf der Insel wohnt. Sie betreibt ein berüchtigtes Nachtlokal in Kampen, in dem viele Prominente verkehren, und arbeitet immer noch als Schauspielerin.

Ich habe sie schon oft bei uns im Laden gesehen. Von mir nimmt sie keinerlei Notiz. Sie greift immer wieder nach der Hand meiner Mutter, lässt sie los, hält sie wieder fest, lässt sie wieder los und sagt dabei eindringlich mit ihrer sehr jung klingenden Metallstimme: »Frau Matthiessen. Ich bin darauf angewiesen. Ich will doch drehen – mit Fassbinder. Ich brauch das. Und zwar morgen.« Und dann noch etwas eindringlicher, eventuell sogar unverschämt: »Es kann doch wohl nicht so schwer sein, die Naht von einer Lederhose innerhalb von vierundzwanzig Stunden neu zu machen.«

Seitdem Tania Langmaack von ihren Eltern übers Wochenende mal bei Valeska Gert in Obhut gegeben wurde, bin ich von dieser Frau abgeschreckt. Wahrscheinlich war es von ihren Eltern gut gemeint, oder vielleicht fanden sie das auch originell, Tania da in Kampen im »Ziegenstall« bei dieser einundachtzig Jahre alten Frau abzuliefern, die unter den eingeborenen Kampenern auch als »Mumie« bekannt ist. Sie haben sich bestimmt nichts dabei gedacht. Aber Tante Ingrid und Onkel Willi, die nur für zwei Tage aufs Festland mussten, bekamen ihre Tochter vollkommen verstört zurück. »Es war wahnsinnig eklig und stinkig«, erzählte Tania. »Es war total dreckig, es roch überall nach Pisse, und die Wohnung war abgedunkelt. Es kam nirgendwo Licht rein. Mir hätte schon ein bisschen Luft gereicht«, beschrieb Tania ihr Wochenende in der Hölle.

Frau Gert lag die ganze Zeit auf ihrem diwanähnlichen Bett mit dem Fernseher am Fußende. Nachts feierten die Gäste unten in ihrem Nachtklub, im »Ziegenstall«, und man konnte nicht schlafen. Ständig kamen Kellner oder Angestellte die Treppe hoch und fragten nach, wann die Chefin denn nun mal nach unten kommt. Die Gäste würden nach ihr fragen. »Für Krethi und Plethi habe ich keine Zeit«, hat sie dann geantwortet. Sie ging nur noch selten nach unten in das Lokal, am ehesten, wenn die Verlagsleute aus Hamburg oder prominente Künstler oder Schauspieler da waren. Dann legte sie eine ihrer berühmten Einlagen hin und signierte Bücher oder gab Autogramme. Auch für Werner Höfer stieg sie die Holztreppe hinab, den bekannten Fernsehjournalisten aus dem »Internationalen Frühschoppen«, und vererbte ihm am Ende sogar das ganze Haus, weil sie ihm vertraute. Der machte das Nachtlokal dicht und ließ das berühmte Haus für einen teuren Neubau abreißen.

Als Institution ist der »Ziegenstall« bundesweit bekannt. Er hat Krippen an den Wänden mit hoch aufgestapeltem Heu drauf, und auf dem Fußboden liegt Stroh. »Viele Gäste empfinden es als unordentlich. Sie wissen nicht, wie viel Mühe es uns jeden Tag macht, diese Unordnung herzustellen«, beschreibt Valeska Gert in ihrem Buch das Geschäftsmodell ihres Lokals. Und eine Tresenkraft erinnert sich so: »Von der ein Meter fünfzig kleinen Gestalt geht etwas Elektrisierendes aus. Wilde Schriftzüge ersetzen bunte Tapeten an den schrägen Wänden. Im hinteren Raum türmt sich eine Mauer aus Büchern, die wie Briketts gestapelt übereinanderliegen.«

Jeden Tag wird die Getränkekarte neu geschrieben. Immer wieder nörgelt Valeska Gert: »Wir sind zu billig.« An einer Wand steht in riesigen Lettern: »Die Gäste sind wie Ziegen – sie werden gemolken und meckern.« Angeblich hat sich in ihren Nachtklub auch schon mal eine echte Kuh verirrt, die es geschafft hat, durch die enge Tür zu kommen und das Stroh aufzuessen. Rein kam sie. Aber nicht wieder raus.

Valeska Gert ist ein Unikum. Und in unserer Firma als Kundin nicht sonderlich beliebt, obwohl sie nie etwas anderes trägt als schwarze Lederhosen aus unserer Fertigung. Sparsam, wie sie ist, behält sie eine einzelne Hose so lange an, bis es gar nicht mehr geht, und gibt sie dann bei uns in die Reparatur und zur Aufarbeitung und Reinigung. Für sie wird dann per Vorhang der hintere Teil des Ladens abgetrennt, damit sich die Hochbetagte ihre Hose ausziehen kann. Ersatz hat sie nicht dabei, aber eine Wolldecke, die sie sich dann umwickelt und wieder aus dem Laden spaziert, als wäre das das Normalste der Welt. Meine Mutter schiebt die Lederhose dann in eine Plastiktüte und schickt sie sofort in unsere Werkstatt nach Tinnum, weil sie das Teil keinesfalls im Laden behalten will wegen der Gerüche.

»Pfui«, sagt dann Frau Lendt, unsere Direktrice in der Kürschnerei, »diese Hose kann man nicht mal mit einer Kneifzange anfassen. So was Verklebtes ist eine Frechheit.«

Meine Mutter – an der Front – lässt sich jedoch nie etwas anmerken und ist immer ausgesucht höflich, aber ich habe auch schon gehört, wie sie zu meinem Vater gesagt hat: »Die Hexe stinkt. Und ihre Hosen müsste man eigentlich verbrennen.« Ich glaube allerdings, dass ihnen gar nicht richtig bewusst ist, für wen sie da exklusiv Lederhosen in Maßanfertigung herstellen.

Valeska Gert ist schon so lange auf der Insel und so häufig in unserem Geschäft, dass sie zum Inventar gehört. Dabei ist sie in Wirklichkeit weltberühmt, hat mit Greta Garbo in »Die freudlose Gasse« gespielt und gab in der Verfilmung der Dreigroschenoper Mrs Peachum ihr Gesicht. Sie hat mit Fellini gedreht. In Berlin ist eine Straße nach ihr benannt. Sie war Grotesktänzerin und schon in den 1920er-Jahren ein skandalumwitterter Bühnenstar. Ganz allein lebt sie in Kampen ihr verrücktes Leben ohne Hilfe von außen. Dafür hat sie sich ganz bewusst Sylt ausgesucht, denn hier fürchtet man bekanntlich nicht den Tod, sondern nur das schlechte Leben.

Es gibt Leute in Kampen, die schwören, dass sie Valeska Gert nachts in der Braderuper Heide haben umherstreifen sehen. Und das noch Jahrzehnte, nachdem sie längst gestorben war. Gruselig. Fast wie eine moderne Fassung der alten Sylter Sage, nach der sich jeder angespülte tote Seemann demjenigen an den Hals hängt, der ihn als Erstes am Strand findet. So ist das auch mit Valeska Gert. Sie ist 1978 in Kampen gestorben. Wer ihr begegnet ist, den lässt sie nicht los.

Und sie hatte es ja auch schon vorausgesagt in ihrem Hexenbuch. Ganz am Ende schreibt sie nämlich: »Ich will leben, auch wenn ich tot bin.« Und sie schreibt auch: »Ich weiß auch, wie ich sterben werde. Nur das Kätzchen wird bei mir sein. … Es ist hungrig. Es knabbert mich an. Ich stinke. … Man soll der Katze eine Spritze geben und sie zu mir in meinen roten Sarg legen.« Genauso ist es gekommen. Bevor man sie im März fand, lag sie ein paar Tage tot in ihrem Haus. Ihre Katze lebte noch. Kein Wunder, dass wir Kinder immer Angst vor dieser Frau hatten.

Auch deshalb bleiben Pfuschi und ich im Laden auf Distanz, als wir Valeska Gert an der Hand meiner Mutter hängen sehen, und werfen nur kurz unsere Einkäufe ins Kabuff und laufen dann die Friedrichstraße runter zum Strand. Die Sonne scheint. Wir wühlen uns durch. Vorbei an den Geschäften mit aufgepumpten bunten Schwimmringen und Wasserbällen, die im Dutzend zusammengebunden an dünnen Fäden von den Markisen hängen und sanft im Wind schaukeln. Daneben kleine Flugzeuge aus dünnem Plastik mit rotierenden bunten Flügeln, die man wie Drachen in die Luft steigen lassen kann.

Wir passieren Ständer voller Ansichtskarten und schieben uns an Regalen mit Sonnenmilch vorbei, auf denen Windmühlen stecken. Bei Foto-Herold werden gerade die Bilder ins Schaufenster sortiert, die der Strandfotograf am Vortag von den gut gelaunten Kurgästen geschossen hat. In Badehose und Bikini posieren sie in ihren Sandburgen braun gebrannt. Zwei Mark das Foto. Im Tabakladen kauft sich Pfuschi eine Schachtel Lord Extra und sagt zum alten Herrn Mackenthun, der wie immer mit Pfeife im Mund im Laden steht: »Danke, die sind für Käpt'n Heinz.« Und der antwortet: »Ach, wirklich? Der raucht doch nur Zigarren von Handelsgold.«

Unsere Laune wird eigentlich nur von der Tatsache getrübt, dass Pfuschi ihrer Mutter versprechen musste, dem neuen Gast aus Göttingen »einmal kurz« Westerland und den Strand zu zeigen. Pfuschi wollte natürlich nicht. Aber beim Frühstück muss der Herr ziemlich insistiert haben.

Und ihre Mutter hat nicht mal die Andeutung einer Widerrede geduldet. »Das machst du doch gerne«, hat sie zu Pfuschi gesagt, »der Herr Grimm war noch nie auf der Insel. Der kennt hier niemanden. Und er ist Lehrer.«

Der Herr Grimm kommt um zwei auf die Promenade zur Milchkurhalle, um sich mit uns zu treffen. »Ist immer dasselbe«, sagt Pfuschi, »bei uns gibt's zu viele Zimmer mit Familienanschluss. Wenn wir mehr Doppelbetten hätten, hätte ich auch mehr Zeit.« Pfuschis Elternhaus ist beliebt bei Alleinreisenden. Einfach. Preiswert. Mit Frühstück. Und nicht selten auch mit Abendessen. Denn junge Männer haben Hunger, und Pfuschis Mutter hat was übrig für junge Männer. Nicht jeder kann sich nämlich ein Abendessen bei »Fisch-Fiete« leisten, in Sylts berühmtesten Fischrestaurant, nur einen Steinwurf entfernt von Pfuschis Elternhaus.

Herr Grimm verspätet sich allerdings. Wir essen Eis. Um halb drei kommt eine schlaksige Gestalt herangeschlurft mit langen, braunen Haaren. Er sieht aus wie Jerry Garcia von Grateful Dead. Er trägt einen fuchsroten Vollbart und dazu auch noch eine Nickelbrille mit roten Gläsern. »Das isser«, sagt Pfuschi. Seine Jeans sitzt knalleng, also richtig, richtig eng, und ist an den Beinen ausgestellt. Er hat auch viele Haare direkt auf den Füßen. Das ist mir als Allererstes aufgefallen. Er trägt Jesuslatschen. Ich finde, er sieht ziemlich cool aus, als käme er direkt von einer Demo, und ich stelle ihn mir als Lehrer an unserer Schule vor. Völlig undenkbar.

Er sagt, er heißt Andreas, und gibt uns die Hand. Wir sollen ihn duzen. So groß sei doch der Altersunterschied nicht, sagt er. Es stellt sich heraus, dass er gar kein Lehrer ist, sondern nur kurz davor. »Ich übe jetzt in echten Schulklassen«, sagt er. Und ich wünsche mir sofort, dass er sich an unserer Schule bewirbt, wenn er fertig ist mit seinen Übungen; kann mir aber kaum vorstellen, dass Herr Harbeck, unser Rektor am Gymnasium Sylt, so jemanden jemals einstellt. Er würde ihn einen Gammler nennen.

Wir gehen runter zum Strand, und Andreas sagt: »Hier sind ja alle angezogen. Ich dachte, auf Sylt ist jeder nackt.«

»Doch nicht am Hauptstrand!«, schießt es aus Pfuschi heraus. Aber weil ihr dieser altkluge Ausbruch sofort peinlich ist, sagt sie schnell hinterher: »FKK ist erst an der Oase. Da müssten wir Richtung Rantum laufen.« Wir gehen dann tatsächlich Richtung Rantum, weil Andreas das will. Immer am Flutsaum entlang. Aber am Ende ist der Strandabschnitt »Oase zur Sonne« noch ganz schön weit weg, und wir lassen uns dann doch dort nieder, wo das Strandkorb-Territorium endet und die freie Fläche beginnt und kaum noch Leute sind. Zwischen Himmelsleiter und Campingplatz.

Sylter trifft man hier ganz bestimmt nicht. Die gehen nicht an den Strand. Meine Eltern waren in diesem Sommer noch kein einziges Mal im Wasser. Sie haben für so was keine Zeit, und ich kann sie mir – ehrlich gesagt – auch überhaupt nicht in Badesachen vorstellen. Nur wir Kinder verabreden uns am Strand, weil uns da niemand beobachten kann. Abseits der Kurpromenade ist der Strand der einsamste Ort der Welt. Selbst in der Hochsaison. Am liebsten bin ich mit meinen Freunden in den Dünen bei Dikjen Deel. Da wird man definitiv niemals gefunden. Falls uns jemand mal überhaupt suchen würde. Der Hauptstrand ist für uns aus mehreren Gründen tabu. Erstens promeniert dort ständig meine Großmutter auf und ab, und zweitens hat dort ein Großteil unserer Kunden einen festen Strandkorb gemietet, und die erwarten immer, dass man sie freundlich grüßt.

Strandkörbe sind in diesem Sylter Sommer übrigens Mangelware. Eine Springflut hat Hunderte davon ins Meer gerissen, und Ersatz kann nicht so schnell beschafft werden. Deshalb fehlen dem Westerländer Strand in dieser Saison große Teile der Möblierung. Der Schaden geht in die Millionen, und für diesen Verlust wird Westerlands Kurdirektor Hansi Pe verantwortlich gemacht, weil die Springflut angekündigt war. Alle wussten, dass sie kam. Und Hansi Pe hatte angeblich wie immer puppenlustig im Astoria gesessen und das Meer einfach kommen lassen. Mit der Natur ist nicht zu spaßen. Nichts war vorbereitet. Die Katastrophe nahm ihren Lauf. Und so kam es, dass das brutale Hochwasser nicht nur die Strandkörbe weggespült hat, sondern auch Hansi Pe selbst, der daraufhin als Kurdirektor abgesetzt wurde.

Hansi Pe machte aber nicht die Nordsee und seine eigene Tatenlosigkeit für seinen Amtsverlust verantwortlich, sondern, wie er in der »Zeit« zitiert wurde, ein »Komplott der Inselmafia«, die er bei der SPD und den Jusos verortete. Wochenlang herrschte Krieg zwischen Hansi Pe und der Inselverwaltung. Es ging vor Gericht. Seitdem schreiben die Zeitungen über »Wild-Westerland«. Darüber kann sich mein Vater ungemein aufregen, weil im Rest des Landes wieder der Eindruck entsteht, auf Sylt sei alles außer Kontrolle. »Die Leute denken doch, das Einzige, was hier wirklich funktioniert, ist die Kurkartenkontrolle.« Womit er wahrscheinlich den Nagel auf den Kopf getroffen hat. Die wird tatsächlich im Gegensatz zu allem anderen recht stramm gehandhabt.

Kurkartenkontrolle. Für den haarigen Andreas ein großes Ärgernis. »Wie kann man für die Natur Eintritt verlangen«, fragt er, »mit welchem Recht?« So habe ich das noch gar nicht gesehen, denn wir Eingeborene müssen natürlich nichts bezahlen, wenn wir an den Strand gehen wollen. Schließlich gehört uns die Insel ja auch. Wir wohnen hier.

Und wir haben nichts zu verschenken. »Gratis ist nur die Sonne«, sagt meine Mutter immer.

Andreas zieht sein T-Shirt aus und präsentiert neben seinem reichlich pelzartigen Oberkörper beeindruckende Muskeln. Weiter unten zeigt er sich in ausgeleierter, farblich verwaschener Unterhose mit losem Gummi, die nicht mal den Versuch unternimmt, sich als Badehose zu tarnen. Hier wird es niemandem auffallen. Links und rechts von uns der endlose, menschenleere Strand. Für uns völlig normal. Für Andreas »fetzt« es hier wegen der »sichtbaren Auswirkung der Urgewalt«, auf der anderen Seite empfindet er die Insel aber als riesigen »Illusionsapparat«. Wir breiten unsere Handtücher aus und lassen uns in den Sand fallen.

Mittlerweile wissen wir auch, dass unser neuer Freund schon neunundzwanzig ist und damit nur wenig jünger als unsere Eltern, was für mich überhaupt nicht zusammenpasst. »Ich bin Stadtindianer«, sagt er. Okay, denke ich. Stadtindianer. Auch ganz schön fetzig. Stadtindianer. Muss ich noch mal nachfragen. Aber Andreas redet munter weiter. »Wie ist es denn so, auf dieser Insel aufzuwachsen?«, will er wissen. Pfuschi ist sofort genervt von der Frage, weil sie die schon so oft beantwortet hat. »Normal«, sagt sie und legt sich einen Waschlappen aufs Gesicht, Ende der Diskussion. Unser Strandbegleiter tastet Pfuschi mit den Blicken ab, die davon nichts mitkriegt. »Ach, so 'ne Art living normal abnormally«, sagt er, »wie weit geht das?«

Ich verstehe die Frage nicht, wir haben erst seit zwei Jahren Englisch an der Schule, und forme kleine Sandhäufchen, stecke Eisstiele hinein und versuche, einen Faden, den ich aus dem Handtuch gezogen habe, daran zu befestigen. Es gelingt mir auch, einen kleinen Käfer in einen Haufen einzuschließen, sodass er sich nicht mehr befreien kann und zwangsläufig in der Dunkelheit die Orientierung verlieren muss. Es ist keine Wolke am Himmel. In der Ferne höre ich den Eismann bimmeln, der sich mit einer riesigen Kiste über der Schulter von Sandburg zu Sandburg durch die Massen wühlt.

Andreas fragt, ob Pfuschi ihm bitte den Rücken mit Sonnenöl einreiben kann, »ich komm da so schlecht ran«. Pfuschi fegt irritiert den Lappen von ihrem Gesicht. Das ist wohl das Letzte, wozu sie jetzt Lust hat. Aber auf der anderen Seite. Wenn er sich das wünscht … Wir selbst brauchen keinen Sonnenschutz. Wir sind Insulaner. »Dünn, aber fest soll man es auftragen, steht auf der Flasche«, sagt Andreas.

Pfuschi steht auf und ist ein bisschen ratlos. Sie hat noch nie auf einer solchen Fläche bei extrem dichter Behaarung Sonnenöl verteilt. Doch dann spritzt sie mit dem Mut der Entschlossenheit braune Flüssigkeit auf die Rückseite vom Stadtindianer. Mit spitzen Fingern verteilt sie das Öl von oben nach unten und von vorne nach hinten, links nach rechts. »Dünn, aber fest«, grunzt Andreas vom Handtuch. »Jaja«, antwortet Pfuschi und beginnt, etwas fester zu drücken. »Bitte auch die Beine.« Seine Stimme klingt belegt. Pfuschi müht sich redlich. Wenn sie einmal etwas angefangen hat, dann führt sie es auch zu Ende.

»Dünn und fest«, wiederholt sie jetzt rhythmisch im Einklang mit der Bewegung. Ihr Gesicht beginnt vor Anstrengung zu glühen. »Fester, fester«, ist die Antwort. Pfuschi reibt nicht mehr ein. Sie knetet. »Noch fester«, schnauft Andreas. Und meine Freundin tut, wie ihr geheißen. Sie ist richtig in Fahrt. »Mensch, Pfuschi, das reicht jetzt«, unterbreche ich diese merkwürdige Aktion. Abrupt hält sie inne und streicht sich mit dem schmierigen Handrücken eine Strähne aus dem Gesicht. Sie steht auf. Zu ihren Füßen ein schlaffer Sack. Der auf dem Bauch liegen bleibt und sich für die nächsten zwanzig Minuten nicht mehr rührt.

Wir gehen ins Wasser, damit sie das Öl loswird und wir beratschlagen können, was wir jetzt tun. »Lassen wir ihn hier liegen und hauen ab«, sagt sie. Ich finde, das ist keine gute Idee. Immerhin ist er ein Gast. Und gleichzeitig ist er ein erwachsener Mann, der sich ernsthaft für uns interessiert. Und dann ist er auch noch Indianer. Wir beschließen, dass er uns zu Pommes und Cola einladen muss, und gehen zurück. Aber Andreas sagt, er hat kein Geld und unsere Konsumorientierung würde ihn stören. »Merkt ihr nicht, was hier los ist?«

Und dann erklärt er uns, dass wir nur Produkte sind. Produkte unserer Erziehung, Produkte dieser Gesellschaft, die nur auf Unterordnung und Gewinnmaximierung ausgerichtet ist. »Die Familie ist ein Miniaturstaat, in dem das Kind von klein auf zur Anpassung erzogen wird, damit es später im großen Staat pariert. Die Familie will nur, dass ihr funktioniert, damit der Staat mit euch machen kann, was er will.«

Er sagt, Kinder sollten nicht in klassischen Familien aufwachsen. »Da werden Mädchen zu Mädchen gemacht und Jungs zu Jungs.« Als Stadtindianer ist er davon überzeugt, dass man »Anti-Familien« gründen muss, damit Kinder ihre eigenen Bedürfnisse entwickeln können. Auch in der Sexualität. Alle sollten das Recht haben, auf »Entdeckungsreise« zu gehen. Kinder genauso wie Erwachsene. Auch miteinander. In allen Konstellationen. Vollkommen frei. »Stichwort Selbstbestimmung. Wisst ihr, was ich meine?«

Pfuschi wirkt recht teilnahmslos. Aber ich habe das Gefühl, dass ich eine Ahnung bekomme, was er meinen könnte. »Und was macht ein Stadtindianer genau?«, frage ich sicherheitshalber noch mal nach.

»Wir haben Forderungen«, sagt Andreas. »Wir fordern zum Beispiel die Herabsetzung des Volljährigkeitsalters auf alle Kinder, sodass sie jederzeit von zu Hause abhauen können, wenn sie wollen. Wir fordern die sofortige Freilassung aller in Häusern und Käfigen gefangenen Tiere. Wir fordern die Abschaffung der Jugendknäste. Wir fordern die Bereitstellung aller leer stehenden Häuser zur Nutzung als Kommunikationszentren für Kinder und Jugendliche, um anders als in Familien leben zu können.«

Andreas nimmt Pfuschis Hand und drückt ihr einen Kuss auf den dünnen Unterarm. »Alles ist erlaubt«, meint er. »Kinder sind nicht das Privateigentum ihrer Eltern.« Er sagt, wir sollten uns gegen die Bevormundung unserer Eltern wehren, die uns immer viel zu enge Grenzen setzen und uns alles vorschreiben. Pfuschi lacht und sagt, sie könne jederzeit von zu Hause abhauen, das würde sowieso niemand merken. Und ich denke, ich erzähle am besten nichts von unserem Geschäft von wegen ›Freilassung aller in Häusern und Käfigen gefangenen Tiere‹.

Auf dem Rückweg stoppen wir in der Friedrichstraße beim Wienerwald und bestellen uns dreimal halbe Hähnchen mit Pommes und Cola. Dank Käpt'n Heinz reicht das Geld, sodass wir sogar noch für Andreas mitbezahlen können.

Als ich zurück in den Laden gehe, ist meine Mutter gerade damit beschäftigt, die Kasse zu machen. Sie trägt die Umsätze in eine Liste ein, rechnet die Einnahmen zusammen und gleicht sie mit dem Barbestand ab. »Wir haben einen komischen Typen kennengelernt, Mama«, sage ich zu ihr. »Der ist schon neunundzwanzig und hat Pfuschi den Arm abgeküsst.«

Sie sagt: »Moment. Ich muss mich konzentrieren«, und legt die vielen Scheine und ein paar Münzen zusammen mit einem Einzahlungsbeleg in eine schreibheftgroße Kunstledertasche, die quer oben einen Reißverschluss hat. Mit dieser Tasche geht mein Vater morgen Vormittag wie alle anderen Geschäftsleute aus der Friedrichstraße zur Sparkasse und zahlt die Tageseinnahmen auf unser Konto ein.

Meine Mutter sagt: »Du hast echt Farbe bekommen. Geh doch mal bitte rüber zu Tante Elvi und lass dir das Gesicht eincremen.«

KAPITEL 5

DIE SACHE MIT DEM OZELOT-BIKINI

Und da ist dieser Mann fortgeschrittenen Alters, der mit aufgerissenen Augen und ausgebreiteten Armen auf Frau Sievers zustürmt, als empfange er eine Botschaft, die weit über das Irdische hinausgeht. Seine Begleiter folgen irritiert mit Abstand und eher zögerlich auf dem schmalen Plattenweg durch die kleine Gartenanlage in Keitum, die trotz der begrenzten Fläche etwas Parkartiges an sich hat. Es stehen ein paar alte Bäume in diesem Garten, und überall am Rand wuchern mächtige Hortensienbüsche in Karmesinrot, Violett und Altrosa. Im Hintergrund erkennt man das jahrhundertealte schneeweiße Friesenhaus, vom schweren Reetdach in die Knie gezwungen. Über der Eingangstür hängt imposant der Schriftzug »Fisch-Fiete«. Es ist *das* Restaurant. Im Sommer ständig ausgebucht. Mittags sowieso und abends mit zwei Sitzungen. Um sechs und um halb neun. Doch der Weg in die Arme von Frau Sievers, der Inhaberin, geht niemals direkt. Man muss im Vorgarten immer erst einen Bogen um den großen Springbrunnen machen, an dessen Rand ein in Bronze gegossener, nackter Junge steht, einen riesigen Fisch im Arm, aus dessen Maul immer Wasser läuft.

Annegret Sievers ist der Stahlträger unter den Sylter Geschäftsfrauen. Ihr Vater war noch mit dem Fischkarren über die Insel gezogen und hatte sich dann mit dem kleinen Lokal mutig selbstständig gemacht. Reiner Familienbetrieb. Sie verbrachte ihre Kindheit in der Küche an der Spüle und beim Fischeausnehmen, jetzt steht sie draußen. Vor ihrem Haus. Zirkusdirektorin der Hochgastronomie. Garantin für den Erfolg ihres Restaurants. Löwenbändigerin. Zeremonienmeisterin versnobter Sommergäste mit Millionenvermögen, die sich nichts sehnlicher wünschen, als von ihr erkannt, mit Namen angesprochen und zu ihrem Tisch geleitet zu werden.

Sie ist eine sehr laute und dabei vergleichsweise zierliche Person, lacht viel, ihre raue Stimme durchdringt selbst gekachelte Wände, und sie lässt nicht den Hauch eines Zweifels aufkommen, dass sie hier über alles und jeden bestimmt. Manchmal schreibt sie ihren Gästen sogar das Essen vor. Zum Beispiel, wenn sie besonders große und fleischige Seezungen hat. Und niemand wagt zu widersprechen. Als Generalistin entgeht ihr nichts, weder nachlässig poliertes Silber noch verboten mehlige Kartoffeln. Zuständig und verantwortlich für alles. Auch für die Fragen des Lebens aller Art. Vor allem die ihrer Gäste, die ihr einfach alles anvertrauen. Fisch-Fiete ist ein gastronomisches Gesamtkunstwerk, das ohne Frau Sievers schlicht nicht existieren kann. An sieben Tagen in der Woche ist sie Gastgeberin. Von morgens neun bis nachts um eins. Sie ist das Lokal, und das Lokal ist sie.

Aber natürlich funktioniert der Laden nicht ohne ihr Personal, das in Jahrzehnten nie gewechselt hat, darunter ist auch die Sandkastenliebe meiner Mutter, Eberhard Krämer. Und auch seine andere beste Freundin Helga von der Meden gehört zum Ensemble. Noch nie habe ich von einem Lokal gehört, bei dem sich die Gäste die Kellner ausleihen und sie bis nach Nizza, St. Moritz oder Mallorca ausfliegen, weil sie etwas haben, das bei Servicepersonal kaum zu finden ist: Liebe zum Beruf. Hingabe. Fingerspitzengefühl. Und Allgemeinbildung, die in Kombination mit allem Genannten garantiert, dass man auch mit den großen Bossen, mit Multimillionären und Bundesministern und selbst mit dem Bundespräsidenten auf Augenhöhe bleibt und ein gutes Gespräch führen kann. Eberhard ist zudem noch Konzertpianist, hat in Paris studiert und setzt sich zu fortgeschrittener Stunde auch gern in seiner weißen, gestärkten Kellnerjacke an den Flügel oder tanzt in der berühmten »Veranda« im hinteren neu ausgebauten Teil von Fisch-Fiete zu später Stunde mit den Gästen.

Meine Eltern gehen sehr gern zu Frau Sievers. Erstens wegen der ausgezeichneten Küche, zweitens wegen Frau Sievers, drittens wegen Eberhard und viertens, weil hier alle unsere Kunden zu finden sind. Und so kommt es, dass wir wie immer erst mal eine Runde durch den Garten und anschließend durchs Lokal drehen, von Tisch zu Tisch, Händeschütteln, Konversation, freundliche Begrüßungsformeln, höfliche Fragen nach dem Befinden und ein kleiner Plausch übers Wetter.

An einer größeren Tafel – etwas abseits bei den Hortensien – mit Freunden aus der Schweiz sitzt heute Gunter Sachs. Ich erkenne ihn sofort. Seine dicken, dunkelblonden, betont lässig frisierten Haare, charmantes Lächeln, aufgeknöpftes Hemd, weiße Jeans, sonore Stimme und so entspannt wie keiner. Stammgast des Hauses. Wie Eberhard uns zuraunt, ist er heute mit dem Privatjet eingeflogen. Er lässt immer viel Geld in diesem Lokal. Und bringt in seinem Flugzeug den internationalen Jetset mit. Auch zu Fisch-Fiete. Wer am Sachs-Tisch sitzt, ist automatisch immer eingeladen. Die Rechnung wird diskret beglichen. Egal wie viele dabei waren. Niemals kommt es zu peinlichen Szenen, dass man nach dem Festmahl etwa nach Geld kramen muss oder sich in

Diskussionen verfängt, wer nun was übernimmt. Die Rechnung wird von Frau Sievers per Post nach München ins Büro von Gunter Sachs geschickt und von dort aus ohne jede Beanstandung oder Nachfrage bezahlt. Mit Vorspeisen, Hauptgericht, begleitenden Weinen, Dessert und »Verteiler« kommt da bei Frau Sievers schnell mal die Monatsmiete für eine Dreizimmerwohnung zusammen. Und das gilt nur für einen Abend.

Gunter Sachs ist auch nie knauserig mit Trinkgeld. Er hinterlässt immer große Scheine und hat später auch mal für Eberhard einen Spruch auf der Serviette platziert: »35 Jahre Service von Eberhard Krämer. Ich wünschte, nach Saint Tropez da käm er.« Und für seine andere Lieblingskellnerin, Helga von der Meden, dichtete er: »35 Jahre Service von Frau Meden waren für mich wie ein Garten Eden.« Er ist kultiviert und gebildet, aber er schreibt auch Autogramme auf Geldscheine und fühlt sich in seiner Rolle als Archetyp des superreichen Gentleman-Playboys wohl, der auf der ganzen Welt auf Schritt und Tritt von Fotografen verfolgt wird. Was ihm an der Insel gefällt? »Einfach alles auf Sylt ist wunderschön«, sagte er einem NDR-Reporter ins Mikrofon, »die Mädchen, das Meer, das sorglose Dahingammeln.«

Gunter Sachs ist ein Magnet. Es wird immer ein Riesenrummel um ihn gemacht, wenn er auf Sylt einfliegt. Erst recht, seitdem er vor ein paar Jahren Brigitte Bardot geheiratet hat. Ob Brigitte Bardot jemals auf der Insel war? Die einen sagen Ja. Die anderen sagen Nein. Tatsache ist auf jeden Fall, dass sie Sylt nicht mag. Angeblich ist ihr das Klima zu rau. Und dann fehlt auch noch die Sonnengarantie. Und es sind auch nur Deutsche auf der Insel. Sie hat viele Gründe, Sylt zu meiden. Nicht nur deswegen sind meine Eltern nicht gut auf Brigitte Bardot zu sprechen. In erster Linie ist mein

Vater wütend auf sie, weil sie eine Revolution gegen die Pelzbranche angezettelt hat. Und das auch noch buchstäblich im Alleingang. »Diese Frau ist selbst ein Wildtier, unberechenbar«, sagt mein Vater. »Sie macht uns alles kaputt.«

Brigitte Bardot ist der größte Filmstar überhaupt, der eine ganze Generation Männer fasziniert und mit Begehrlichkeit infiziert, und sie will nicht mehr Schauspielerin sein. Sie hat alles hingeschmissen und führt jetzt einen Feldzug gegen ein jahrtausendealtes Naturgesetz. Dass sich Menschen in Tierfelle kleiden. Und das Schlimmste: Sie meint es ernst. Sie setzt ihre unglaubliche Strahlkraft dafür ein, uns fertigzumachen. Sie ist jetzt achtunddreißig Jahre alt und beendet 1973 ihre Karriere, um Aktivistin zu werden und alle zu kriminalisieren, die aus Pelzen ein Geschäft machen.

Das hat es noch nicht gegeben, dass eine Ikone der Popkultur einen derartig radikalen Schwenk in die Politik macht. Sie ist die Erste. Außer vielleicht Uschi Obermaier. Aber die kämpft an anderen Fronten und ist kein Weltstar. Außerdem hat sie den Tierschutz nicht auf dem Zettel. Viele, viele Jahre später wird mein Vater sagen: »Brigitte Bardot war der Anfang vom Ende.« Dass eine einzelne Frau einfach nur durch ihre Konsequenz und innere Überzeugung in der Lage ist, eine weltweit florierende, jahrtausendealte Traditionsbranche zum Einsturz zu bringen, hätte er nicht für möglich gehalten.

Gunter Sachs wird seine Gründe gehabt haben, warum das mit Brigitte Bardot nichts geworden ist und beide mittlerweile geschieden sind, so sieht das jedenfalls meine Mutter, die einer anderen Sorte Religion anhängt. Niemand sollte anderen vorschreiben, wie sie zu leben haben. Das sagt sie zumindest gebetsmühlenartig in Richtung meiner Großmutter. Die allerdings auf diesem Ohr völlig taub ist.

Frau Sievers platziert uns im Fisch-Fiete-Garten ganz in der Nähe von Gunter Sachs und seiner Entourage. Dort sind alle noch beim Aperitif, doch etwas später serviert Eberhard wie immer für die Runde »Langustinos à la Napoleon 63«, ein Gericht, das die Mutter von Frau Sievers in grauer Vorzeit eher aus Zufall erfunden hat, weil nichts anderes da war, als überraschend alte Freunde aus Hamburg vor der Tür standen. Und dessen Rezept wie alle anderen gehütet wird wie ein Schatz. Selbst für Sylter wird keine Ausnahme gemacht. »Familiengeheimnis.«

Aber meine Mutter weiß, wie es geht. Sagt allerdings nicht, woher. Zwiebeln in einem Stieltopf mit Butter glasig werden lassen, dann kommen vierundzwanzig Hummerkrabbenschwänze dazu. Mittlere Hitze. Pfeffer. Salz. Zehn Minuten später fünfhundert Gramm frische Champignons in den Topf geben. Wenn sie genügend Wasser gezogen haben, mit jeweils einem Esslöffel Curry und Mehl abbinden und dann ein halber Liter Sahne drauf. Abgeschmeckt wird das Ganze mit etwas Zitronensaft, Salz und einer Prise Zucker.

»Die besten Gerichte sind die ganz einfachen mit wenigen guten Zutaten«, sagt Frau Sievers immer. So sieht dann auch die Speisekarte aus. Fisch, Kartoffeln, grüner Salat. Fertig. Ihr Mann Peter wirkt im Hintergrund, kümmert sich um die Finanzen und um die exquisite Weinkarte. Denn »ein Fisch muss schwimmen«. Gekochter Steinbutt, Sylter Pannfisch, Seezungen, Steinbeißer und Muscheln à la Paris, die ebenfalls in einem Currysud serviert werden, das sind die Klassiker, die immer gehen.

Wir sitzen und warten auf meine Großmutter. Weiße Tischdecke, Stoffservietten, dezentes Blumenarrangement, Kerze im Messingleuchter. Selten ist es so windstill wie heute. Meine

Oma hat einen Termin bei der Kartenlegerin und verspätet sich ganz offensichtlich.

Sie geht häufiger mal zu Oma Lille, um sich die Zukunft voraussagen zu lassen. Oma Lille ist gleichzeitig die Klofrau von Keitum. Meine Großmutter ist ziemlich häufig mit ihr verabredet, um zu erfahren, wie es mit ihrem Leben im Allgemeinen und vor allem mit ihren zahlreichen Bekanntschaften weitergeht. Obwohl sie von sich selbst immer behauptet, »das Zweite Gesicht« zu haben, kann sich meine Oma ihre eigene Zukunft nicht selbst vorhersagen. Das kann sie nur für andere.

Deshalb veranstalten meine Eltern auch jedes Jahr am Neujahrstag ein großes Happening für alle Freunde und deren Bekannte bei uns zu Hause, wo meine Großmutter dann am Fließband als Wahrsagerin im Einsatz ist. Diese Veranstaltung endet jedes Mal in einem großen Gelage, bei dem es alkoholbedingt drunter und drüber geht. Tragödien, Tränen und Trennungen. Und immer wird wild getanzt und ausgelassen gesungen und gefeiert. Und weil sich das nicht ändern lässt, sind meine Eltern dazu übergegangen, nur noch diejenigen ins Haus zu lassen, die zu Fuß gekommen sind. Damit es auf dem Nachhauseweg nicht zu schwerwiegenderen Unfällen kommt. Alles schon da gewesen.

Oma Lille heißt eigentlich Elisabeth Johannsen und wohnt natürlich auch in Keitum, gegenüber vom Reitstall. Ihr öffentliches Toilettenhaus befindet sich in der Nähe vom Keitumer Watt in direkter Nachbarschaft zum Heimatmuseum, das nicht zu verfehlen ist, weil man durch ein ovales Tor gehen muss, das aus den monströsen Kieferknochen eines Walfisches zusammengesetzt ist. Oma Lille sitzt immer an einem kleinen Tisch vor dem Fenster neben dem Eingang im Vorraum der Toilettenabteile und wartet, wer da kommt. Zu ihr gehen sie alle. Nicht nur auf Toilette. Auch Axel Springer holt sich hier schon mal Rat. Das weiß hier jeder. Das machen viele Berühmtheiten, wenn sie nach Sylt kommen.

Aber Oma Lille behandelt alle gleich, weil sie nämlich gar nicht weiß, wer da vor ihr sitzt. Das Einzige, was Oma Lille aus der Ruhe bringen kann, sind ihre direkten Nachbarn rundherum. Weil viele in ihren alten Häusern statt moderner Toiletten noch immer ein Plumpsklo im Garten haben, schicken sie ihre Sommergäste rüber zu Oma Lilles Wasserklosett. Es werden immer mehr, und sie weigern sich zu bezahlen. Darüber kann sich Oma Lille richtig giftig denken. Aber nur mit Denken ändert man ja nichts.

Was meine Oma heute über ihre Zukunft erfahren hat, teilt sie uns leider nicht mit. Es wird aber etwas Gutes gewesen sein, denn sie bestellt, kaum dass sie sich gesetzt hat, laut und quer durch den Garten ein Glas Champagner und fragt erst hinterher meine Mutter: »Willst du auch eins?« Mein Vater trinkt traditionell vorweg ein kleines Bier, und ich bekomme ohne große Abstimmungsprozedur Apfelsaft.

Noch bevor Eberhard unsere Bestellung aufnehmen kann, wird es plötzlich ganz still im Garten. Ein aufsehenerregendes Paar hat den Plattenweg betreten. Ich drehe mich um und werde wie alle anderen Zeugin eines filmreifen Auftritts. Ein sehr schlanker, alter Mann im Stresemannanzug mit Melone auf dem Kopf und einer weißen Nelke im Knopfloch tritt durch das Tor. Ich könnte schwören, das ist Pan Tau. Und sie, hundert Jahre jünger, im taubenblauen Strickkostüm von Chanel über und über mit langen Ketten behängt, hält seine Hand, als würden sie beim Wiener Opernball die Tanzfläche betreten. Ihre Haare sind aufgetürmt, bienenkorbartig aufgewickelt, keine Strähne hat diese Frisur jemals verlassen. Wie man das auf Sylt hinbekommt, wo jeder Versuch, eine Ordnung ins Haar zu bringen, angesichts der Windverhältnisse aussichtslos ist, wäre einen Aufmacher in der Sylter Rundschau wert.

Pan Tau und seine Begleiterin werden von Frau Sievers überschwänglich begrüßt. »Herr Dr. Quarz, ich freu mich«, ruft sie durch den Garten, womit für alle Restaurantgäste auch geklärt ist, um wen es sich hier handelt, und man sich wieder entspannt den Tischgesprächen zuwenden kann. Nur meine Mutter schießt ein tonloses »Achtung!« gegen mich und meine Oma ab. »Jetzt! Dr. Quarz!« Was so viel heißt wie: Konzentration aufs Oberleder. Es zählt der gute Eindruck. Jetzt nichts falsch machen! Herr Dr. Quarz ist nämlich der ganz große, oberste Boss einer wichtigen Bank in Frankfurt, die auch auf Sylt eine Filiale hat. Und seine Begleiterin ist definitiv nicht seine Ehefrau, denn die kennen meine Eltern gut. Sie hat bestimmt zehn Pelze von uns im Schrank. Seine Tochter kann es auch nicht sein, denn die sieht ganz anders aus. Und ist vor allem mindestens zehn Jahre älter.

Und da kommt Pan Tau auch auf uns zu, und ich bin felsenfest davon überzeugt, dass er als Erstes mit den Fingern oben auf seine Melone tippen wird, um dann mit der Hand einmal nach links und dann nach rechts an der Krempe entlangzustreichen. Aber das macht er leider nicht, sondern küsst stattdessen zuerst meiner Mutter und dann meiner Großmutter die Hand, um sich danach sofort ausschließlich auf meinen Vater zu konzentrieren.

»Das kann kein Zufall sein«, sagt Pan Tau, »Herr Matthiessen, wie schön. Ich wollte Sie um etwas Besonderes bitten – unter sechs Augen sozusagen. Aber zunächst darf ich Ihnen Fräulein Englisch vorstellen.« Die Chanelfrau nickt in

Richtung Tischdecke und sagt: »Guten Abend.« Mein Vater erhebt sich, und die drei verschwinden im Innern des Lokals.

Es dauert ungefähr zehn Minuten, dann ist Papa zurück, in der Hand eine kleine Papiertüte. Wohin soll er sie legen? Kurz ist er desorientiert, schaut sich um, dann platziert er sie auf seinem Stuhl und setzt sich kurzerhand einfach drauf. Meine Mutter runzelt die Stirn und sieht meinen Vater fragend an, meine Großmutter sagt: »Dr. Quarz, das ist doch dieser Sozi, der dem dicken Kluncker von der Gewerkschaft seine Geschäfte organisiert. Mit der ÖTV. Das schmeckt mir gar nicht.« Aber mein Vater reagiert überhaupt nicht, und erst auf der Rückfahrt im Auto, nachdem meine Oma ausgestiegen ist, übergibt er meiner Mutter die Papiertüte. Die wirft einen Blick rein und sagt: »Peida, das ist doch wohl nicht wahr. Was soll das?«

»Das soll die Schnittvorlage sein.«

»Wofür?«, fragt meine Mutter und zieht an zwei Fingern einen cremefarbenen Damenslip aus der Tüte.

»Für einen Ozelot-Bikini.«

»Hatte die Frau das etwa an?«

»Da ist noch ein Büstenhalter drin«, sagt mein Vater.

»Steckt man sich neuerdings extra Unterwäsche ein, wenn man essen geht?«

»Sie hat alles in der Toilette ausgezogen. Und Frau Sievers hat uns dann die Tüte gegeben.«

»Es ist sehr wenig Stoff«, sagt meine Mutter, die für sich selbst und uns innerhalb der Familie immer nur Sloggi einkauft in der klassischen Ausführung. Alles in Weiß.

»Ja. Ich denke auch. So klein kann man den nicht machen«, sagt mein Vater.

Einen Bikini aus Ozelot haben wir noch nie angefertigt. Es ist insofern keine leichte Aufgabe, weil das Fell ja nicht elastisch ist. Schon das Anbringen eines Gummibands ist ein Problem, weil das Material dann südlich des Bauchnabels so oder so Falten wirft und die Freundin von Dr. Quarz sicher nicht aussehen will wie Fred Feuerstein. Die ganze Firma beugt sich mit all ihren Mitarbeitern über dieses Projekt. Die Frau muss ja in das Höschen hineinkommen, und trotzdem darf es nicht runterhängen. Das ist Tüftelarbeit.

Ich kaufe Tarzanhefte drüben bei Engel im Papierladen. Fräulein Gierlefsen berät mich bei der Auswahl. Nicht in allen Comics trägt Tarzan eine Fellhose, oftmals ist der Lendenschurz aus Leder. Meine Mutter schlägt vor, die Hose im Schnitt etwas abzuwandeln, wie sie es bei Jane Fonda in »Barbarella« gesehen hat. Da werden die schmalen Seitenteile über die Hüften nach oben gezogen und von den Knochen dort gehalten. Der Entwurf stammt von Paco Rabanne. Man darf sich allerdings nicht so viel bewegen. Sonst rutscht alles wieder runter. Meine Mutter wälzt einen Haufen Modezeitschriften.

Am Ende wird der Steinzeitbikini von Raquel Welch aus dem Film »Eine Million Jahre vor unserer Zeit« zur Vorlage genommen. Und zwar ganz ohne Gummiband. Meine Mutter schlägt vor, das Fell an den Seiten zu knoten. Auch für den BH entscheidet sie, dass es besser ist, das Fell quasi um die Brust zu schlingen und mit Knoten zu befestigen. Das ist auf jeden Fall besser, als auf dem Rücken Ösen anzubringen, die klassisch geöffnet oder geschlossen werden müssen und ihr zu »omahaft« erscheinen. Sie entwirft ein ganz neues Modell, das im Grunde wie ein Tuch funktioniert, das von der Rückseite nach vorne geführt, über den Brüsten übereinandergeschlagen und im Nacken mithilfe eines Knotens geschlossen wird.

Ozelotfell lässt sich ziemlich gut formen. Man durchfeuchtet die Lederseite, spannt sie über einen Leisten und nagelt das Fell auf der sogenannten Zweckplatte fest, einem überdimensionierten großen Tisch in der Werkstatt, den man über eine Kurbel wenden und von beiden Seiten mit Fell betackern kann. Dort lässt man das Material dann trocknen, um die gewünschten Effekte zu erzielen. Die Zweckplatte ist eins der wichtigsten Werkzeuge, die ein Kürschner benötigt. Auf ihr werden die Felle zugeschnitten, aufgespannt und geglättet, um sie dann zu einem Kleidungsstück zusammenzusetzen. Feuchte Felle lassen sich auf diese Weise dehnen und in Fasson bringen, etwa für die runde Schulterpartie oder eben wie in diesem Fall als Vorbereitung für die Brüste von Fräulein Englisch. So kann sie dann ihren Busen in die ausgefütterten und extra für sie angefertigten Schalen dieses besonderen Ozelotfells legen. Mit der Unterwäsche aus der Tüte hat der neue Pelzbikini nicht mehr viel gemein. Er ist zwar auch knapp, aber nicht ganz so reduziert wie das Original.

Als Fräulein Englisch den Zweiteiler anprobiert, dürfen nur Dr. Quarz und mein Vater anwesend sein. Dafür zieht meine Mutter wieder den großen Vorhang quer durch den Laden und schließt die Schiebetür zum hinteren Kabuff. Der Bikini ist ganz offensichtlich ein Ankommer. Von Fräulein Englisch hört man gar nichts, aber Herr Dr. Quarz bedankt sich wortreich und überschwänglich. Es dauert nur ein paar Sekunden, und mein Vater kommt hinter dem Vorhang hervor, schlägt den Fellbikini sorgfältig in Seidenpapier ein und legt ihn in einen kleinen, mattgoldenen Karton. Es folgen Fräulein Englisch und Dr. Quarz, der meiner Mutter dreitausend Mark für diese Maßanfertigung bar in die Hand legt und sagt: »Danke schön. Ich brauche keine Rechnung.«

Er und Fräulein Englisch vergessen glatt, die Vorlage, ihre Unterwäsche, wieder mitzunehmen, und fragen auch Tage später nicht mehr danach. Die Sachen liegen noch eine ganze Weile bei uns hinten im Regal, bis Tante Elvi sie findet, Höschen und BH am ausgestreckten Zeigefinger herumwirbelt, »Na, wer bin ich?« ruft und damit hüftschwingend durch unseren Laden läuft. Danach hat meine Mutter die Wäsche sofort weggeworfen.

Mit Ozelot machen wir sehr gute Geschäfte. Gefleckte Wildware ist ein enorm nachgefragter Artikel. Allerdings auch ein sehr teurer, bei uns gibt es Modelle, die kosten fünfzigtausend Mark und mehr. Man braucht ungefähr vierzehn bis sechzehn Felle für einen gut ausgestatteten Mantel. Ozelot ist sehr gut zu verarbeiten, weil die Wildkatzen vergleichsweise klein sind und eine saubere Zeichnung haben. Mein Vater bevorzugt Ozelots aus Brasilien, die sogenannte Bahiaware, die hat schöne Farben und ein spannendes Muster.

Kein Tier gleicht dem anderen, viele variieren in der Schattierung. Es erfordert sehr viel Fingerspitzengefühl, um aus sechzehn Fellen am Ende in der Wirkung ein einheitliches Bild zu erschaffen. Die Bauchseiten der Ozelots unterscheiden sich vom Rücken, weil sie weiß sind mit klar gezeichneten schwarzen Streifen, die quer verlaufen, während die Oberseite der Wildkatze golden schimmert und mit schwarzen Flecken in Längsform gemustert ist. Das macht den Reiz der Fellzeichnung aus. Punkte und Streifen, einmal quer, einmal längs.

Damit aus dieser Ware ein Kunstwerk entstehen kann, braucht man viel Erfahrung und einiges Zutrauen. Denn die Felle müssen in Wellenform ausgeschnitten werden, um perfekte Übergänge aus einem Guss zu schaffen. Man muss mit Streifen und mit Punkten arbeiten – in Längsrichtung und im Querverlauf. Und man muss das Weiß und das Gold so zusammensetzen, dass am Ende Symmetrie und Balance entstehen. Es wundert mich nicht, dass mein Vater manchmal nachts hochschreckt, weil ihm im Traum eingefallen ist, wie er den Ozelot in seiner speziellen Zeichnung noch besser zur Geltung bringen könnte. Natürlich ist es Handwerk. Aber nicht nur. Mein Vater arbeitet sich immer auch selbst in jeden Mantel ein. Deshalb ist es für ihn mehr Handschrift als Handwerk.

Für die Ozelotverarbeitung hat er ein Design entwickelt, in dem der »Kragen«, den jedes Tier in Form eines dicken schwarzen Querstreifens an der Kehle trägt, als Blickfang in das Gesamtbild eingearbeitet wird. Dieser »Kragen« ist in sich von Hunderten kleinen, sternenstaubartigen, glänzenden Punkten durchsetzt. Wenn man den mit anderen Fellteilen kombiniert, entstehen im Schulterbereich eines Modells ganz spezielle, unverwechselbare Motive, die den Pelz wiedererkennbar machen.

Wenn man meine Eltern fragt, wie viele Ozelots sie verkauft haben, können sie keine Antwort geben, so viele sind es. Und obwohl dieser spezielle Artikel so begehrt ist, hat man keinesfalls den Eindruck, das sei Massenware. Jeder einzelne Mantel fällt auf und ist ein Einzelstück, sodass seine Trägerin automatisch zu etwas Besonderem wird. Deshalb hat mein Vater auch sehr über diesen Witz aus der Zeitung gelacht: »Im Bundestag gibt es viele Wölfe im Schafspelz, aber nur eine Ziege im Ozelot.«

Er findet, dass Annemarie Renger in ihrem Mantel wirklich elegant aussieht und insgesamt einen guten Job macht. Obwohl sie eine Frau und dann noch in der falschen Partei ist, weil sie nämlich für die SPD im Bundestag sitzt. Sie trägt Pelz mit Stolz. Und sie ist immerhin Bundestagspräsidentin und seit 1972 die allererste Frau der Welt überhaupt an der Spitze eines frei gewählten Parlaments. Für dieses Amt hat sie sich selbst vorgeschlagen, weil sie wusste, dass es sonst niemand tun würde. Sie wollte einfach ganz nach oben. Aber niemand wollte sie lassen. Ihren Aufstieg musste Annemarie Renger deswegen allein organisieren.

Zurückhaltung ist nicht ihre Natur, vielleicht präsentiert sie sich deshalb – bisweilen recht würdevoll – in ihrem Wildkatzenmantel, der allen signalisiert: Ich bin gefährlich. Komm mir bloß nicht zu nahe! Annemarie Renger versteht, sich Respekt zu verschaffen. Jedenfalls ist ihr der auffällige Mantel dabei eine echte Stütze. Ein Wollmantel könnte das nie. Helfen kann in solchen Fällen auch eine große Handtasche. Aber grundsätzlich haben Frauen nicht so viele Möglichkeiten, mit äußerlichen Attributen Macht zu demonstrieren. Ein passender Pelzmantel kann da Wunder bewirken. Dabei ist es gar kein Ozelot, den die Bundestagspräsidentin trägt. Mein Vater sagt, es sei ein wunderschöner Jaguar. »Leider nicht von uns.« So ein Jaguar hat eine völlig andere Zeichnung. Die Flecken sind größer, gerundet und bilden zum Teil blumenartige Muster. Trotzdem geometrisch. Eigentlich anthroposophisch. Der Jaguar von Annemarie Renger ist toll. Zusammen mit ihrer Betonfrisur ein Bollwerk.

Gefleckte Wildware ist wirklich sehr speziell. Und scheint auch bei den Menschen etwas auszulösen. Jedenfalls gibt es in Westerland neben dem klassischen gelben Ölzeug auch Plastiküberzieher in Leoprint zu kaufen. Und Strumpf-Sönksen drüben auf der anderen Seite der Friedrichstraße hat Polyesterblusen in Wildkatzenoptik. Aber natürlich ist nichts vergleichbar mit echtem Fell und echtem Ozelot. Anfang des zwanzigsten Jahrhunderts hat man damit Möbel und Autositze bespannt, bevor die Kürschner den Artikel entdeckten und diese besondere Ware dann mit einem derartig durchschlagenden Erfolg zu Jacken und Mänteln verarbeitet haben, dass die Felle mittlerweile richtig knapp werden. Sie sind exotisch. Sie rühren an Urinstinkte. Es ist wie Daktari in der Fußgängerzone.

An der Kleidung kann man den Zustand der Welt ablesen. Immer.

Meine Eltern sind ganz leicht alarmiert. Für den Ozelot besteht akute Ausrottungsgefahr. Das große Reflektieren hat angefangen. In Washington bereitet man ein Artenschutzabkommen vor. 1975 tritt es in Kraft. Ein Jahr später wird es auch in Deutschland wirksam, und der Handel mit gefährdeten Tier- und Pflanzenarten wird verboten. Es drohen empfindliche Strafen. Zur Überraschung aller: Es funktioniert.

Bevor aber die geschützte Wildware aus unserem Sortiment verschwindet, lässt sich Freddy Quinn bei uns noch seine Jeansjacke mit Ozelot füttern. Er hat einen Vertrag mit dem Circus Ringling Brothers and Barnum & Bailey in den USA. Er tritt dort als Löwendompteur mit acht Großkatzen auf. Dafür will er passend angezogen sein und auch äußerlich als Attraktion in Erscheinung treten. Er will Beachtung. Dafür ist Ozelot ideal.

Freddy Quinn lässt seine Jeansjacke da, auf deren Rücken ein plakativer Schriftzug mit dem Zirkusnamen prangt, der von einem riesigen Tiger angesprungen wird. Das Ozelotfutter ist kein Problem. Aber er will zusätzlich noch ein echtes Eisbärenfell haben mit ausgestopftem Kopf wie bei »Dinner for One«. Für so etwas gibt es keinen Großhandel. Mein Vater muss lange telefonieren, um das zu besorgen.

Freddy Quinn gehört zu den Kunden, die immer richtig viel in Auftrag geben. Allerdings kauft er die meisten Pelze nicht für sich selbst, sondern für Frau Blessmann, seine Managerin, die auch seine Geschäfte führt. Lilli Blessmann und

Freddy Quinn kommen schon viele Jahre zusammen nach Sylt. Sie ist ziemlich viel älter als er. Genau genommen dreizehn Jahre. Wir dachten, er sei schwul. Und niemand hätte gedacht, dass die beiden lange schon verheiratet sind. Von der Ehe erfährt die Öffentlichkeit erst Jahrzehnte später, als Freddy Quinn wegen Steuerhinterziehung vor Gericht kommt. Er soll dem Finanzamt 1,8 Millionen Mark vorenthalten haben. Da steht er mit Lilli Blessmann schon kurz vor der goldenen Hochzeit. Nicht einmal meine Mutter hat etwas geahnt, dabei hat sie für so was eigentlich den sechsten Sinn. Aber die beiden gingen in unserem Geschäft derartig formell miteinander um, siezten sich, hielten Distanz, besuchten anschließend am selben Abend zur selben Zeit sogar unterschiedliche Lokale, dass man sich heute fragt: Warum diese Heimlichkeiten? Zu welchem Zweck? Jahrzehntelang? Wer will so leben?

An Absurditäten herrscht auf Sylt kein Mangel, und vor allem in unserem Geschäft kommt es immer wieder zu merkwürdigen Szenen. Neulich musste ich wieder heimlich meinen Vater herantelefonieren, weil ein sehr unangenehmer Mann mindestens zwei Stunden eine Dauerkuhle in unser Kundensofa gesessen hatte. Er war klein und hatte ganz dünne strähnige, ungewaschene, halblange Haare, die links und rechts über die Ohren hingen. Sein Mantel war dünn und fleckig, insgesamt machte er einen ungepflegten Eindruck. Er saß die ganze Zeit in sich zusammengefallen da, als hätte er ein schlimmes Rückenleiden. Er war weder höflich noch freundlich, er ließ sich von meiner Mutter alles Mögliche zeigen, und man wusste nicht, ob er überhaupt genau hinguckte, weil eins seiner Augen abgedriftet war.

Als endlich mein Vater das Geschäft betrat, war meine

Mutter sichtlich erleichtert. Sie hatte schon mit dem Gedanken gespielt, Frau Hass aus der Boutique von nebenan, von Inga-Moden, dazuzuholen, weil sie zwischendrin das Gefühl bekam, ein Obdachloser erschleicht sich hier kostenlosen Kaffee. Aber Frau Hass war auch allein im Geschäft und konnte nicht weg, da hatte ich schon nachgesehen. Deshalb blieb die Rolle der Ladenpolizei an mir hängen. Tatsächlich vermochte es mein Vater ziemlich schnell, zu diesem seltsamen Mann Kontakt aufzunehmen und ein Gespräch in Gang zu bringen.

Der Herr suchte etwas für seine Frau, wusste aber weder die Größe, noch hatte er Vorstellungen, was für ein Pelz ihr gefallen könnte. Er machte auch nicht den Eindruck, als würde ihn das ernsthaft interessieren. Trotzdem war er wild entschlossen, einen Mantel zu kaufen. Nur welchen, das stellte ihn vor Probleme. Nutria? Nerz? Bisam? Blaufuchs? Hamster? Opossum? Der Mann hieß Rudolf Augstein und hatte wohl einen schlechten Tag. Ich kann mich nicht mehr erinnern, für was er sich am Ende entschieden hat, aber eins war vollkommen klar: Rudolf Augstein wollte keinesfalls mit einem Pelz-Matthiessen-Karton durch die Westerländer Innenstadt laufen. »Bringe ich Ihnen heute Abend gern vorbei«, sagte mein Vater, »ich weiß ja, wo Sie wohnen.«

Als meine Mutter im Geschäft den Staubsauger anwirft, fahren wir los. Sie wird noch mindestens eine Stunde zu tun haben, bis die ganze Dekoration steht und sie für heute Feierabend machen und den Laden abschließen kann. Mein Vater hat die heimliche Hoffnung, dass Rudolf Augstein uns vielleicht ins Haus bittet. Ihn interessiert, wie er wohnt. Er verehrt den Gründer des Spiegel, hält ihn für den einflussreichsten Journalisten im Land und ist voller Bewunderung für diesen Mann, der aus dem Nichts in der Rekordzeit von nur fünfundzwanzig Jahren ein Medienimperium aufgebaut hat und den alle Politiker fürchten.

Also machen wir einen Schlenker über Archsum, wo das alte, weiße Kapitänshaus steht, das Herr Augstein 1967 einer Hamburger Familie abgekauft hat. Es liegt weitab vom Kampener Trubel und Lichtjahre vom Westerländer Kurzentrum entfernt, das der Verleger für eine der größten Bausünden hält, die Nachkriegsdeutschland sich anzulasten hat, und von dem er sich persönlich beleidigt fühlt und sich deswegen konsequent fernhält, wie er der alten Frau Baumann aus Baumannshöhle geklagt haben soll.

Die Geschichte von Augsteins Landsitz, dem Kapitänshaus im Weesterstich, geht bis ins frühe achtzehnte Jahrhundert zurück. Bis die Hamburger kamen und kauften, war es durchgehend in der Hand einer Sylter Seefahrerfamilie. 1923 ertranken Peter Christian Matzen und seine Frau Inken bei einer Sturmflut, die überraschenderweise mitten im Sommer kam, am 30. August, und das Haus fast zerstört hätte. Die Flut kam von drei Seiten. Und sie kam so schnell, dass Inken und Peter Christian keine Chance hatten. Dem Kapitän gelang es noch, seine zehnjährige Enkelin auf einen Pfahl zu setzen, bevor er im Wasser unterging. Das Kind überlebte. Nach dem Krieg wohnte dort im Archsumer Kapitänshaus lange eine Verwandte der Matzens zusammen mit einem mittellosen Ehepaar, das sieben Kinder hatte. Das Haus ist groß genug.

Es liegt auf einer Warft, rundherum sind nur Wiesen und Obstbäume, so weit man schauen kann. Schon von Weitem sieht man das Augstein-Haus hell in der untergehenden Sonne leuchten, sobald man den Hindenburgdamm östlich von Keitum über den Bahnübergang passiert hat. Daneben ein Fahnenmast. Das Grundstück ist großzügig und weitläufig. Es gibt keine Hecken. Keinen Sichtschutz. Ein paar alte Bäume stehen vereinzelt im Park. Um zum Eingang zu gelangen, muss man unten an der Straße ein breites Holztor öffnen wie bei Bonanza. Dann geht es im Bogen leicht bergauf.

Wir parken direkt vor dem Haus. Als mein Vater klingelt, macht niemand auf. Wir warten eine Weile. Nichts passiert. Hören wir was? Nein. Dann drückt mein Vater beherzt die Klinke, und die Tür ist wie üblich nicht verschlossen. Das Haus ist von innen im klassisch englischen Landhausstil eingerichtet. Die Wände sind mit Stoff bespannt, viel Russisch-Grün und Rot gestreift. Am Ende des dunklen Flurs steht die Tür zur Stube offen. Hier ist alles komplett gefliest und mit historischen Kacheln dekoriert. Die Möblierung ist geschmackvoll und teuer, und mittendrin sitzt schlafend in sich zusammengesunken Rudolf Augstein umgeben von Flaschen und Gläsern. Nicht mehr ansprechbar.

Mein Vater sieht sich ratlos um, richtet sich kurz die Krawatte und stellt dann direkt unter Augsteins rechtem Ellenbogen auf dem Fußboden leise die große Tüte ab, in der sich der goldene Karton befindet, in dem – eingeschlagen in knisterndes Seidenpapier – ein erstklassiger Pelzmantel liegt. Stumm ziehen wir uns zurück und verlassen das Haus. Die Enttäuschung ist meinem Vater anzumerken. Er spricht den ganzen Abend kein Wort mehr. Wahrscheinlich hätte er gern gesehen, wie Frau Augstein ihren neuen Pelz zum ersten Mal anprobiert. Vielleicht wäre er gern wie ein alter Freund begrüßt worden. Vielleicht ist er aber auch verletzt, weil er mit dem »Sturmgeschütz der Demokratie« etwas anderes verbunden hatte.

Der Alkohol. Überall zu viel. Überall wird ständig nachgeschenkt. Überall wird gefeiert. Polizeikontrollen gibt es nicht. Aber meine Eltern halten sich trotzdem demonstrativ zurück. Die Sylter brauchen einen klaren Kopf, wenn alle anderen benebelt sind. Alkohol nur, wenn keiner zuguckt oder im Freundeskreis. Die von den Feriengästen so hochgeschätzte Grenzenlosigkeit funktioniert nämlich nur, wenn die Sylter eine reibungslose Infrastruktur zur Verfügung stellen. Gerade erst ist Bundeskanzler Willy Brandt in List vom Balkon seines Feriendomizils zwei Meter abgestürzt. Vollkommen betrunken. Eine Freundin von Pfuschis Mutter war dabei, als sie ihn geborgen haben. Es ist das erste Haus, rechts oben auf der Düne, wenn man nach List reinfährt. Links die Wanderdünen, dann ein kleines Tal, das Ortsschild und scharf rechts oben sieht man das Haus und den Balkon im ersten Stock, wo der Bundeskanzler über Bord ging. Er war zu Gast bei seinem Parteifreund, Lists Bürgermeister Horst-Günther Hisam in seinem Privathaus. Also privat. Auf Einladung.

Man muss allerdings wissen, dass Bürgermeister Hisam auch ein großer Bauunternehmer ist. Er kam Anfang der 1960er-Jahre auf die Insel, vorher hat er für die »Akademie für Führungskräfte der Wirtschaft« des früheren SS-Oberführers und Himmler-Vertrauten Professor Reinhard Höhn gearbeitet. Als Bauunternehmer machte Hisam in List kurzen Prozess, kaufte den Eingeborenen ein Dünental ab und nannte es »Sonnenland«.

Bürgermeister Hisam haben wir zu verdanken, dass heute in der einst menschenleeren und naturbelassenen Dünenlandschaft südlich von List auf rund vierhunderttausend Quadratmetern zweihundertdreißig Privathäuser stehen. Profitiert hat davon vor allem einer: Bürgermeister Hisam. Privat. Im Winter eine Geistersiedlung. Im Sommer ein Ferienidyll. Und rund ums Jahr ein Closed-Shop, in dem die Sylter nichts zu melden haben. Die Häuser werden unter der Hand weiterverkauft, die Inselbevölkerung bleibt außen vor. Ich habe noch nie einen Fuß dort reingesetzt, und ich wüsste auch nicht, dass meine Eltern jemals dort waren. Oder irgendjemand anders, den ich kenne.

Eigentlich wollte Hisam gleich gegenüber, direkt am Wattenmeer in der Blidsel-Bucht, südlich seines Privathauses sofort die nächste Großbaustelle aufmachen. »Wegen vielfachen Bedarfs« hatte er mit der Gemeinde List schon einen neuen Bebauungsplan aufgestellt. Für weitere siebzig Häuser im Naturschutzgebiet. Aber das Ding läuft jetzt nicht. Es gibt eine Sylter Bürgerinitiative, und auch Professor Grzimek hat bundesweit für Aufmerksamkeit gesorgt, er befürchtet die »Zersiedlung des international bedeutsamen Naturschutzgebietes Nordsylt«. Professor Grzimek ist ein Umweltschutz-Superstar im Fernsehen und genießt hohes Ansehen auch in der Politik. Gerade erst hat er ein Hühner-Hochhaus in Berlin-Neukölln verhindert, wo zweihundertfünfzigtausend Hennen mitten in der Stadt ihre Eier legen sollten. Seine schützende Hand streckt er auch über Sylt aus, deshalb ist die Baugenehmigung jetzt hinfällig, obwohl die Gemeinde List sie schon erteilt hatte, und Bürgermeister Hisam ist verschwunden. Einfach weg. Mittendrin. Mein Vater sagt, er kommt auch nicht wieder. Weggezogen.

In ganz Deutschland segeln spektakuläre Bauprojekte in die Pleite und die Banken gleich mit. Der Bauboom ist zu Ende. Die Blase ist geplatzt. Zehntausende Neubauwohnungen stehen bundesweit leer. Mit der Konjunktur geht es bergab, der Benzinpreis ist explodiert, alles gerät ins Rutschen. Es gibt sogar Sonntagsfahrverbot. »Und Willy Brandt?«, frage ich. »Der war einfach nur privat hier«, sagt mein Vater.

»Als Mensch.« Als Mensch auf Sylt. Wie alle anderen, die in der Welt eine Menge zu sagen haben und sich hier zusammenfinden. Alles privat. Auf Sylt ist von der Konjunkturkrise übrigens nichts zu spüren.

KAPITEL 6

DIE SACHE MIT DEM KRONENZOBEL

Tante Elvi hat sich ein Pferd gekauft. Sie kann zwar nicht reiten, aber sie stellt es sich sehr romantisch vor, am Strand entlangzugaloppieren. Sie nimmt jetzt Reitstunden in Wenningstedt, was zusätzlichen Stress bedeutet. Denn das Lebensmittelgeschäft muss ja weiterlaufen. Gemüse und Obst hat sie übrigens abgeschafft. Das Kleinkrämerische gefällt ihr nicht mehr, dafür hat sie eine Käsetheke eingerichtet und Weinregale, um die sich jetzt ihre Schwägerin, Tante Gisela, die Schwester von Onkel Loni, kümmern soll.

Sie hat sich auch einen BMW gekauft und bei der Stadt eine Eingabe gemacht, dass man doch bitte endlich mal gegen die vielen fliegenden Händler vorgeht, die die gesamte Friedrichstraße bevölkern und mit ihren Tapeziertischen vor unseren Schaufenstern stehen, billigen Schmuck verkaufen und die Gäste davon abhalten, in die Geschäfte zu gehen. Vor HB Jensen hat sich ein Propagandist breitgemacht, der brüllend Messer verkauft und zur Demonstration Berge von sehr weichen Tomaten schneidet. Daneben gießt jemand in einer kleinen Holzhütte Pfannkuchenteig auf eine heiße, runde Platte, faltet sie wie ein Küchenhandtuch und nennt das »Krepps«.

Meine Mutter findet diesen neuen Wildwuchs in der Friedrichstraße auch überhaupt nicht gut. Sie sagt, das nimmt jetzt wirklich überhand. Sie selbst fühlt sich von einer Gruppe Indios gestört, die, mit bunten Ponchos behängt, stundenlang vor unserem Laden »El Condor Pasa« und »Morning Has Broken« auf der Panflöte spielt. Der Standort vor unserem Pelzgeschäft ist bei Musikern sehr beliebt, denn auf der anderen Seite – im Café Orth – ist die Terrasse vom frühen Morgen bis in die Nacht immer mit amüsierfreudigem Publikum voll besetzt.

Das Café Orth ist das Epizentrum der Friedrichstraße. Wer hier einen freien Stuhl ergattert, darf sich fühlen, als hätte er eine Premierenkarte für die Bayreuther Festspiele gewonnen. Nirgendwo kann man besser Studien treiben, wenn man sich für Menschen interessiert, weil von Schenkelschande bis Bauchblamage alles vorbeiflaniert. Der Verkaufsschlager im Café Orth ist seit eh und je der »Abessinien-Eisbecher«. Auf fünf Kugeln Eis – mit oder ohne Sahne – thront ein sehr schwarzes, nacktes Schokoladenbaby. Eine Anspielung auf den FKK-Strandabschnitt »Abessinien« zwischen Kampen und List, wo Mitte der 1930er-Jahre ein großes Frachtschiff auf Grund lief, das angeblich Sprengstoff, Handgranaten und Gewehre für das damalige Kaiserreich Abessinien in Ostafrika geladen hatte. So kam der FKK-Strand an der Buhne 31 zu seinem Namen. Und der Eisbecher irgendwie auch. Und natürlich, weil man nicht nur im Café Orth denkt, dass die Schwarzen in Afrika alle nackt sind und Muschelketten tragen.

Wer den Abessinien-Eisbecher verschmäht, gönnt sich während des Schaulaufens eine Zigarette. Oder auch zwei. Die Terrasse ist eigentlich immer in blauen Dunst gehüllt. Als gäbe es keine Röntgenbilder.

Wenn die Indios mit ihren Panflöten morgens verschlafen und vor dem Café Orth nicht rechtzeitig Position beziehen, wird ihnen der Platz von einer dicken Russin mit einem Akkordeon streitig gemacht. Die hat einen Camping-Klappstuhl dabei und eine Batterie von Blumentöpfen voller Rosen, die sie wie eine Art Bannmeile im Kreis um sich herum aufstellt. Dann spielt sie abwechselnd »Kalinka« und »Sehnsucht heißt das alte Lied der Taiga«. Die russische Akkordeonspielerin nervt meine Mutter noch mehr als die Panflöten-Combo. Weil sie im Gegensatz zu den Poncho-Leuten keine Pausen macht und sich überhaupt nicht schert um die Beschwerden der Geschäftsfrauen. »Warum kann sie nicht mal irgendwo anders hingehen? Oder einfach die Friedrichstraße auf und ab laufen wie das Hare-Krishna-Geschwader?«

Meine Mutter sagt, es muss einfach Schluss sein mit dem ewigen Aufguss derselben stupiden Melodien. Sie bekommt davon Albträume, in denen sie lauter Matrjoschkas öffnen muss, eine nach der anderen. Alle haben das Gesicht ihrer Großmutter, die vollkommen ausgezehrt von der harten Feldarbeit auf einem Hof in Dithmarschen an Krebs gestorben ist. Wenn meine Mutter denkt, sie hätte die letzte Matrjoschka-Oma geöffnet, dann gibt es immer eine noch kleinere. »Ich komme einfach nie zu einem Abschluss. Ich werde noch verrückt.« Das ist irgendwie ihr Dauerthema. Nichts hat ein Ende. Könnte natürlich auch mit ihrem Vater zusammenhängen, der in Russland vermisst ist und von dem sie immer noch hofft, dass er irgendwann vor der Tür steht und sie endlich in den Arm nimmt. Nach dreißig Jahren. Die »Kalinka«-Frau setzt meiner Mutter heftig zu. Und unserem Geschäft deswegen natürlich auch.

Denn es braucht schon mindestens zehnmal »Kalinka« und zehnmal das Sehnsuchtslied, bis sich eine Kundin für einen Pelzmantel entscheidet. Rein vom zeitlichen Aufwand her. Da mein Vater mittlerweile auch Stadtrat ist, wird sich das Thema hoffentlich bald erledigen. Meine Mutter hat meinen Vater ganz schön unter Druck gesetzt. Der hatte das Problem nämlich noch nicht so richtig erkannt und kann der Musik überdies einiges abgewinnen. Schließlich wurde neulich Iwan Rebroff von der Kalinka-Tante angelockt, hat sich neben ihr aufgebaut und mit ihrer musikalischen Unterstützung ein spontanes Kalinka-Konzert gegeben. Mitten auf der Friedrichstraße. Die Leute auf der Terrasse im Café Orth gerieten vollkommen in Ekstase.

Anschließend kam Iwan Rebroff direkt in unser Geschäft und wollte einen Riss in seinem überdimensionierten Zobelumhang repariert haben. Das haben wir natürlich für ihn gemacht, obwohl der Pelz nicht von uns und meine Mutter auch ziemlich entsetzt war, in was für einem »räudigen Teil« Iwan Rebroff da rumläuft und womöglich noch auf die Bühne geht. Das Leder schon brüchig, an manchen Stellen das Fell abgenutzt, fast kahl, fleckiger Gesamteindruck, was insgesamt auf eine schlechte Qualität der verwendeten Ware schließen lässt. Und auf ein hohes Alter.

Dabei ist Zobel in der Regel langlebig und strapazierfähig. Dieses kleine, marderartige Raubtier wird hauptsächlich aus der Sowjetunion importiert. Die Felle kommen in den Naturfarben von Hellbraun bis fast Schwarz. Besonders schöne Exemplare mussten früher von der Bevölkerung an die russische Krone als eine Art Steuer abgegeben werden. Diese extravaganten »Kronenzobel« wurden dann von den Zaren an andere Königshäuser als Zeichen höchster Wertschätzung verschenkt, die dann sogar ihren Toten eine Zobelmütze aufgesetzt haben, bevor sie sie bestattet haben.

Zobel gilt als der teuerste und schönste Pelz der Welt, mit dem sich Monarchen und Superreiche schmücken. Wenn Herrscher auf Ölbildern dargestellt sind (wie zum Beispiel

Heinrich VIII.), kann man sicher sein, dass sie mit Zobel dekoriert sind. Zobel ist wertvoller als Hermelin, dieses weiße Fell mit den schwarzen Punkten, das zum Beispiel Königin Elisabeth aus England als Polster am unteren Rand ihrer Krone trägt und das aussieht, als hätte man einen Dalmatiner zerschnitten. Zobel ist schwer zu bekommen und unfassbar teuer. Josef Stalin soll in den Fünfzigerjahren Kaiserin Soraya zur Hochzeit einen Zobelmantel geschenkt haben. Exklusiver ging es nicht. Das war selbst für den Pfauenthron, für diese Märchenkaiserin und Ehefrau des Schahs von Persien, eine seltene Kostbarkeit.

Wahrscheinlich ist es auch deswegen, dass sich mein Vater jedes Jahr aufs Neue erheblich verschuldet, damit er Kronenzobel in unserem Geschäft anbieten kann. Er fährt extra zur alljährlichen Pelzauktion nach Leningrad, um dort die besten Felle persönlich zu ersteigern. Das überlässt er keinem Großhändler, dafür sind Zobel zu wichtig für unser Geschäft. Meine Mutter ist regelmäßig entsetzt, wenn sie die Abrechnungen sieht, weil mein Vater das ganze schöne Geld, das sie so hart erwirtschaftet, ständig für neue Rohware ausgibt. Sie findet das viel zu riskant.

Mein Vater investiert pro Jahr Millionen in Felle, nimmt dafür auch Kredite auf, die dann später zu totem Kapital werden, das bei uns im Laden auf den Bügeln hängt. Und es ist dann ihre Aufgabe, die Pelze wieder zu Geld zu machen. Es darf nichts schiefgehen. Einmal am Kundengeschmack vorbeiproduziert, dann wäre unsere Firma sofort in Schwierigkeiten. Unverkäuflichkeit können wir uns nicht leisten. Jeden Monat wollen vierzig Angestellte ihr Gehalt auf dem Konto haben. Und nur meine Mutter weiß wirklich, was sich verkaufen lässt.

Der Druck ist schon erheblich, manchmal explodiert auch

der Kessel. Dann ruft sie mich zu sich, und ich muss ein Versprechen abgeben: »Warenlager ist Scheiße. Mach niemals was mit einem Warenlager! Versprich mir das!« Mit diesen Worten streckt sie die Arme über dem Verkaufstresen aus wie bei einer Yoga-Übung, macht den Rücken ganz lang, atmet tief ein und verlangt anschließend Gefolgschaft: »Werde Maklerin! Verkaufe Reisen! Verkaufe deinen Körper! Verkaufe die Sonne, den Sand oder das Meer – oder deinen Verstand! Ist mir ganz egal. Aber niemals, niemals machst du was mit einem Warenlager! Ist das klar?«

In solchen Momenten denke ich an meine Freundin Andrea Sönksen, deren Vater drüben bei Strumpf-Sönksen vollkommen den Überblick über sein Sortiment verloren hat. Es ist hoch spannend, was sich dort im Laden, im Lager und selbst in seinem Privathaus angesammelt hat. Kistenweise Keilhosen, Strumpfhosen, Haushaltskittel, Hüfthalter, Badeanzüge, Sommerhüte und Regenmäntel. Vieles ist längst aus der Mode gekommen. Der Laden ist derartig vollgepfropft mit Ware, dass man kaum noch durchkommt. Bis oben an die Decke türmen sich die Regale voller Klamotten. Herr Sönksen schwimmt in einem Meer von Pullis und Unterhemden.

Bei ihm gibt es sogar noch die berühmte »FraGa«, die Franz-Garber-Hose. Meine Mutter sagt, in den Sechzigerjahren gab es keine Frau, die eine solche Hose nicht hatte. Im Grunde war es eine umfunktionierte Skihose mit Steg unter den Füßen, die ganz stramm saß und niemals die Form verloren hat. Meine Mutter sagt, das war die erste gute Hose für Frauen überhaupt. Heute trägt das niemand mehr, aber falls jemand doch noch mal den Wunsch verspürt, bei Strumpf-Sönksen wird er fündig. Beim König der Konfektionsware, der jeden Tag in einem weißen Kittel in seinem Laden steht und am Abend immer noch im weißen Kittel im Wohnzimmer mit dem Rücken auf dem Fußboden liegt. Die Beine auf einem Stuhl. Und dann bitte absolute Ruhe. Wahrscheinlich hat das was mit dem Warenlager zu tun.

Auch Herr Sönksen hat keine Freude an den fliegenden Händlern in der Friedrichstraße. Vor seinem Geschäft im Abstand von gerade mal drei Metern steht eine auffällig knallig dekorierte Frau, die Silberschmuck aus Bali verkauft. Sie heißt Ulrike und hat eine Tochter, die für sechs Wochen in meine Klasse eingeschult worden ist. Für genau drei Wochen vor den Sommerferien und für drei Wochen danach. Anschließend verlassen die beiden die Insel wieder. »Sonst wohin.« Vielleicht wieder nach Bali.

Das Mädchen heißt Berit und ist ein bisschen ausgeflippt, kaut Kaugummi während des Unterrichts, kann überhaupt nicht rechnen, hat verfilzte Haare mit Holzkugeln drin und tut so, als wären wir alle ein bisschen blöd. Immerhin zeigt sie mir, wo sie wohnt. Und das haut mich echt um: Berit und ihre Mutter hausen in einer echten Kommune, direkt über Betten-Hansen in der Maybachstraße. Ich wusste gar nicht, dass wir eine Kommune auf Sylt überhaupt haben.

Auf zwei Etagen in einem alten, roten Backsteinhaus zwischen dem Hotel Stadt Hamburg und HB Jensen reiht sich Zimmer an Zimmer, und alle sind mit sonderbaren Menschen belegt, die keine Betten haben. Hier wohnt zwar nicht der Tomatenschneider mit den scharfen Messern, dafür wohnt hier aber die Frau, die in der Friedrichstraße die Pfannkuchen auf die Platte gießt und sie als Krepps verkauft. In einer großen Wohnküche rührt sie den Teig dafür an. Jeden Tag mindestens drei große Eimer, die nach und nach irgendjemand runterträgt und in der Holzhütte abstellt, damit immer genug Nachschub da ist. Das Geschäft scheint sich richtig zu lohnen.

Die Pfannkuchenfrau heißt Bärbel Schmidt, und wer ein Zimmer braucht, muss sich bei ihr melden. Sie trägt Flatterklamotten aus Ibiza in Lila und Rot und spricht mit mir, als gehörte ich dazu. Am großen Tisch darf ich immer mitessen, wenn ich will. Und ich darf mir auch alles aus dem Kühlschrank nehmen, was ich mag. Aber meistens ist da nicht so viel drin. Am Vormittag ist hier eher weniger los, weil alle noch schlafen. Sogar bei offenen Türen. Dann sitze ich manchmal mit Berit im Flur und trinke Kaffee mit sehr viel Milch und warte, wer sich zeigt. Ab Mittag regt sich was. Schließlich müssen die Leute ihre Stände in der Friedrichstraße aufbauen oder in ihre anderen Jobs in der Gastronomie aufbrechen.

Zwei Männer allerdings fallen etwas aus dem Rahmen. Sie gehen erst abends zur Arbeit. Tagsüber sind sie meistens nackt, drehen die Musik auf, rauchen, hängen rum und machen blöde Witze. Und dann später bleibt einem die Spucke weg, wenn sie in die Küche kommen. Wegen der Ästhetik. Wegen der lässigen Makellosigkeit. Sie sind plötzlich vollkommen Fremde in schwarzen Maßanzügen mit den schönsten und gepflegtesten Händen, die mir jemals aufgefallen sind. Ihre Smokings sind so gut geschneidert, dass sie aus Frottee gemacht sein könnten, und trotzdem würde allein der perfekte Schnitt auffallen.

Der Smoking. Die Königsdisziplin der Herrengarderobe. Die Fliege ist Pflicht und klassischerweise auf die Seidenapplikation an Revers und Hose abgestimmt. Man muss ihn zu tragen wissen. Erste Regel: Make it your own. Ohne Charakter verpufft seine Wirkung. Das ist Jürgen aus Kiel und Rainer aus Hamburg bewusst. Zwei junge Wilde im weißen Hemd und Smoking sind ab jetzt Gentlemen und verhalten sich auch so. Jeder auf seine Weise. Für den Abend ist die

Revolution offiziell ausgesetzt. Da arbeiten sie als Croupiers am Roulettetisch schräg gegenüber im Casino und schieben kleine und größere Vermögen über den grünen Filz. Sie strahlen etwas Erhabenes aus, als hätten sie in den teuersten Internaten, in Salem oder Louisenlund, eine exzellente Erziehung genossen. Und ihre Taschen sind zugenäht, damit ihnen niemand Jetons zustecken kann.

Über ihre Arbeit verlieren sie übrigens nie ein Wort. Das Casino, das »Monte Carlo des Nordens«, bleibt ein geheimnisvoller Ort, zu dem die Sylter selbst keinen Zutritt haben. Jedenfalls nicht zu den Roulettetischen. Das soll jetzt irgendwann geändert werden. Vielleicht ist es dann nicht mehr so mysteriös, was da passiert. Aber Jürgen und Rainer verdienen innerhalb von vier Monaten in der Westerländer Spielbank so viel Geld, dass sie davon ein Jahr lang leben können. Offiziell sind sie Studenten und an der Uni eingeschrieben. Sie gehen aber nie hin. Sie sagen, sie studieren eigentlich nur wegen der Krankenversicherung. Und natürlich auch wegen ihrer Eltern, die sollen denken, dass alles seinen Gang geht und alles seine Richtigkeit hat. Sonst regen die sich nämlich auf.

»Krankenversicherung? Krankenversicherung ist Schwachsinn«, sagt Birger, der mit seiner Freundin Petra im Nachbarzimmer wohnt. Die beiden sind aus Westberlin und haben als Einzige im Haus keinen Saisonjob, stattdessen handeln sie mit Haschisch und anderen Drogen, die ihnen ein Freund aus Hamburg regelmäßig auf die Insel bringt. »Krankenversicherung braucht kein Mensch«, sagt Birger. »In der BRD kommt man auch ohne klar. Im Ernstfall behandeln sie einen sowieso.« Auch die Rentenversicherung findet er überflüssig, weil es dieses politische System in fünfzig Jahren sowieso nicht mehr geben wird. »Damit hat sich dann die Rentenversicherung auch erledigt.« Klingt logisch.

Da scheint was dran zu sein. Tante Elvi zum Beispiel hat auch keine Rentenversicherung. Das hat sie neulich meiner Mutter erzählt. Tante Elvi hat zu meiner Mutter gesagt, wenn das mit Onkel Loni schiefgeht, dann hat sie im Alter gar nichts. »Er hat die ganzen Jahre für mich praktisch nichts eingezahlt.« Meine Mutter hat dann gesagt: »Da geht nichts schief. Rede keinen Unsinn.« Dann haben sie sich über die anderen Geschäftsfrauen unterhalten, die alle voll arbeiten und den ganzen Laden schmeißen, von denen die meisten aber auch keine Rentenversicherung haben. Offiziell führen ihre Ehemänner die Betriebe, und gegenüber dem Finanzamt sagen sie, dass ihre Frauen quasi nur aushelfen. So regeln die Männer das mit der Rentenversicherung. In erster Linie für sich selbst. Weil die Frauen ja auch noch die Ferienvermietung haben.

Tante Elvi ist dann ein paar Tage später von ihrem neuen Pferd gefallen und hat sich am Strand die Hüfte gebrochen. »Hat sie eine Krankenversicherung?«, habe ich gefragt. »Natürlich!«, hat mein Vater geantwortet, »natürlich hat Tante Elvi eine Krankenversicherung. Wie alle.« Und das mit dem Pferd sei eine Scheißidee gewesen.

Tante Elvi lag dann wochenlang in der Nordseeklinik. Mitten in der Saison. Während der ganzen Zeit haben ihre Kinder Lars und Claudia bei uns gewohnt, weil unser Hausmädchen Renate immerhin regelmäßig etwas zu essen machen konnte. Für das Lebensmittelgeschäft, das mittlerweile als Feinkostladen firmierte, und für Onkel Loni persönlich war der Ausfall von Tante Elvi mit erheblichen Einbußen verbunden. Das machte ihm schlechte Laune. Und meine Mutter war so eingespannt, dass sie nur wenig Zeit hatte, Tante Elvi zu besuchen. Dafür hatte jeder Verständnis. Denn in der Saison türmen sich die Probleme. Vor allem die unserer Kunden.

Besondere Dringlichkeit scheint das Anliegen von Frau Thierfelder zu haben: »Was schenkt man einer Frau, die alles hat und sich alles kaufen kann?« Frau Thierfelder lässt sich auf das Sofa im Laden fallen und macht einen verzweifelten Eindruck. Sie ist auf der Suche nach einem Präsent für ihre Freundin Heidi Horten.

Nach ihren Angaben ist Frau Horten die reichste Frau der Welt.

»Na gut, vielleicht ist sie nicht die allerreichste«, sagt Frau Thierfelder, »aber fast.«

Augenscheinlich ist Frau Thierfelder in großer Not, weil Geschenkefragen in höchsten Kreisen meistens erheblichen Stress auslösen. Mit einer Flasche Champagner ist es nicht getan. Auch nicht mit einem ganzen Karton. Erstens ist das einfallslos. Zweitens kauft man garantiert die falsche Marke und diskreditiert sich selbst. Schmuck? Zu persönlich und dem Ehemann vorbehalten. Teure Kosmetik? Nein. Kann schlimme Selbstzweifel auslösen und die Freundschaft gefährden. Vielleicht ein exklusives Seidentuch von Yves Saint Laurent? Ja. So was haben wir im Angebot. Aber wenn man es sich genauer überlegt: zu simpel. Oder ein teurer Gürtel? Lieber nicht. Wenn der nicht passt, wird es peinlich.

»Frau Matthiessen, ich bin disparat.« Meine Mutter reicht erst mal eine Tasse Kaffee. Und rattert im Kopf alle Möglichkeiten durch. Denn die richtige Auswahl kann in der Tat entscheidend sein in Bezug auf eine bessere Platzierung in der nach oben offenen Gunst-Rangliste in der abgeschotteten Welt der Superreichen. Da geht es ja nicht um Geld. Da geht es um Gespür.

Ein Geschenk für Heidi Horten ist in der Tat ein Problem. Schließlich ist ihr Mann der Kaufhauskönig. Helmut Horten herrscht über ein Firmenimperium aus Aktiengesellschaften, das bis nach Amerika reicht. Nicht nur, dass die Hortens in ihren Warenhäusern einfach nur zugreifen müssten, wenn sie irgendetwas brauchen. Sie sind auch große Verschenker. Ein Elefant für den Duisburger Zoo. Ein Centre Court für große Tennisturniere. Sechs Millionen für die FDP. Gerade erst hat Helmut Horten 1,2 Milliarden Mark aus einem Aktienpaket erlöst – wegen einer Gesetzeslücke steuerfrei.

Ein Selfmademilliardär, der seine Unternehmerkarriere im Jahr 1936 begann, als die Kaufleute Strauß und Lauter in Duisburg von den Nazis gezwungen wurden, ihr Textilwarenhaus deutlich unter dem Marktwert abzugeben und Deutschland zu verlassen. Horten griff zu. Da war er sechsundzwanzig Jahre alt. Und schon bald galt er als der »jüngste Krösus des westdeutschen Warenhausgeschäfts«, wie der Spiegel im Jahr 1955 schrieb. Helmut Horten profitiert nicht nur vom Wirtschaftswunder. Er *ist* das Wirtschaftswunder.

Wie die Thierfelders und die Hortens zusammenkamen, kann ich nicht sagen. Aber auch Frau Thierfelder muss sich nicht klein machen. In ihren Fabriken wird das hergestellt, was sich Frauen nach dem Zusammenbruch am sehnlichsten wünschten: Nylonstrümpfe. Als Anfang der Vierzigerjahre in Amerika zum ersten Mal günstige Nylons in Kaufhäusern angeboten wurden, kam es zu Krawallen. Schon auf der Straße konnte die Menge nur durch Polizeiabsperrungen in Schach gehalten werden, in den Geschäften prügelten sich die Frauen zwischen den Regalen. Und das, obwohl die New York Times gewarnt hatte: Der Verkauf werde nur mit einer begrenzten Menge beginnen, die wahrscheinlich bis mittags ausverkauft sein werde.

Vorher gab es Nylons natürlich auch schon, aber zu einem Preis von zweihundertfünfzig Dollar pro Paar. Das konnten sich höchstens Hollywoodstars leisten. Nun auf einmal war es möglich, in Massenproduktion erschwingliche Nylons herzustellen. Der erste offizielle Verkaufstag der günstigen Nylonstrümpfe ging als »N-Day« in die Geschichte ein. Bereits im ersten Verkaufsjahr wurden in Amerika vierundfünfzig Millionen Paar Strümpfe abgesetzt.

Für deutsche Frauen gab es nach dem Krieg nur einen Weg, um überhaupt an diese erfieberte Ware zu kommen: amerikanische Soldaten. Nylons wurden zur begehrtesten Tauschware auf dem Schwarzmarkt. Angeblich bezahlten die US-Geheimdienste ihre Spione und Informanten in den ersten Nachkriegsjahren teilweise gar nicht mit Geld, sondern mit Strümpfen. Sie waren so begehrt, dass viele deutsche Frauen offenbar bis zum Äußersten gingen, um ein Paar zu ergattern. Was Nylons auch die Bezeichnung »Bettkantenwährung« einbrachte.

Um dieses Geschäft nicht zu verpassen, importierten die Thierfelders nach dem Krieg Cottonmaschinen aus den USA, mit denen man Feinstrümpfe weben kann, und begannen im württembergischen Backnang mit der Produktion von deutschen Nylons. Die ersten ARWA-Strümpfe kamen 1949 auf den Markt. Bereits drei Jahre später hatte Thierfelders ARWA fast anderthalbtausend Angestellte und einen Marktanteil von zwanzig Prozent. Von da an gab es nur noch eine Richtung: in Sieben-Millionen-Stiefeln steil aufwärts! Bis rein ins Wirtschaftswundermuseum.

Auch geografisch wollten die Thierfelders nach ganz oben. Bis rauf nach Sylt. Wo sie nun am Watt gleich nebenan vom Munkmarscher Fährhaus ein Reetdachanwesen besitzen, das mit »exklusiv« nur unzulänglich beschrieben wäre. Wer das Haupthaus betritt, steht in einer großzügigen Eingangshalle, die direkt in ein noch viel gewaltiger wirkendes Wohnzimmer übergeht, von dem man einen Rundumblick über das Wattenmeer genießt. Meine Mutter war dort schon eingeladen und hat sich das Haus mit allen Funktionen von Frau Thierfelder vorführen lassen. Der Fußboden mit Eichenparkett fährt auf Knopfdruck zur Seite und gibt ein pompöses Schwimmbad frei, das jedoch wenig genutzt wird. Wir schreiben das Jahr 1975, und auf Sylt ist die modernste Technik verbaut. Eigentlich soll sich Herr Thierfelder mehr bewegen, »er ist einfach viel zu dick und muss viel schwimmen«, sagt seine Frau. Doch Herr Thierfelder fährt lieber Auto.

Im Obergeschoss trennt ein kunstvoll geschmiedeter Eisenzaun die Schlafbereiche voneinander ab, wobei die Rosetten in Gold ausgebildet sind. Das Personal bewohnt ganzjährig ein eigenes Haus nebenan, das ebenfalls einen imposanten Eindruck macht und zusammen mit der Fabrikantenvilla ein architektonisches Ensemble darstellt. Von der Straße aus sind die Gebäude nicht zu sehen. Da verstellen alte Nadelhölzer den Blick, aber von der Seeseite aus bekommt man einen guten Eindruck, wie viel Prunk hier verbaut worden ist. Die Thierfelders haben keine Kinder, stattdessen zwei Hunde, die von uns auch schon mit Pelz eingekleidet worden sind. Dafür hat mein Vater geschorene Nutrias verwendet, das Fell des Sumpfbibers.

Keine Frage, der Standard der Thierfelders heißt Luxus. Niemals jedoch würden sie diesen Begriff verwenden, weil sie sich selbst als bodenständig und sogar bescheiden empfinden. Geld ausgeben einfach so zum Spaß kommt nicht infrage, immer erwarten sie eine angemessene Gegenleistung, die im Verhältnis zum Preis stehen muss. Deshalb kaufen die Thierfelders in der Regel teuer. »Denn wer billig kauft, kauft zweimal.« Da sind sie strikt.

Von dem Elend, aus dem sie kommen, ist äußerlich nichts mehr zu sehen. Innerlich jedoch sind sie enteignet. Nur was in zwei Koffer passte, konnte Hans Thierfelder nach dem Krieg aus dem Erzgebirge nach Westberlin mitnehmen. Den Familienbesitz zogen die Sowjets in der Zone ohne Entschädigung ein. Das ist gerade mal fünfundzwanzig Jahre her. Offenbar ausreichend Zeit, um in trotziger Selbstbehauptung in der freien Welt eine Reihe von Fabriken hochzuziehen. ARWA-Strümpfe werden jetzt in Backnang, Wien, Berlin und in Südafrika produziert.

»Ich hab's!«, sagt meine Mutter. »Was halten Sie von einem Kronenzobel-Rucksack?«

»Ein Rucksack?«, fragt Frau Thierfelder entgeistert, als hätte sie sich verhört. Ein Rucksack gehört nicht unbedingt zu den Accessoires der oberen Zehntausend. Ein solches Utensil verortet Frau Thierfelder in der sozialistischen »Umsonst und draußen«-Bewegung.

Völlig überraschend ruft sie nach mir. Ich sitze hinten im Kabuff und soll Entscheidungshilfe leisten. »Würdest du so einen Rucksack tragen?«, fragt Frau Thierfelder, während ich gerade nach etwas Essbarem suche und nur auf einen wässrigen Lünebest-Joghurt stoße, den meine Mutter liebt und wir Kinder einfach nur hassen, weil er so bröckelig ist, obendrauf milchiges Wasser schwimmt und die Früchte fest am Boden kleben.

»Nee«, rufe ich von hinten zurück, »so was Blödes würde ich bestimmt nicht tragen.« Und im selben Moment kann ich fühlen, wie meine Mutter innerlich erstarrt. Ich habe ihr heiliges Gesetz gebrochen. Man haut nicht Dinge einfach so raus. Man steht wenigstens auf, begibt sich in die Kontaktzone und antwortet dann einigermaßen freundlich und kultiviert. Ungezogenheit im Geschäft ist tabu. Eine gute Kundin zu verärgern, nur weil man sich nicht im Griff hat, wirft ein schlechtes Licht auf die ganze Firma.

Und es stimmt ja auch, was sie sagt. Sie verlangt doch überhaupt nicht viel. »Nur ein bisschen Rücksichtnahme.« Damit man ihr das Leben nicht noch schwerer macht, als es ohnehin schon ist. Das ist nun wirklich keine besonders anspruchsvolle Aufgabe. Da hat sie recht. Umso überraschender fällt die Reaktion von Frau Thierfelder aus. »Wunderbar, Ihre Tochter findet das blöd, Frau Matthiessen! Dann sollten wir das machen.«

Mit achttausend Mark ist sie für die Anfertigung dabei. Der Kronenzobel-Rucksack wird ein Treffer. Wie Frau Thierfelder später erzählt, ist Heidi Horten überrascht und bewegt. Sie findet, der Rucksack macht sie jünger. Außerdem sei er ein Ausweis für perfektes Understatement und trotzdem dekadent. Mit anderen Worten: perfekt. Der Kronenzobel-Rucksack festigt nicht nur die Freundschaft zwischen den beiden Damen der besseren Gesellschaft, sondern auch die Beziehung zwischen meiner Mutter und Frau Thierfelder. Die ist nun noch häufiger bei uns im Geschäft anzutreffen.

Wie viele andere Kundinnen übrigens auch, die sich in ihren luxuriösen Anwesen etwas langweilen und »auf einen Sprung« ins Geschäft kommen, weil es einfach immer so nett ist bei uns. Weil man so gut mit meiner Mutter reden kann. Weil sie alles versteht. Es gibt Kaffee und Sekt und manchmal sogar ein Stück Kuchen. Kuchen tragen ist übrigens eine Kunst für sich. Im Café Wien ein paar Tortenstücke zu holen und sie unfallfrei zu uns ins Geschäft zu transportieren, ohne dass sie umkippen, eingedrückt werden oder anderweitig Schaden nehmen, ist keine leichte Aufgabe. Ich bin da sehr routiniert und für meine Mutter eine hundertprozentig zuverlässige Lieferantin. Kuchen tragen oder Tortenstücke auf dem Tablett frei schwingend halten, während meine Mutter rasant Auto fährt, darin habe ich große Übung.

Ein schönes, unversehrtes Sahnetortenstück erhöht die Urlaubsfreude und wird bei uns im Laden von unseren Stammkundinnen immer sehr gern genommen. Da bleibt man gleich noch eine Stunde länger sitzen. Und niemand macht sich Gedanken darüber, dass das alles für meine Mutter ihr einziges Leben ist. Und manche rufen sogar auf unserer Privatnummer zu Hause an, um nur mal so zu plaudern. Geschäft, Familie, Freunde und Gäste sind eins. Wie überall bei allen. Das hat etwas Auslaugendes. Und ist gleichzeitig die Grundlage für einen überdurchschnittlichen Umsatz.

Am Nachmittag lasse ich mir von Jürgen in der Kommune erst mal die Haare schneiden. Berit behauptet, ich hätte etwas total Seltenes auf meinem Kopf und das müsse man viel besser zur Geltung bringen. Auf meinem Schädel wächst nämlich Dünengras. Sie sagt, sie hätte noch nie jemanden gesehen, der echtes Sylter Dünengras in Farbe und Struktur als Haare hätte. Aber es würde einfach nicht gut genug rauskommen. Deshalb müssen die Haare kürzer werden und abstehen und nicht so langweilig brav gescheitelt runterhängen. Berit gibt Jürgen genaue Anweisungen, und ich genieße den Moment, weil ich ehrlich gesagt gar nicht wusste, dass jeder Mensch einem anderen einfach so die Haare schneiden kann. Ich war noch niemals woanders als im Salon Madam, dem Friseur über unserem Laden, wo alle hingehen und wo meine Mutter klare Anweisungen hinterlässt, wie ich auszusehen habe.

Am Ende bin ich nicht wiederzuerkennen. Oben in der Mitte stehen die Haare in einem Streifen von der Stirn bis in den Nacken ungefähr fünf Zentimeter hoch. Die Seiten sind ganz kurz. Die Ohren sind frei. In Zeiten, wo sogar Männer dicke Frisuren haben und sich buschige Koteletten wachsen lassen, ist das »mal was anderes, was Neues aus England«, sagt Jürgen, der selbst einen akkuraten Messerschnitt trägt, weil das für seine Arbeit in der Spielbank so vorgeschrieben ist.

Mein neuer Haarschnitt wird allgemein bewundert und ist der Auftakt zu einem lange geplanten Strandausflug der Kommune in den Sonnenuntergang, für den sich heute viele extra freigenommen haben. Sie verzichten sogar auf die umsatzreichsten Stunden nach dem Kurkonzert, um gemeinsam feiern zu gehen. Mehrere Autos stehen unten, um uns nach Kampen zu bringen, darunter auch Bärbels Citroën-Jeep ohne Dach, dessen Karosserie in Hellorange nur aus dünnem Blech gemacht ist. Ein tolles Auto. Mit acht Personen und vielen Taschen und Flaschen allerdings etwas überbelegt, als wir starten. Ich hatte eigentlich noch vor, Pfuschi und Korne Bescheid zu sagen. Aber am Telefon habe ich sie nicht erreicht. Und ich gehe nicht davon aus, dass meine Nachrichten in der Hochsaison weitergeleitet werden.

Ich hatte allerdings noch Andrea Müller auf der Straße getroffen, ihr Vater ist der »Rohr-Müller« aus Tinnum, der immer gerufen wird, wenn irgendwo etwas freizuspülen ist. Sie sagt, sie kann nicht mitkommen. Sie muss mit ihrem Vater nach Kampen ins Village, da sind schon wieder alle Toiletten verstopft. Zu viel Trieb und Party. Die schmeißen einfach aus Spaß alles in die Klos. »Unvorstellbare Sachen.« Außerdem hat Rolf Seiche im Village auch einen Swimmingpool, wo seine Gäste im Wasser nackt weiterfeiern, wenn man eigentlich schon Schluss machen sollte. »Ich kann dir gar nicht sagen, wie oft ich in diesem Pool war. Da ist die Absaugpumpe auch ständig verstopft«, beklagt sich Andrea immer wieder.

Im Sommer arbeitet sie voll bei ihrem Vater mit und hängt sich in die Abflussrohre. Die Müllers können sich nicht retten vor Aufträgen. Allein mit Kampen wären sie schon mehr als ausgelastet. »Du kannst dir gar nicht vorstellen, wie viel Schmuck bei den Leuten ständig ins Klo fällt«, sagt Andrea. Die Gäste trinken und feiern wie die Verrückten, dann müssen sie sich übergeben, und »zack, weg sind die Sachen«. Sie verspricht, noch an der Buhne 16 vorbeizukommen, aber ich glaube, das wird nichts, weil bei den Müllers jeden Tag Notdienst ist.

Um an diesen ganz besonderen Strand zu kommen, muss man ungefähr zehn Minuten vom Parkplatz aus auf Lattenwegen durch die Dünenlandschaft laufen. Am Ende führt der Weg durch ein sandiges Nadelöhr direkt ans Meer. Buhne 16 gilt als das reichste, schamloseste und »sündigste« Strandparadies der Insel. Es ist ein Ort, an dem einfach alles erlaubt ist. Weit genug abgelegen, dass man sich wie auf einer einsamen Insel fühlen kann, und doch in der Nähe von Kampen, sodass man keine Bedenken haben muss, auch im angeschlagenen Zustand zur Not zu Fuß das Reetdachdorf noch mit letzter Kraft zu erreichen.

Der Industrielle Berthold Beitz genießt den Ruf, der unumstrittene Herrscher dieses Strandabschnitts zu sein. Aber was die Strandprominenz an Buhne 16 betrifft, ist er nur einer von vielen, mit denen die Illustrierten ihre Seiten füllen. Natürlich gibt es auch Bilder aus dieser Enklave. Aber nicht von den Flicks, Rühmanns, Münchmeyers und Springers dieser Welt, die hier ganz und gar privat sein wollen und durchaus Möglichkeiten finden, sich gegen die weniger Berühmten abzugrenzen.

Tatsächlich galt diese Ecke schon sehr früh als gesellschaftlich geschlossener Bereich für eingeschworene Syltliebhaber. Der Dichter Ernst Penzoldt kam 1937 auf Einladung seines Verlegers Peter Suhrkamp genau hierhin und hat offenbar lange gezögert, über diesen Strand überhaupt zu schreiben.

»Aber eigentlich darf ich nicht davon reden, wie zauberhaft schön es hier ist. Denn am Ende kommen die Menschen, die mein Loblied hören, alle angereist, und das möchte ich nicht. Es passt nicht jeder hierher. Ich weiß genau, wer von meinen Freunden und Bekannten hierher gehört und wer nicht. Du natürlich schon, du aber nicht.« Und uns Sylter hat er schon mal gar nicht gemeint. Wir stellen wie immer höchstens das Personal.

Insulaner am Strand von Buhne 16 sind Mangelware. Und außer mir ist heute Abend auch nur »der Kotzer« da. In Wirklichkeit heißt er Boy Flassmann. Ich kenne ihn nur vom Sehen aus der Schule. Er ist zwei Klassen über mir. Aber seine Geschichten sind natürlich allgemein bekannt. Er wird überall nur »der Kotzer« genannt, weil er sich in den unmöglichsten Situationen ständig übergeben muss. Natürlich auch mitten im Unterricht. Dann wird er von den Lehrern nach Hause geschickt, wo er allerdings in der Regel nicht ankommt. Irgendwann sucht ihn dann immer seine Mutter. Meistens findet sie ihn irgendwo im Friedrichshain oder im Wäldchen an der Nordseeklinik und zerrt ihn dann nach Hause. Habe ich gehört. Von den Henningsen-Kindern, die wohnen in der Nähe. Und wenn der Vater von Boy Flassmann dann von seiner Arbeit in der Westerländer Kurverwaltung nach Hause kommt, schlägt er den Kotzer grün und blau. Und dann muss der Kotzer erst recht kotzen. Ist eine Art Kreislauf.

An diesem Abend sitzt er ziemlich weit von uns entfernt zusammen mit einem älteren Mann. Wir nicken uns zu, Boy Flassmann und ich. Wahrscheinlich fragt er sich auch, genauso wie ich, was wir beide hier eigentlich zu suchen haben. An diesem herrlichen Sommerabend mitten zwischen lauter ausgeflippten Leuten, die sich die Klamotten vom Leib reißen und schreiend ins Wasser rennen, wo sie sofort von den aufbrandenden Wellen verschluckt werden, um dann bodysurfend steif wie Bretter in der weißen Gischt des Wellenkamms wieder aufzutauchen und sich zurück an den Strand tragen zu lassen.

Das Meer kommt heute in großzügig anrollenden Wellen in der Farbe Blaugrau zu unserer kleinen Party. Das ist okay. Ich hätte auch nichts gegen Tiefblau gehabt, das wäre noch schöner gewesen. Aber unser Meer ist in seiner Farbauswahl ziemlich launisch. Und man kann niemals voraussagen, in welchem Ton es sich zeigt. Man muss immer persönlich hingehen und es mit eigenen Augen sehen. Manchmal ist es schwarz wie die Nacht. Manchmal entscheidet es sich für Gletschergrün. Und natürlich für alle Farben Blau. Aber am häufigsten habe ich es grau gesehen. Grau mit Weiß.

Bärbel spendiert für alle Kommunenfreunde kaltes Bier. Dazu gibt es Frikadellen und Wiener Würstchen aus der Lebensmittelabteilung im Untergeschoss von HB Jensen, die uns Frau Elias eingepackt hat. Was zu rauchen gibt es auch. Und zwar was Richtiges.

Birger und Petra lassen einen ganz besonderen Joint kreisen. Sie nennen es »Kawumm«. In eine Pappröhre, mit der man normalerweise Landkarten und so was verschickt, wird circa vier Zentimeter vor dem Ende ein Loch gebohrt. Dort steckt man das untere, schmalere Ende der Haschzigarette rein. Das lange Rohr mit dem Aufsatz wirkt wie eine überdimensionierte Friedenspfeife und wird auch nach alter Winnetou-Sitte im Kreis herumgereicht. Um sie zu benutzen, wird zuerst der Joint angezündet, dann schließt man mit der einen Hand das hintere Ende luftdicht ab und saugt mit einem kräftigen Zug die Röhre voll Rauch. Dann muss man erst mal vollständig ausatmen und innehalten. Kurz vorm nächsten Einatmen öffnet man den hinteren Einlass und zieht sich die volle Röhre mit dem nachbrennenden Frischluftkick vollstoff rein in die Lunge. Und dann macht es »Kawumm«. An viel mehr erinnere ich mich dann nicht mehr.

Später, als es dunkel ist und still, sitzt der Kotzer direkt neben mir. »Was hast du mit deinen Haaren gemacht?«, fragt er. Dazu fällt mir leider überhaupt nichts ein. »Wer ist der Mann?«, frage ich ihn und zeige auf seinen Begleiter, den Bärtigen mit den buschigen Augenbrauen.

»Das ist Jörg, hat ein Gästezimmer bei uns, hat mich mitgenommen.«

»Hallo«, sagt Jörg, »du kommst auch von der Insel?« Aber im selben Moment habe ich seine Frage schon wieder vergessen. Die Gesprächsfetzen ziehen an mir vorbei, und ich kann sie nicht festhalten. Von ganz weit entfernt verfolge ich die Unterhaltung, die sich auf wundersame Weise auf ewig in mein Gehirn einbrennen wird, ohne dass ich nur ein Wort dazu beitragen könnte. »Es gibt so viele Arten von Liebe«, sagt Jörg zu dem Kotzer. »Manche Leute können ihre Liebe nur dadurch zeigen, indem sie ihre Kinder verprügeln.« Der Kotzer weint. Und Jörg sagt in ganz ruhigem Ton, dass das ewige Prügeln doch nur eins zeige, dass der Kotzer seinen Eltern eben nicht egal ist. Manche verwechseln Schläge mit Liebe. Oder können sich eben nicht anders ausdrücken, um zu sagen: Du bist mir wichtig. Ich finde dich wichtig genug, um dich zu verprügeln. Ignoranz und Desinteresse wären doch viel schlimmer. »Wenn Eltern ihre Kinder schlagen, dann wollen sie, dass aus ihnen etwas wird, dann sind sie ihnen wichtig«, sagt der Augenbrauen-Mann. Gleichgültigkeit würde viel mehr Schaden anrichten. Das Prügeln wäre eine besondere Art von Beschützen. Ein Versuch, zum eigenen Kind Kontakt aufzunehmen. Der Kotzer läuft weg, um sich in den Dünen zu übergeben.

Ich weiß nicht, wie spät es ist, als wir endlich aufbrechen. Die Rückfahrt durch die kühle, dunkle Nacht verläuft ruhig. Nur das Auto klappert. An allen Türen. Berit schläft an meiner Schulter. Ihre Mutter ist bei anderen Leuten mitgefahren, die noch einen Abstecher ins Remmidemmi-Pony machen wollen. Jürgen sagt: »Netter Typ, dieser Reporter vom Stern.« Er meint den Bärtigen mit den Augenbrauen. Er scheint einigermaßen bekannt zu sein, denn sogar Bärbel weiß, wie er heißt. Jörg Andrees Elten. Ein paar Jahre später wird dieser Mann für eine Reportage zu Bhagwan nach Poona reisen und sein Leben verändern. Er wird sich fortan »Swami Satyananda« nennen und einen Bestseller schreiben, der Tausende junge Deutsche motiviert, selbst nach Indien zu reisen und sich Bhagwan anzuschließen. »Ganz entspannt im Hier und Jetzt« wird ein Kultbuch. Und wegen Jörg Andrees Elten wird Bhagwan auch in Deutschland ein neuer Gott.

Der Kotzer Boy Flassmann stirbt in Bredstedt auf dem Festland an einer Überdosis Heroin, kurz nachdem er an unserem Gymnasium Abitur gemacht hat.

Und meine Eltern schlafen schon, als ich nach Hause komme. Am nächsten Morgen gibt es tierischen Ärger wegen meiner Frisur. Meine Mutter schließt sich sogar kurzzeitig ins Bad ein, um sich dort auszutoben. Einen Moment lang denke ich, sie weint. Was mich erschreckt. Das heißt, es ist es ihr nicht egal, was ich tue, denke ich mir, um mich selbst zu beruhigen. Als sie endlich aus dem Bad kommt, ist sie wieder ganz die Alte. »Dass du dir selbst so was antust. Aber dass du auch uns so was antust. Du könntest es einfach haben. Aber du machst es dir und uns einfach immer nur schwer.«

Den Versuch war es wert, finde ich.

KAPITEL 7

DIE SACHE MIT DEM OPOSSUM

Während sich meine Großmutter oben noch anzieht, betrachte ich im Wohnzimmer ihr Porträt in Kreide, das großformatig über dem Sofa hängt. Sie ist wie üblich als Diva abgebildet. Es liegt etwas Verträumtes in ihrem Blick und gleichzeitig etwas Provokatives. Normale Menschen würden sie auf diesem Gemälde mit Zarah Leander verwechseln. Aber wenn man genau hinsieht, ist es dann eben doch nur meine Oma. Über ihrem schneeweißen Busen ist eine braune Nerzstola drapiert, und sie sieht aus, als würde sie gleich loslegen und »*Man nennt mich Miss Vane, die berühmte, bekannte, YES SIR!*« schmettern. »*Die nicht sehr beliebte bei Onkel und Tante, no, Sir! Man fürchtet, ich könnt die behüteten Neffen im Himmelbett oder Spielsalon treffen, ich könnt sie verführen mit tausend Listen, zu etwas, das sie vielleicht doch noch nicht wüssten. Yes, Sir! So bin ich am ganzen Leibe ich, so bin ich und so bleibe ich. Yes, Sir!*«

Ich glaube, es ist kein Zufall, dass Herr Rauter, ihr Untermieter, dieses Lied in einer Dauerschleife auf seinem kleinen Plattenspieler laufen lässt, sodass ich es schon lange auswendig kann. Herr Rauter hat ein steifes Bein vom Krieg und ist nicht mein Fall. Er grinst die ganze Zeit komisch und spricht verwaschen, weil sein Gebiss nicht richtig sitzt. Sein Gesicht ist auf ungewöhnliche Art verzogen, als hätte er ständig Schmerzen. Er ist sehr groß und mager, hat eingefallene Wangen und riecht überhaupt nicht gut. Er trägt immer dieselben Anziehsachen.

Und ganz oft fordert er mich auf, auf sein Holzbein zu klopfen, was er wohl freundlich meint, weil er sonst nicht weiß, was er mit Kindern anfangen soll. Ich mache das dann auch, aber mehr so aus Höflichkeit. Wenn man auf sein Bein klopft, das in einer dicken Filzhose steckt, klingt es nicht nach Holz, sondern eher nach Plastik. Und er sagt dann jedes Mal: »Das ist Fleisch.« Wobei er »Fleisch« wie »Flei-i-i-isch« ausspricht und dabei sehr verzerrt grinst. Und doch nur aussieht, als hätte er noch mehr Schmerzen. Wie gesagt, Herr Rauter ist nicht mein Fall.

Er versucht, nett zu sein. Aber er verschleißt zu viele Klobrillen, sagt meine Oma. Weil er sich nicht richtig geschmeidig hinsetzen kann und auf den letzten zwanzig Zentimetern eher fällt. Das wird langsam teuer. Herr Rauter ist vor zwei Jahren fest bei meiner Oma eingezogen, weil sie erkannt hat, dass Ferienvermietung zu viel Arbeit macht und man sich zu sehr nach den Gästen richten muss. Schon allein auf deren Ankunft zu warten war ihr zu viel. Aber meine Oma braucht das Geld. Deshalb wird das kleine Zimmer mit der Dachschräge, dem minikleinen Fenster und dem Waschbecken an der Wand nun fest von Herrn Rauter bewohnt. Er richtet sich mit allem ganz und gar an meiner Oma aus, das macht vieles leichter.

Herr Rauter möchte gern in Westerland auf dem »Friedhof der Heimatlosen« beerdigt werden, erzählt meine Großmutter, wenn das Gespräch mal auf ihren Untermieter kommt. Sie sagt, er sitzt dort häufig auf der Bank, vor und nach der Arbeit, und betrachtet die schlichten Holzkreuze, auf denen nur das Datum vermerkt ist, wann und an welchem Strand die jeweilige Wasserleiche angespült worden ist. Niemand weiß, wer die Leute waren. Dieser kleine Friedhof ist die letzte Heimat für die Heimatlosen. Das scheint Herrn Rauter zu gefallen. Und auch, dass diese kleine Scholle mitten im geschäftigen Trubel Westerlands ein stiller abgeschiedener Ort geblieben ist, nah am Strand, gegenüber der katholischen Kirche.

»Schlagen Sie sich das aus dem Kopf, Rauter«, sagt dann meine Oma angeblich immer zu ihm. »Auch wenn Sie sich ins Wasser stürzen. Der Friedhof ist wegen Überfüllung geschlossen.« Sie sagt dann auch: »Des Menschen Wille ist sein Himmelreich.« Und auch: »Der Mensch denkt, und Gott lenkt.« Sie hat da ein größeres Repertoire an Sinnsprüchen, die eigentlich immer irgendwie passen.

Herr Rauter arbeitet in der Friedrichstraße im Schnellimbiss »Eet gau to«. Der gehört dem Schwager von Herbert Godbersen. »Eet gau to« heißt wörtlich übersetzt »Iss schneller«. Die niedrige Baracke, die den Imbiss beherbergt, ist in der Friedrichstraße zwischen zwei größeren festen Häusern eingeklemmt gegenüber von Tabak-Mackenthun und gilt als Institution auf der Insel, in der sich vor allem am späten Abend häufig meine Eltern noch mit ihren Freunden und anderen Syltern treffen, die auch gerade ihre Läden zugemacht und alle noch Hunger haben.

Herr Rauter sitzt unauffällig hinten in der Ecke auf einem kleinen Stuhl, schneidet Fleisch, Zwiebeln und Paprika zurecht und zieht Schaschlikspieße auf. Manchmal befüllt er auch die beliebten »Schlachtschiffe«. Dafür verwendet er eine halbe ausgehöhlte Salatgurke und Unmengen Fleischsalat. Der ist natürlich hausgemacht. »Das gibt ordentlich Tinte auf'n Füller«, sagt dann der Schwager von Herbert Godbersen, wenn er das »Schlachtschiff« über die Theke reicht.

Herr Rauter arbeitet im Sommer sieben Tage die Woche im »Eet gau to«. Wenn er nicht im Imbiss sitzt oder auf dem Friedhof der Heimatlosen, dann beobachtet er durch sein kleines Fenster, wann meine Oma nach Hause kommt und wann sie wieder geht, und spielt dazu Zarah Leander. Dann schallt es auf die Straße hinaus:

»Wo ist ein Mensch, der mich versteht? So habe ich manchmal vor Sehnsucht gefleht. Tja, aber dann gewöhnt ich mich dran. Und ich sah es ein. Davon geht die Welt nicht unter. Sieht man sie manchmal auch grau.«

Manchmal bittet meine Oma Herrn Rauter, den Rasen zu mähen und sich um die Blumen und die Hecke zu kümmern. Das macht er sehr gerne und sehr gewissenhaft. Wenn ich ihn im Garten werkeln sehe, versuche ich, mich unauffällig an ihm vorbei ins Haus zu schleichen, um nicht schon wieder auf sein Bein klopfen zu müssen. »Der bildet sich Schwachheiten ein«, sagt meine Oma manchmal. Und macht dann den Scheibenwischer auf und ab mit der flachen Hand vor ihrem Gesicht. Hin und wieder kommt es auch zu einem Zwischenfall wie letzte Woche, als Herr Bodenhausen-Merschmeier mit einem Rosenstrauß die Einfahrt heraufkam und Herr Rauter unerwartet aus dem Gebüsch brach, überraschend schnell auf den Verehrer meiner Oma zuhumpelte, ihn mit der schweren Heckenschere bedrohte und dabei hysterisch schrie: »Rut! Rut! Ut mien Hus! Rut! Ick mok Hackfleisch us di.«

Auch das Hackfleisch kommt dann als »Flei-i-i-isch«.

»Rauter!«, explodierte meine Oma. »Schluss damit! Entschuldigen Sie sich gefälligst!« Da zuckte Herr Rauter zusammen und verschwand über die Treppe in sein Zimmer, was immer etwas dauert, weil die Treppe nach oben schmal und steil ist und Herr Rauter lang und gehbehindert. Dann setzte er wieder den Plattenspieler in Gang, und die ganze Nachbarschaft hat gut davon.

»Es ist ja ganz gleich, wen wir lieben. Und wer uns das Herz einmal bricht. Wir werden vom Schicksal getrieben. Und am Ende ist immer Verzicht.«

Mein Vater sagt schon länger, dass das mit Herrn Rauter so nicht mehr weitergehen kann. Er findet es nicht gut, dass seine Mutter Schlafzimmer an Schlafzimmer mit diesem Mann unter einem Dach wohnt. Ihn stört auch, dass sie ein einziges Badezimmer gemeinsam benutzen. Aber meine Oma sagt immer: »Wo soll einer wie Rauter denn hin?« Da wären schon ganz andere Leute nach dem Krieg einquartiert gewesen. Und manchmal sagt sie auch: »Das erweitert den Horizont.« Oder: »Zum Meer gehören auch die Ufer.« Oder: »Was kann Rauter dafür, dass der Führer ihn kaputt gemacht hat.«

Mit Frau Knop von nebenan liegt sie allerdings inzwischen im Streit. Wegen des toten Rauhaardackels Raudi. »Den hat der Rauter auf dem Gewissen«, sagt Frau Knop giftig jedem, der es hören will. Raudi konnte sich am Ende gar nicht mehr bewegen und hat nur noch geröchelt. Er konnte sein eigenes Gewicht nicht mehr tragen. Dabei war Raudi gar nicht mal so alt. Irgendwann ging es einfach nicht mehr, da ist dann gegen Abend der Insel-Tierarzt Claus Andersen gekommen und hat den Hund in seinem Körbchen eingeschläfert.

Während Raudi also dem Tod entgegensegelte, haben Frau Knop und der Tierarzt, den hier alle auf der Insel nur »Clausdokter« nennen, eine ganze Flasche Korn leer gemacht. Stundenlang haben sie zusammengesessen. Zuerst hat Frau Knop nur geweint. Dann hat sie nur noch gelacht. Am Ende muss dann wohl auch klar gewesen sein, dass der Hund noch am Leben sein könnte, wenn er nicht so fett geworden wäre. Und als Frau Knop Herrn Rauter wegen Raudi zur Rede stellte, hat er zugegeben, dass er regelmäßig das ganze weggeschnittene Fett vom filetierten Schaschlikflei-i-i-isch an Raudi verfüttert hat, weil der Hund das so gerne mochte und der gute Speck ja sonst weggeworfen worden wäre.

»Meine Güte, verstehen Sie doch, der Mann ist einsam«, hat meine Oma zu ihrer Nachbarin gesagt. »Können Sie das nicht verstehen? Er hat im Krieg nichts zu essen gehabt. Und jetzt soll er das gute Fett wegschmeißen?«

Frau Knop hat einen feuerroten Kopf bekommen, wollte etwas sagen, ist dann aber wieder in Tränen ausgebrochen. Meine Oma ließ das vollkommen kalt.

»Kaufen Sie sich einen neuen Hund. Ich gebe was dazu.« Frau Knop drehte auf dem Absatz um und kam nicht wieder.

Nach diesem Zusammenstoß hat meine Oma jedoch beschlossen, dass etwas geschehen muss mit Herrn Rauter. Er soll ein bisschen normaler werden. Deshalb will sie Herrn Rauter mitnehmen zu ihrem Termin mit GerdvonGott. Was nun auch der Grund ist, weshalb ich hier in ihrem Wohnzimmer auf meine Großmutter warte. GerdvonGott führt das Werk von Bruno Gröning weiter, dem berühmten Wunderheiler, den sie noch persönlich kannte und der ihre Galle fernoperiert hat, sodass sie jetzt schon seit langer Zeit beschwerdefrei ist. Bruno Gröning ist zwar schon fünfzehn Jahre tot, lebt aber in GerdvonGott weiter. Und der kann sicherlich auch Herrn Rauter helfen. Aber es muss ganz unter uns bleiben. Nicht mal meine Eltern dürfen davon erfahren, denn was wir heute vorhaben, ist verboten, sagt Oma.

Unsere Mission geheim zu halten ist überhaupt nicht schwierig, denn im Pelzgeschäft ist wieder Hochbetrieb und meine Eltern sind überbeschäftigt. Der Grund: Mein Vater hat einen echten Hit gelandet. Er hat einen Mantelschnitt entwickelt, der in allen unterschiedlichen Größen einfach jeder Frau wie angegossen passt. Und weil von der Achselhöhle bis zum Saum ein breiter Streifen butterweiches Nappaleder eingearbeitet ist, sieht jede »gnädige Frau« darin deutlich schlanker aus, als sie in Wirklichkeit ist. Er hat das Modell »Karat« genannt. Es kommt in allen Pelzarten, wird meinen Eltern aber vor allem in der Ausführung »Blackcross« aus den Händen gerissen. Blackcross sind schneeweiße Nerzfelle, die einen schwarzen schmalen Streifen auf dem Rücken haben und nach der Verarbeitung aussehen, als hätte man sich einen Schlittenhund angezogen. Der Husky-Look ist in dieser Saison der Renner. Vor allem bei Zahnarztfrauen.

Neben den klassischen Unternehmerfamilien sind Zahnärzte überhaupt unsere allerbesten Kunden. Sie verdienen von allen Medizinern am besten, und sie geben ihr Geld auch gerne aus. Und wie in jedem Sommer findet auch in diesem Jahr in Westerland die »Sylter Woche« statt, der große Fortbildungskongress der Zahnärztekammer. Da wird die Friedrichstraße mit Zahnmedizinern und Kieferorthopäden geradezu geflutet, und für alle unsere Angestellten gilt dann Urlaubssperre. Und als der Laden gerade am vollsten ist und meine Eltern beide gleichzeitig jeweils zwei Kundenpaare beraten und bedienen, kommt ausgerechnet Oswalt Kolle ins Geschäft, den man auf der Insel nur allzu gut kennt, weil er sich für seinen Sex-Aufklärungsfilm »Dein Kind, das unbekannte Wesen« am Sylter Strand zusammen mit seiner ganzen Familie hat nackt fotografieren lassen. Oswalt Kolle möchte sich bei uns ein Braunbärenfell ausleihen.

Ein richtig großes. Wo noch der Kopf dran ist. Was man sich vor den Kamin legen kann. »Sie wissen schon«, sagt Oswalt Kolle zu meiner Mutter und gibt sich kumpelhaft.

»Ausleihen?«, fragt meine Mutter ziemlich überrascht. »Ausleihen ...«, sagt sie danach dann etwas gedehnt, lässt die anderen Kunden stehen und muss sich erst einmal orientieren. Vor ihrem inneren Auge rattert sie alle seine Filme durch: »Was ist eigentlich Pornografie?«, »Zum Beispiel Ehebruch« und vor allem »Deine Frau, das unbekannte Wesen«. Da stellen sich ihr die Nackenhaare auf. Denn sie findet Oswalt Kolle im Grunde ganz unmöglich. Und diese Einschätzung teilt sie mit ihren Freundinnen, die eins ganz bestimmt nicht brauchen: dass ihnen ein Mann erklärt, wie sie als Frauen funktionieren und was beim Geschlechtsverkehr alles als normal zu gelten hat.

Natürlich steht auch bei uns zu Hause »Deine Frau, das unbekannte Wesen« als Buch im Regal. Wie es dahin gekommen ist? Niemand will's gewesen sein. Klar habe ich es heimlich gelesen und weiß nun alles über mich, falls ich irgendwann mal eine erwachsene Frau sein sollte mit einem ganz normalen Eheleben. Ich weiß jetzt, dass Frauen verliebt sein müssen, bevor sie erotisch reagieren. Männer brauchen das nicht. Die Erregungskurve beim Mann ist mit dem steilen Anstieg der Zugspitze vergleichbar. Die der Frau sieht aus wie der Schwarzwald, schreibt Oswalt Kolle.

Und ein Mann darf eine Frau nicht wie einen Gegenstand behandeln. Er darf nicht den Straßen- und Arbeitsstaub von sich abschütteln und sich dann mit einem Bier vor den Fernseher setzen, sondern er soll in der Küche hinter ihr stehen, während sie das Abendessen zubereitet, sie streicheln und ihr gut zureden. »Dann gießt er zwei Schnäpse ein und stößt mit ihr an.« So beginnen die ersten Schritte auf der »Leiter in den Liebeshimmel«. Also ein Mann kann wirklich viel tun, um seine Frau besser auf den Geschlechtsverkehr vorzubereiten, sagt Oswalt Kolle. Ganz wichtig: Er muss ihr in der intimen

Begegnung Zeit lassen und darf sie nicht drängen, »sie nicht beschimpfen und beleidigen«. Er sollte »die Begegnung besonders gut nutzen, wenn die Frau ein wenig beschwingt und gelockert durch Alkohol ist«. Aber er darf sich auch »nicht scheuen, mit seiner Frau zum Psychotherapeuten zu gehen«, wenn es erforderlich erscheint. Weiß ich also Bescheid.

Oswalt Kolle ist für meine Mutter ein rotes Tuch. Und nicht nur, weil sie mit der Zugspitze oder dem Schwarzwald nichts anfangen kann oder weil mein Vater gar nicht der Typ Straßenstaub ist. (Beide trinken auch niemals Schnäpse zu zweit in der Küche.) Es ist vielmehr so, dass Oswalt Kolle ihr eine weitere Last auflegt. Dabei hat sie doch schon alle Kräfte aufgebraucht. Sie, das ultramoderne Aushängeschild einer selbstbestimmten Frau, ohne die in unserer Firma einfach nichts funktionieren würde, die die Hausfrauen-Ehe und das spießige Muttersein aus tiefer Seele ablehnt und es viel erfüllender findet, der Motor einer perfekt geölten Geschäftsmaschine zu sein. Sie ist stark und erfolgreich. Aber ist das sexy?

Bei Oswalt Kolle steht, dass so was den Männern eher Angst einflößt. Die perfekte Frau ist die nackte Frau. Und wie sehr sich die Männer solche Frauen wünschen, kann man jede Woche auf den Titelbildern von Stern, Quick und Spiegel sehen, wo Frauen selbst dann nackt abgebildet sind, wenn es um Tierversuche geht. Vielleicht liegt es aber auch daran, dass fast alle Chefredakteure der Bundesrepublik im Sommer auf Sylt Ferien machen. Und bekanntermaßen steht diese Insel in dem Ruf, modern, populär und vor allem immer nackt, lustbetont und hemmungslos zu sein. Auch das kann man in jeder Illustrierten nachlesen.

Als wäre das alles nicht schon Druck genug, hat nun auch noch Oswalt Kolles gute Freundin Beate Uhse in Westerland ausgerechnet im Gebäude des Kurzentrums ein Fachgeschäft für »Ehehygiene« eröffnet, wo es neben speziell gestalteter Unterwäsche auch noch allerhand Werkzeug zu kaufen gibt und in das noch kein einziger Sylter einen Fuß gesetzt haben will. Zumindest behaupten das ohne Ausnahme die Freundinnen meiner Mutter – übrigens auch im Namen ihrer Männer. »Jetzt sollen wir auch noch Kunststücke können. Was sollen wir hier noch alles leisten?«, hat Hilke Lambrecht von Maybach 13 neulich zu meiner Mutter gesagt, als wir bei ihr unsere Sachen aus der Reinigung abgeholt haben. »Den ganzen Tag hinterm Tresen und nachts 'ne Granate im Bett? Irgendwo ist ja wohl mal eine Grenze.«

»Ich bräuchte das Bärenfell nur für eine Woche«, versucht Oswalt Kolle in sehr höflichem Tonfall das Gespräch mit meiner Mutter wieder in Gang zu bringen, »natürlich bekommen Sie es ohne jedwede Verschmutzung zurück.« Aber meine Mutter denkt sofort an dieses Foto von Burt Reynolds, das gerade um die Welt ging, wie er verführerisch und vollkommen nackt – recht interessant behaart – auf dem Fell eines Braunbären liegt. Mit dem rechten Oberarm stützt er sich lässig auf dem Bärenschädel ab, sein anderer Arm versperrt dekorativ die Sicht auf die wirklich interessanten Dinge. Will sich Oswalt Kolle auch nackt fotografieren lassen? Auf unseren Pelzen? Vielleicht noch im Sand? Sie fragt aber nicht. Sie fragt nie. Sie nennt es »Rücksichtnahme«. Dieser Maxime opfert sie in der Regel auch alle moralischen und ethischen Bedenken. »Moral bezahlt nämlich keine Rechnungen.«

»Ein Bärenfell kann ich so schnell nicht besorgen. Das haben wir nicht auf Lager. Ich kann Ihnen aber eine Opossumdecke zur Verfügung stellen«, sagt sie zu Oswalt Kolle, »das Fell ist dankbar, dicht und schön weich.« Sie sagt nicht, dass Opossums Beutelratten sind. »Eine Felldecke … hm. Ich weiß nicht recht. Na gut. Die tut's vielleicht auch«, sagt Kolle. Und meine Mutter bereut im selben Moment, dass sie so entgegenkommend war. »Der Mann nimmt sich wirklich einiges heraus. Unverfroren«, wird sie später zu ihren Freundinnen sagen.

Zur selben Zeit lässt meine Oma immer noch auf sich warten. Ich sitze im Wohnzimmer und langweile mich. Wenn es noch länger dauert, kommen wir zu spät zu GerdvonGott. Ich schaue mich um in diesem Raum, der geradezu erdrückt wird von den großen, schwarzen Gründerzeitmöbeln, die früher in ihrem residenzartigen Haus, das sie mit meinem Großvater bewohnt hatte, bestimmt mal dekorativ gewirkt haben. Aus dieser Zeit stammen ebenfalls die viel zu vielen Perserteppiche, die aus Platzmangel zum Teil übereinanderliegen. Auf einigen Beistelltischchen sind auch noch Jugendstil-Bronzefiguren verteilt, meistens superschlanke Frauen mit langen Haaren, die sich elegant verbiegen.

In ihrer wuchtigen Schrankwand bewahrt meine Großmutter alle zehn Bände von »Angelique« auf. »Angelique und die Versuchung«, »Angelique und die Verschwörung«, »Angelique und die Hoffnung« und so weiter. Jedes Buch hat eine andere Farbe, und die Aufschrift ist voll dramatisch gestaltet, sodass der Inhalt gefährlich erscheint. Meine Großmutter hat mich vor einiger Zeit beiseitegenommen und mir zugeraunt: »Wenn ich mal tot bin, dann sollst du diese Bücher haben.« Und ich habe genickt und dann aber gedacht: Ich hätte lieber das Auto.

Wenn ich bei meiner Oma bin, arbeite ich mich durch Stapel von Illustrierten, die wöchentlich ins Haus kommen, weil sie den Lesezirkel abonniert hat. Vor allem studiere ich gerne die Rückseiten der Regenbogenblätter, weil dort in kleinen Kästchen-Anzeigen seltsame Dinge annonciert werden, die sich per Postkarte auf Rechnung bestellen lassen. Eine Röntgenbrille zum Beispiel, mit der man durch die Kleidung hindurch Menschen nackt sehen kann. Oder eine Mitesser-Pumpe, mit der man das Unreine aus der Haut saugt. Käthe-Kruse-Puppen als Imitationen, die im Abo kommen und garantiert in nicht allzu langer Zeit sehr wertvoll sein werden. Halbedelsteine, die den Kontakt zu Verstorbenen herstellen. Eine Paste, die überall Haare wachsen lässt, egal wo man sie aufträgt. Meine Oma bestellt häufiger etwas davon. Gerade hat sie ein Spieluhren-Abonnement abgeschlossen. Die Glasvitrine, in die die Miniaturen einsortiert werden sollen, wurde schon geliefert.

Endlich steigt meine Oma die Treppe herab. Sie trägt ein Kleid aus schwerer Baumwolle mit einem Einsatz aus weißer Spitze von Schulter zu Schulter. Sie ist ganz in Weiß. Auch die Schuhe. Das ist Pflichtfarbe, wenn man bei GerdvonGott vorsprechen will. Weiß ist die Farbe der Unschuld und Reinheit. Wer nicht in Weiß kommt, kann nicht geheilt werden. Deshalb musste ich heute auch in meinem weißen Levis-Jeansanzug kommen, der noch ganz neu und hart ist und am Hals scheuert. Herr Rauter trägt lediglich ein weißes Oberhemd, die Hose ist grau. Etwas anderes hat er einfach nicht. »Wird schon gehen«, sagt Oma und verlädt uns in ihr Auto.

Wir fahren zum Neuen Kurzentrum, wo ganz oben mit Blick aufs Meer und auf die Musikmuschel GerdvonGott seine »Gemeinschaftsstunden« abhält. Ich weiß den Weg. Auch innerhalb des Gebäudes. Man muss durch den unheimlich zugigen Korridor gehen und kommt auch an Beate Uhses Sexshop vorbei. Ich kenne mich ganz gut aus in diesem bulligen Hochhaus, diesem Betonbunker, weil der Vater von meiner Klassenkameradin Kathrin Buchheister hier eine Vermietagentur hat und gleichzeitig Hausmeister ist und Kathrin deswegen für alle Durchgänge und Apartments die Schlüssel hat. Heimlich haben wir früher dort in Eigentumswohnungen gespielt, deren Besitzer gerade nicht auf der Insel waren.

In einer solchen Wohnung habe ich die erste Mikrowelle meines Lebens gesehen und konnte mir nicht erklären, was das sein könnte. Wir haben damit gespielt, wie wir mit allem gespielt haben, was wir damals in den Wohnungen vorfanden. Aber Kathrin und ich haben niemals etwas geklaut, so klug waren wir dann schon noch. Aber wir haben dort die eine oder andere Zigarette geraucht und dabei in eine teure Seidenbluse ein Loch gebrannt. So was eben. Was man als Kind so macht.

Ein paar Jahre später, so hält sich hartnäckig das Gerücht, soll in einem dieser Apartments der Kremlflieger Mathias Rust versteckt worden sein. Die Redakteure vom Stern wollten den Zwanzigjährigen exklusiv, ausführlich und in aller Ruhe befragen, nachdem er – als Weltsensation – 1987 mit einem Kleinflugzeug auf dem Roten Platz in Moskau gelandet war, um den Weltfrieden zu retten. Nach seiner Rückkehr in die Bundesrepublik war er ein paar Tage verschwunden. Es heißt, er wurde hier ins Kurzentrum nach Westerland gebracht. In eine Wohnung, die angeblich damals dem Verleger John Jahr gehört haben soll. Hier hat ihn niemand vermutet und niemand gesucht.

Dass hier direkt am Strand nicht noch mehr von diesen tristen, anonymen Wohnklötzen stehen oder gar ein hundert Meter hoher Wolkenkratzer mit sagenhaften fünfundzwanzig Stockwerken, wie es bereits beschlossene Sache war, das haben nicht die Sylter, das hat allein die Schleswig-Holsteinische Landesregierung verhindert. Westerlands Stadtvertreter hatten sich längst einverstanden erklärt mit weiteren gigantischen Bauprojekten, der Errichtung von »Atlantis«, einer Art New York am schönsten Strand von Deutschland. Doch Ministerpräsident Gerhard Stoltenberg machte kurzen Prozess und verweigerte seine Zustimmung. Mehr noch, das CDU-geführte Innenministerium entzog der Stadt Westerland sogar ganz und gar »die Befugnis zur Erteilung von Baugenehmigungen« und strafte die Provinzpolitiker ein für alle Mal ab.

Doch für das Neue Kurzentrum kam die Entscheidung zu spät, das wird man nun auch nicht mehr abreißen, es wird auf ewig hässlich das Gesicht Westerlands prägen. In überregionalen Zeitungen wird es nur »das Grauen« genannt (FAZ) oder »die groteske Bausünde« (Hamburger Abendblatt). Selbst fünfzig Jahre nach Fertigstellung erleiden Erstbesucher der Insel immer noch einen Schock, wenn sie das Kurzentrum sehen. Mein Vater sagt, die Schönheit anderer deutscher Städte wurde im Krieg unwiederbringlich von Bomben zerstört, aber in Westerland haben wir das ganz allein hingekriegt – ohne Waffengewalt. Kurz nach dem Atlantis-Desaster ist er dann selbst 1. Stadtrat geworden. Vorsitzender der Sylter Unternehmer war er schon. Besonders schön hat er die Stadt dann aber auch nicht gemacht. Er ist einer der Väter der Fußgängerzone. Na ja.

Der monströse Apartmentsilo am Hauptstrand ist auf jeden Fall der perfekte Ort für die »Gemeinschaftsstunde« mit GerdvonGott. Anonym. Versteckte Eingänge. Anfahrt über die Tiefgarage. Meine Großmutter hat mich für dieses Treffen als Assistentin des Meisters angeheuert. Während GerdvonGott auf einem mit allerlei Fratzen verzierten hölzernen Thron sitzen wird, zusätzlich erhöht durch ein Podest, zu dem eine kleine Treppe hinaufführt, soll ich neben ihm am Boden kauern und huldvoll eine Messingschale halten, in die die Leute vorher ihre Fürbitten geworfen haben. Ungefähr zwanzig Patienten sind für diesen Nachmittag angemeldet. »Alle sind unheilbar krank«, sagt meine Oma, »GerdvonGott ist ihre letzte Hoffnung.«

Das Ganze läuft dann so ab: Meine Großmutter begrüßt die Kranken an der Wohnungstür und bittet sie, ihren Heilwunsch aufzuschreiben und den Zettel in die Messingschale zu werfen. Zu diesem Zweck stehe ich regungslos und lächelnd neben der Tür. Dann weist sie ihnen einen Platz zu. Es stehen Stühle bereit, die in drei Reihen im Halbkreis angeordnet sind. Bevor GerdvonGott erscheint, wird meine Großmutter die Beladenen einweisen. Sie müssen die richtige Sitzhaltung einnehmen, die Beine locker aufstellen, nicht überkreuzen, die Hände entspannt auf den Oberschenkeln platzieren, eher nahe der Leiste, nicht zu weit Richtung Knie. Die Handflächen müssen nach oben zeigen, sonst kann der Heilstrom nicht eindringen. Bevor GerdvonGott erscheint, müssen alle die Augen schließen und ganz fest an ihre Gesundheit denken und dazu brummende Geräusche machen. Die multiplikative Energie wird den Heilstrom dann verstärken.

In der ersten Reihe sitzt Hülya Yilmaz, die mit mir zusammen in die sechste Klasse geht. Sie ist schon ziemlich lange auf der Insel, und ich habe sie niemals ohne ihr Korsett gesehen. Sie ist entlang der Wirbelsäule vom Nacken bis zum Becken und vorne vor dem Brustkorb eingespannt in eine Art Stahlkäfig wie Frida Kahlo. Dieses Korsett hält sie aufrecht. Die Stahlbänder sind kaum verdeckt vom immer gleichen hellbeigen Rollkragenpullover, der so dünn ist, dass man die glänzenden Stangen durchscheinen sieht. Ihr Kinn liegt in einer Plastikschale, die mit dem Korsett vorne fest verschraubt ist, weshalb Hülya beim Sprechen Probleme hat, weil sie den Mund kaum aufmachen kann. Ich kenne sie nicht gut, ich habe nichts mit ihr zu tun. Sie ist komplett humorlos und eine echte Streberin. Ich glaube, sie sitzt nachmittags nur zu Hause und lernt, damit sie am nächsten Tag uns allen etwas vormachen kann.

Hülyas Vater ist ein bekannter Arzt in der Nordseeklinik, hoch angesehen. Über ihn gibt es leider nicht viel zu erzählen, außer dass er jede Woche zum Friseur geht. »Jeden Freitag! Stell dir das mal vor, Peida«, hat Harry Häßler gesagt, der Herrenfriseur, der im Salon Koch auch meinem Vater regelmäßig die Haare schneidet. »Jede Woche Messerschnitt. Und dann auch immer akkurat rasiert. Das ist seine Kultur.«

»Zigeuner?«, fragt mich meine Oma, als Hülya und ihr Vater außer Hörweite sind. »Türken«, sage ich. »Türken sind schwierig«, sagt Oma, »die haben einen ganz anderen Gott, die Mohammedaner.« Was sie meint, ist, das könnte mit der Heilung ein Problem werden. Dann ist da noch ein weiteres Kind, das ich kenne. Es ist der kleine Bruder meiner Freundin Petra und heißt Hauke, neun Jahre alt. Er spricht niemals mehr als ein einziges Wort. Er sagt entweder »voll« oder er sagt »null«. Mich hat schon immer fasziniert, dass man damit eigentlich gut durchkommt. Neulich wollte ich mit Petra zum Strand. »Wir können deinen Bruder nur mitnehmen, wenn er auch wirklich nicht nervt.«

»Null!«, hat Hauke gesagt.

»Du nimmst auf jeden Fall deine Schwimmflügel mit«, stellte Petra klar.

»Voll.«

Wegen seiner Einsilbigkeit hat Haukes Mutter ihn auch

schon zu Dr. Fenger geschleppt. »Einsilbigkeit ist kein Krankheitsbild«, meinte der Arzt.

»Kannst du mich gut verstehen, Hauke?«

»Voll.«

»Möchtest du dich nicht gern auch mal richtig unterhalten?«

»Null.«

»Gehst du gerne in die Schule?«

»Null.«

Und als er dann bei seiner Mutter nachfragte, ob Hauke in der Schule überhaupt mitkommt, antwortete sie: »Woher soll ich das wissen? Er redet ja nicht.«

Das war's dann bei Dr. Fenger.

Vielleicht wird es ja heute was mit GerdvonGott.

Während nun also alle Anwesenden immer lauter brummen und den Heilstrom erwarten, macht sich GerdvonGott bereit für seinen Auftritt und zieht noch mal seinen weißen Kaftan glatt. Er ist ein kleiner, gedrungener Mann, den die Sonne über die Jahre ziemlich verbrannt hat, sodass sein Gesicht und sein Hals aussehen wie eine alte Ledertasche. Seine Nase ist groß und fleischig und hat viele kleine Löcher, als wäre mein Vater mit seinem scharfen Schnittmusterrädchen mehrfach kreuz und quer darübergefahren. Am besten gefällt mir seine Frisur, die ihm als lockige Mähne im Nacken sitzt. Sie macht ihn flippig.

Oma behauptet, er habe dieselben Wunderheilerkräfte wie Bruno Gröning, mit dem GerdvonGott früher angeblich zusammengearbeitet hat und der Mitte der Fünfzigerjahre ein echter Superstar gewesen sein muss. Das war wohl die erste echte Massenhysterie nach dem Krieg. »Wo Ärzte versagten, da war Bruno Gröning«, behauptet meine Oma. »Er war wie Jesus. Er vollbrachte ein Wunder nach dem nächsten.« Und wie Jesus wurde er auch von der Polizei verfolgt. Er musste mehrfach vor Gericht, ihm wurde sogar offiziell »Heilverbot« erteilt. Wegen fahrlässiger Tötung einer Siebzehnjährigen bekam er acht Monate auf Bewährung.

Das hielt die Menschen aber nicht davon ab, Bruno Gröning weiterhin zu bestürmen. Mehr als dreißigtausend Leute standen jeden Tag vor seiner Tür, damit er ihnen durch seine Heilwellen helfen möge. Querschnittsgelähmte konnten wieder gehen, Blinde wieder sehen, mongoloide Kinder waren plötzlich normal, und die Gallensteine meiner Großmutter waren auch von jetzt auf gleich verschwunden. Selbst die Staatsanwälte, die ihn vor Gericht stellten, ließen ihm heimlich Briefe zukommen mit der Bitte um eine Audienz für erkrankte Angehörige.

Bei seinen Massenversammlungen verteilte er Kugeln aus Stanniolpapier, in denen entweder Haare von ihm drin waren, Blutstropfen oder auch Fußnägel. So eine original »Gröningkugel« ist heute ein Vermögen wert. Oma behauptet, wir würden eine solche Kugel heute zu Gesicht bekommen. GerdvonGott besitzt eine, hütet sie aber wie einen Schatz. Seine ganze Heilkraft bezieht er aus diesem Stanniolpapier. Seit Gröning tot ist, hilft die Folie, sein Werk fortzusetzen. Der Meister selbst starb völlig ausgebrannt in Paris im Jahr 1959. Und »ausgebrannt« ist hier wirklich wörtlich zu nehmen. Als die Ärzte ihn operieren wollten, stellten sie fest, dass seine inneren Organe verkohlt waren. Als hätte ein Feuer in ihm gewütet. Bruno Gröning war nicht mehr zu helfen. Er hatte sich im unermüdlichen Einsatz für die Erkrankten im wahrsten Sinne des Wortes aufgeraucht. Aber seine Seele heilt weiter. Jetzt aus der Ferne. Die Heilwellen werden durch seinen Stellvertreter auf Erden verstärkt und in die Kranken hineingesendet. Das alles erzählt mir meine Großmutter, die sich im Laufe der Jahre zur Gröning-Expertin hochgelesen hat, im Flüsterton bei einem Glas Sherry, während in ihrem Wohnzimmer viele Kerzen brennen und draußen der Wind ums Haus pfeift und an den Dachpfannen rüttelt. Viele Jahre später entfaltet dieser Gröning-Mythos immer noch seine Wirkung und wird in zahlreichen Texten und sogar Filmen aufgearbeitet, die sich als Dokumentationen ausgeben und von seinen Anhängern ins Netz gestellt werden. Nicht totzukriegen, dieser Gröning.

Deshalb warten wir in dieser Wohnung hoch oben über dem Meer nun ganz gespannt auf den Auftritt seines lebendigen Stellvertreters. Kurz bevor GerdvonGott endlich durch die Tür tritt, entsteht im Raum eine seltsame atmosphärische Dichte. Vielleicht liegt das auch an Oma, die als Letzte Platz genommen hat. Ganz rechts außen. Als Meditationsprofi kneift sie die Augen fest zusammen und brummt los, was das Zeug hält. Sofort sammeln sich auch alle anderen Anwesenden in absoluter Konzentration, und jetzt vibriert die Luft. Auf einmal ist es kein Spaß mehr. Ich möchte hier raus.

Aber da betritt GerdvonGott den Raum. Das Brummen wird lauter. Er schwebt auf mich zu in seinem fließenden Gewand. Er jagt mir Angst ein. Er fliegt geradezu die Stufen hinauf zu seinem Sessel, wo er sich mit elegantem Schwung niederlässt und mit dem Heilungsprozess beginnt.

»Den Körper hat man in die Erde gelegt. Aber er ist nicht tot«, sagt GerdvonGott mit leiser Stimme. Das Brummen verstummt. Alle schauen zu ihm auf.

»Bruno Gröning war ein Übermensch. Er war auf der Bahn Christi. So wie man Jesus gekreuzigt hat, so hat man auch ihn gekreuzigt.« Er macht eine Pause und schaut in die Runde. Von draußen hört man Möwenschreie und das rhythmische Aufschlagen der Brecher am Hauptstrand.

»Schenken Sie mir Ihr Leiden. Ich nehme es an. Machen Sie Ihren Körper frei! Ich sende die Heilwelle. Nehmen Sie sie auf. Und wenn sie so weit durch den Körper gefahren ist, lassen Sie mehrere Tage verstreichen. Horchen Sie in Ihren Körper hinein.«

Jetzt hebt er die Hände und wird eindringlich: »Lassen Sie die Körpersäfte fließen. Lassen Sie mich eintreten. Blockieren Sie nicht die Energie.« Dann schickt er einen feurigen Blick zu mir auf den Fußboden und ruft: »So rein wie diese Kinderseele, so unverbraucht wie dieser Leib, so unverdorben wird die Erneuerung alles und jeden erfassen. Nehmen Sie die jugendliche Kraft dieses gesunden Kindes in sich auf.« Mir stockt der Atem. Ich kann deutlich fühlen, wie die Leute mich geradezu aussaugen. Doch es kommt noch schlimmer.

GerdvonGott nimmt ein großes Messer aus einer Falte seines Gewands und schlitzt sich mit scharfer Klinge plötzlich den Unterarm auf. Ich bin starr vor Schreck. Die Leute schreien und schlagen sich vor Entsetzen die Hände vors Gesicht. »Kein Blut«, schreit GerdvonGott und reckt seinen Arm in die Höhe. »Ich öffne euren Körper. Ich werde euch heilen. Und es fließt kein Blut!«

Tatsächlich sieht man ganz deutlich den langen Schnitt an der Innenseite seines Unterarms. Und da ist kein Tropfen Blut. Es ist wirklich nicht zu fassen.

GerdvonGott erhebt sich, sein Kopf berührt fast die Zimmerdecke, alle sind unter Schock.

Und jetzt erzählt er die Geschichte, wie Gott früher versucht hat, ausgerechnet hier auf Sylt das »wahrhaft Göttliche« vor den Menschen zu verstecken, weil er ihnen nicht zugetraut hat, damit sorgsam und verantwortungsvoll umzugehen. Zuerst hat Gott geplant, es ganz tief unten auf dem Meeresboden zu verstecken. Aber da ist Neptun, der Herr der Meere, aus den Fluten aufgestiegen und hat zu Gott gesagt: »Hier ist es nicht sicher genug.« Danach hat Gott versucht, das wahrhaft Göttliche tief in den Dünen zu vergraben. Da war dann plötzlich der Herr der Winde, Odin, zur Stelle. Er warnte, dass der Sturm die Dünen abtragen und das wahrhaft Göttliche freilegen könnte.

Daraufhin hatte Gott eine noch bessere Idee. Er versteckte das Göttliche in den Menschen selbst. Denn er wusste, dort würden sie es nicht suchen. Und da liegt es nun. Gut verborgen in uns selbst. Aber GerdvonGott weiß, wo es zu finden ist, und kann uns helfen, es freizulegen, und jeder Mensch ist dadurch in der Lage, sich selbst zu heilen.

Dann macht er mir ein Zeichen, dass ich ihm die Messingschale reichen soll. Was ich dann auch etwas zögerlich mache. Zettel für Zettel arbeitet er ab. Er sagt, er wird dafür sorgen, dass mit ein paar »Weckrufen« das wahrhaft Göttliche in jedem Kranken sein Werk verrichten wird. Dann ruft er auf: »Schlaganfall: Kristalle auflegen. Blasenschwäche: jeden Tag im Meer baden. Ständig Kopfschmerzen: musizieren. Sohn hat sich losgesagt: Kristalle auf ein Bild legen. Phantomschmerzen wegen fehlenden Beins: übrig gebliebenen Fuß in Eiswasser stellen. Kehlkopfkrebs: frisst sich selbst auf. Kind spricht nicht: Meerwasser trinken. Tumor in der Niere: unblutige Fernoperation erfolgt in der Nacht. Offene Beine: bei offenem Fenster schlafen. Asthma: den Wind umarmen. Verkrüppelte Wirbelsäule: unblutige Fernoperation erfolgt in der Nacht.«

Was die Fernoperation betrifft, so erklärt GerdvonGott mit donnernder Stimme, steht Bruno Gröning im Jenseits mit weltweit anerkannten Kapazitäten wie Professor Sauerbruch in Kontakt, die für ihn die notwendigen Operationen durchführen, wenn der Kranke schläft und nicht bei Bewusstsein ist. Man müsse anschließend allerdings drei Tage das Bett hüten.

Zum Schluss der Gemeinschaftsstunde lässt GerdvonGott dann die Stanniolkugel kreisen, die Bruno Grönings getrocknetes Blut enthält. Sie ist in etwa so groß ist wie ein Ei. Man soll sie dort platzieren, wo man die Ursache des Leidens vermutet. Sie wandert durch die Reihen, und die Leute sind sehr ehrfürchtig, wenn sie sie in die Hand nehmen. Meine Großmutter ist etwas unschlüssig, welches Leiden sie ansprechen soll, und presst die Kugel schließlich an ihr Herz. Was Herr Rauter damit macht, kann ich nicht erkennen, er sitzt zu weit hinten. Ich frage mich, ob er derjenige war, der das mit den Phantomschmerzen aufgeschrieben hat. Denn eigentlich hatten wir ihn doch mitgenommen, damit er von seiner Einsamkeit geheilt wird.

Zum Ausklang hält GerdvonGott noch einen kurzen Abschlussvortrag über die Heilkraft der Nordsee. »Lasst die Säfte fließen«, fordert er seine Anhänger auf, womit er meint, dass man lediglich mit einem grobmaschigen Wollpullover bekleidet, also untenrum frei, möglichst viele Spaziergänge am Flutsaum machen soll. »Kein Gummiband darf die Energiebahnen des Körpers blockieren, kein Büstenhalter den Fluss unterbrechen. Atmet das Salz des Meeres, fühlt Gott in der Naturgewalt. Und schweiget still über unsere Gemeinschaftsstunde. Damit die Heilung wirken kann.«

Lautlos löst sich die Runde auf, und ich frage mich, ob Haukes Mutter tatsächlich ihrem Sohn ab heute Meerwasser zu trinken gibt. Da muss ich Petra fragen.

Meine Oma schickt mich mit einem knappen »Tschüss« nach Hause und verschwindet mit Herrn Rauter im Aufzug. Damit GerdvonGott nicht vielleicht doch noch auf die Idee kommt, mich anzusprechen, gehe ich um die Ecke und nehme den langen Weg über die Treppe. Es ist schon ganz schön spät, als ich unten ankomme. Sofort werde ich vom heftigen Wind im Erdgeschoss des Kurzentrums fast umgerissen und dann durch die Ladenpassage wie durch einen Windkanal gepeitscht, dass mir die Hosenbeine flattern. Wenn draußen gerade mal drei Windstärken blasen, dann wütet in der Ladenpassage ein veritabler Sturm. An den Kamineffekt hatten die Baulöwen aus Stuttgart ganz offenbar nicht gedacht, als sie diese schnurgerade innen liegende Ladenzeile planten, wo man niemals wirklich schlendern kann. Ich fliege geradezu an Beate Uhses Sexshop vorbei, wo die Verkäuferin in diesem Moment eine riesengroße Felldecke auf dem Boden des Geschäfts ausbreitet und sie mit einem Plakataufsteller dekoriert: »Es müssen sich die Frauen legen/ schon um ihrer schönen Leiber wegen/Doch vor dem Griff an ihre Bluse/greif erst mal zu Beate Uhse.«

Mit einem kräftigen Schubser befördert mich eine heftige Windbö schließlich hinaus auf die Straße, und ich laufe durch die Innenstadt zu meinen Eltern ins Geschäft. Was dann in der Nacht passiert, gehört zu den gruseligsten Dingen, an die ich mich überhaupt erinnern kann. Mitten in der Nacht läuft plötzlich mit fettem Strahl Wasser aus der Dusche in unserem Kinderbad. Es läuft und läuft und lässt sich nicht abstellen. Der Hahn ist zugedreht. Und trotzdem sprudelt das Wasser. Ich denke sofort an Bruno Gröning und hoffe, dass er mich nicht gerade fernoperiert. Meine Eltern schlafen. Das Wasser läuft.

Die ganze Nacht bekomme ich kein Auge mehr zu, horche in mich hinein und versuche meine inneren Organe zu lokalisieren. Vor allem meine Galle. Ich bin mir sicher, dass sich in dieser Nacht tote Chirurgen an mir zu schaffen machen, und bin wie gerädert, als gegen Morgen endlich das

Wasserrauschen stoppt. Vielleicht muss ich ja auch sterben, weil ich jetzt keine drei Tage Bettruhe durchführen kann. Das würden mir meine Eltern niemals erlauben.

Ein paar Kilometer weiter steht meine Großmutter in einem zerstörten Badezimmer und blickt in ein großes dreckiges Abflussrohr. Herr Rauter war mitten in der Nacht aus seinem Bett aufgestanden, ins Bad gepoltert, hatte dort rumgeschrien und dadurch meine Großmutter geweckt, die allerdings benommen von den vielen Schlaftabletten, die sie ständig einnahm, nicht standsicher das Bett verlassen konnte und in Wirklichkeit auch dachte, sie würde einfach nur schlecht träumen, und deswegen liegen blieb. Herr Rauter tobte und schrie unterdessen weiter und riss dann offenbar mit unheimlichem Getöse die ganze Toilette aus der Verankerung. Es soll dort etwas Bedrohliches tief dringesessen haben, das ihn ständig provoziert hat. »Er sagt, dass da drin jemand gesungen hat ›Ich steh im Regen und warte auf dich‹. Das wollte er rausholen«, erzählt meine Oma am nächsten Tag meinen Eltern. Der arme Rauter.

Meinem Vater reißt endgültig der Geduldsfaden. Rauter muss weg. Es wird dann aber noch vier Monate dauern, bis es meinem Vater endlich gelingt, zusammen mit Dr. Fenger, Herrn Rauter bei meiner Oma aus dem Haus zu bekommen. Auf Sylt gibt es ja keine Irrenanstalt. Und dass er keine Angehörigen hat, muss man ja auch erst mal amtlich feststellen lassen. Ich weiß nicht, wo er hingekommen ist. Oma ist empört und erzählt auf der Insel herum, mein Vater habe den armen Herrn Rauter einfach »wegorganisiert«. Und das habe in Deutschland ja Tradition. Gleichzeitig hat sie aber über Frau Weber, die in der Maybachstraße 3 ganz allein den größten und besten Heizungs- und Sanitärbetrieb führt, eine neue Toilette bestellt, designt von Luigi Colani, deren Rechnung – auch für den Einbau – sie an meinen Vater hat schicken lassen. Meine Mitschülerin Hülya hat ihr Korsett übrigens nicht abgelegt. Und Hauke spricht nach dem Treffen mit GerdvonGott jetzt überhaupt nicht mehr. Ich habe ihn allerdings öfter in der Trinkkurhalle auf der Westerländer Promenade gesehen. Dort gibt es Meerwasser mit Orangengeschmack.

KAPITEL 8

DIE SACHE MIT DER LUCHSKATZE

Eigentlich müssten wir Kinder jetzt im Zeltlager in Malente sein, in der Ostholsteinischen Schweiz. Wenn es nach unseren Eltern ginge. Also wenn man sie fragen würde, wovon sie träumen. Dann wären wir Kinder lange schon weit weg. Alle zusammen. Das wäre praktisch. So wie im letzten Sommer. Da haben wir unseren Eltern den Gefallen getan und sie mit ihren Geschäften allein gelassen. Mein Vater hat eine Firma aus Hamburg gefunden, die Kinderverschickungen veranstaltet. Sie sammelt den Nachwuchs auf den Inseln Amrum, Föhr und Sylt am Anfang der Ferien ein und räumt sie für ein paar Wochen aus dem Weg. Das sind nützliche Leute. Sie verpflanzen die Kinder von einem Ferienort an einen anderen und reinigen den Erwachsenen dabei das Gewissen.

Aber das Lagerleben in Malente fanden wir einfach nur öde. In Malente war überhaupt nichts los. Eigentlich gab es dort nur diesen einen See. Und der war auch noch total schlammig und roch nach vermodertem Wald. Von tief unten im Wasser wuchsen piksende Schlingpflanzen in die Höhe, die sich einem beim Schwimmen um die Beine gewickelt haben. Davon bekam ich Albträume. In Süßwasser hatte ich zudem noch nie gebadet. Es gab nicht mal Wellen. Und keinen Strand.

In der Kantinenbaracke stand nur Margarine auf dem

Tisch und keine Butter. Die Marmelade kam in großen Schüsseln, durchsetzt mit Krümeln vom Vortag. Das Brot war grau und hart, und das Personal hat allen Ernstes von uns verlangt, in der Küche auch noch selbst das Geschirr abzuwaschen. Die hatten keine Spülmaschine. Die Betten waren auch nicht bezogen, als wir ankamen. Das muss man sich mal vorstellen. Das sollten wir auch selber machen! Es gab überhaupt gar keinen Service. Dabei waren doch jetzt wir mal die Gäste.

Und die angeblichen Betreuer haben sich auch nicht gekümmert und sich nur gegenseitig auf der Gitarre vorgespielt. Okay, wir haben dort auch eine Radtour unternommen, nach der meine Haut übelst verbrannt war und Blasen geworfen hat. Ich bekam Fieber und musste mich übergeben. Ich wollte nach Hause. Ich konnte den ewigen Hagebuttentee in Heiß und in Kalt nicht mehr sehen, geschweige denn trinken. Wir haben uns alle total gelangweilt. Und wenn Broder nicht ab und zu eine Flasche Persiko und genügend Zigaretten gekauft hätte, wäre dort einfach gar nichts Interessantes passiert.

An der Rückwand zur Küche hing der einzige Münzfernsprecher im gesamten Zeltlager. Ein riesiger Kasten aus Metall, an dessen schwerem Hörer jeden Abend stundenlang schluchzende Kinder hingen, die ihre Eltern anbettelten, sie sofort aus diesem Lager zu befreien. Man musste lange für ein Telefonat anstehen und weinte die ganze Zeit vor sich hin, bis man endlich an der Reihe war und seine Markstücke in den Telefonkasten einwerfen konnte, wo die Münzen dann aufgereiht hinter Glas zu sehen waren. Es hat ewig gedauert, die lange Nummer über die Wählscheibe einzugeben, und wenn am anderen Ende schließlich jemand abnahm, fiel das erste Geldstück mit einem lauten Klack in den innen liegenden Sammelbehälter, und man hatte nur ganz kurz Zeit, um den Eltern richtig die Hölle heißzumachen. Münzen waren Mangelware und wurden dafür extra gehortet.

Ich habe auch ein paarmal zu Hause angerufen, um meine Eltern vollzuheulen. Aber entweder hatte ich nur unser Hausmädchen Renate am Telefon, die mich einfach nicht verstand, egal wie laut ich in den Hörer brüllte, oder – wenn ich die Nummer vom Geschäft gewählt hatte – meine abgehetzte Mutter, die immer nur sagte: »Es passt gerade nicht. Ich habe Kunden im Laden. Also wirklich. Jetzt nicht!« Das ließ mich verzweifeln. Denn Rückrufe waren nicht möglich. Irgendwann fügte ich mich in mein Schicksal und gewöhnte mich an die Eintönigkeit aus Dreimeterbrett und dem »The Answer my Friend is Blowing in the Wind«-Geleiere mit Gitarrenbegleitung.

Alle unsere Betreuer waren junge Männer um die zwanzig und kamen aus Kiel, aber es war auch ein älterer aus Niebüll dabei, der Chefbetreuer, der eine Halbglatze hatte und ein Bein nachzog, weil er vor ein paar Jahren auf einer anderen Jugendreise eine Skiunfall hatte. Nach nur einer Woche wohnte er mit einem Mädchen aus unserer Gruppe in seinem Chefzelt zusammen. Sie war allerdings nicht elf oder zwölf wie wir, sie war eigentlich erwachsen. Vielleicht fünfzehn. Sie hatte lange rote Haare, trug immer diese schwarze Jeansjacke, aus deren Brusttasche der Stiel einer Haarbürste ragte, und kam von Amrum. Ich glaube, sie fand es toll, dass der Chefbetreuer sie toll fand. Sie musste nicht mit uns rumhängen und sich anöden.

In Malente gab es nur ein einziges wirklich beflügelndes Erlebnis. Der Besuch in einer Dorfgaststätte weit weg in einem abgelegenen Nest. Da fuhren unsere Betreuer im

VW-Bus hin, und ein paar von uns durften mit. Es ging ganz schön lange, bis in die Nacht hinein, und am Ende waren die drei Erwachsenen derartig betrunken, dass die Rückfahrt auszufallen drohte. Sie konnten gerade noch so den Bus besteigen, lagen kreuz und quer hinten drin. Dann habe ich mich kurzerhand einfach selbst ans Steuer gesetzt und bin die ganze Strecke mit dem VW-Bus zurückgefahren. Bestimmt eine halbe Stunde. Fantastisch war das. Aber leider nur ein einziges Mal. Zu Hause haben wir davon nichts erzählt.

Es gab allerdings auch keine Gelegenheit.

Malente war für uns erledigt. Noch mal würden wir uns nicht breitschlagen lassen, für die Sommerferien die Insel zu verlassen. Da haben wir lieber mit unseren Eltern den alten Vertrag »mitschwimmen, ohne abzutreiben« noch mal neu abgeschlossen. Wir durften in den Sommerferien auf Sylt bleiben, wenn wir keinen Ärger machten. Leider konnten wir diesen Vertrag in dieser Saison nicht ganz einhalten.

Beim Fußballspielen in unserem Garten flog der Ball über den Jägerzaun, und mein Kumpel Dirk Volquardsen ist bei dem Versuch, auf das Nachbargrundstück zu gelangen, blöd abgerutscht. Er war eigentlich mit dem rechten Bein schon drüber, dann verlor er das Gleichgewicht, kippte nach vorne und wurde am Oberschenkel aufgespießt. Sein rechtes Bein hing in der Luft, das linke hing im Zaun. Er schrie entsetzlich und versuchte panisch, sich zu befreien, aber dabei bohrte sich der Zaunpfahl immer nur tiefer in sein Fleisch. Es war aussichtslos, und es blutete wie Sau.

Ich war voll im Schock und rannte ins Haus, um Renate zu finden. Gemeinsam haben wir es dann tatsächlich geschafft, Dirk aus dem Zaun zu hieven und ihn ins Wohnzimmer aufs Sofa zu schleppen. Ich zitterte am ganzen Leib.

Dann hat Dirk auch noch das Bewusstsein verloren. Meine Mutter war – vorsichtig ausgedrückt – stinkwütend. Weil sie extra aus dem Geschäft kommen musste, um Dirk in die Nordseeklinik zu fahren. Ihr Zorn war aber auch deswegen so groß, weil sie wusste, dass Tante Gitta nicht begeistert sein würde, dass sie sich jetzt mitten in der Saison auch noch um ein schwer verletztes Kind kümmern musste.

Das tut nicht nur mir, das tut auch Dirk entsetzlich leid. Das ist schlimmer als die Schmerzen. Wir fühlen uns schuldig. Das haben wir wirklich nicht gewollt. Aber selbst meine Tränen können meine Mutter nicht besänftigen. Sie ist tagelang sauer und findet, das hätte ich ihr nicht antun dürfen. Vor allem: nicht jetzt!

Sie muss ein Luchskatzen-Sortiment zusammenstellen. Für Kaiserin Soraya. Die Märchenprinzessin möchte sich bei uns etwas aussuchen. Das erfordert höchste Konzentration. Ein Bevollmächtigter ist im Geschäft erschienen und hat das Kommen der Prinzessin angekündigt und auch ein paar Verfügungen zwecks Anrede und Ablauf bei meiner Mutter erlassen. Man möge Soraya bitte mit Kaiserliche Hoheit ansprechen und während des Besuchs vollkommene Exklusivität garantieren, damit sie sich ganz ungestört bewegen könne.

»Bei allem Verständnis«, hat meine Mutter da geantwortet, »wir fühlen uns sehr geehrt, dass die Kaiserliche Hoheit bei uns vorbeischauen will. Aber den Laden abschließen, das geht zu weit.« Soraya gut und schön. Doch wir sind mitten in der Hochsaison. »Bist du noch ganz bei Trost?«, entrüstet sich meine Großmutter. »S O R A Y A. Hörst du. Soraya!« Womit doch wohl alles gesagt ist.

Natürlich kennt auch meine Mutter die ganzen Geschichten aus 1001 Nacht. Wer hätte damals nicht an Sorayas Stelle sein wollen, als sie 1951 vom persischen Kaiser auserwählt wurde, seine Frau zu werden? Die Geschichten über die junge Debütantin, die in Berlin aufgewachsen war und dann im fernen Orient auf den Pfauenthron gehoben wurde, hatten alle verschlungen. Exotischer ging es nun wirklich nicht. Wenn es jemals eines Beweises bedurfte, dass Märchen wahr werden können, hier war er. Das war einmalig.

Die Soraya-Hysterie startete mit einer prunkvollen Hochzeit, von der jedes Detail ausführlichst nach Europa gemeldet wurde. Das Brautkleid schneiderte Christian Dior, dekorierte es mit zwanzigtausend Marabufedern und sechstausend Diamanten und Perlen, sodass es am Ende so schwer war, dass Soraya kaum einen Schritt vorankam. Es wog zwanzig Kilo. Ihre Schleppe musste dann kurzfristig noch gekürzt werden, sie war ursprünglich achtzehn Meter lang. Die konnte nicht mal die sportliche Soraya hinter sich herziehen.

Der Bräutigam war in Liebe heiß entbrannt und erschien zur Hochzeit in eleganter Paradeuniform. Ein schönes Paar aus dem Morgenland. Das war eine großartige Geschichte für alle Geschundenen, die hierzulande gerade erst die Ruinen des Zweiten Weltkriegs weggeräumt hatten. Soraya galt als die schönste Frau ihrer Zeit, es gab eine regelrechte Masseneuphorie um diese Frau mit den »smaragdgrünen, traurigen Augen« und ihren »glutäugigen« Mann, der auch noch so schöne Haare hatte, wie ihn die Illustrierte Quick damals beschrieb.

Als sie mit dem Schah nach Deutschland kam, wurde Soraya mit der achten, der höchsten Stufe des Bundesverdienstkreuzes ausgezeichnet, der »Sonderstufe des Großkreuzes«. Im Spiegel war man überzeugt: »Dem helfenden Auslande Dank und Anerkennung abzustatten … mußte das Anliegen des ganzen deutschen Volkes sein.« In erster Linie half Soraya für mindestens eine Dekade als das Topthema den meisten Illustrierten. Manche Redaktionen hatten eigens einen Sorayabeauftragten eingestellt.

Und es kam noch viel verrückter. Denn Soraya konnte keine Kinder bekommen. Und damit war sie auf einmal wertlos. Der Schah bot ihr zwar großzügig an, sie könne seine Hauptfrau und dazu auch noch Kaiserin bleiben. Mit einer Nebenfrau wollte er dann die für den Staat notwendigen Nachkommen zeugen. Soraya lehnte dankend ab und ließ sich scheiden. »Schön blöd«, sagt Inga Graalfs, die Besitzerin von Inga-Moden nebenan. »Was hat sie jetzt davon? Das ist doch nicht sexy.« Das Wort »sexy« spricht sie mit weichem »s« aus.

»Sexy« mit weichem »s« ist für Frau Inga eine Frage des stilvollen Überlebens einer jeden Frau. Wer ohne Mann ist, gilt bei ihr als verdorbene Ware, als eine, die sich noch so anstrengen kann, »es bleibt immer ein Makel«.

Sie selbst ist dieser Einstellung treu geblieben. Ihren eigenen Mann hat sie behalten, obwohl der, wie mein Vater sagt, »nach dem Krieg nicht wieder geworden ist«.

Mein Vater hält große Stücke auf Frau Inga, die angeblich »mit weniger als nichts« auf Sylt angefangen hat, als die Friedrichstraße noch eine Wüste war. Sie und mein Großvater haben sich damals als Geschäftspartner aus der Not heraus nach dem Krieg einen Laden geteilt. Als es einigermaßen lief, zog sie in ihr eigenes Geschäft nach nebenan und hat ganz allein ihren Aufstieg organisiert. Und nebenbei noch zwei Söhne großgezogen. In Neumünster hat sie zum Beispiel eine Strickfabrik gegründet und dort hochwertige Pullover und Kleider nach ihren Vorstellungen für das Sylter Publikum anfertigen lassen. Mit einem guten Gespür für Verkaufbarkeit wurden die Modelle nach ihren Entwürfen ein Verkaufsschlager.

Mein Vater hält sie für eine der cleversten Geschäftsfrauen der Insel, die knallhart ihren eigenen Weg geht und manchmal auch recht ruppig unterwegs ist. Sie zieht ihre V-Pullis oft verkehrt herum an, um dann mit freiem Rücken zu zeigen, was eine Frau in ihrem Alter noch anzubieten hat. Sie nennt das »sexy« mit weichem »s«. Wenn man bedenkt, dass sie ungefähr so alt ist wie meine Oma, dann weiß ich nicht, was ich für ein Gesicht dazu machen soll.

Sie ist klein, zierlich und sehnig, hat pechschwarze Haare und trägt ihren Kajalstift kleopatramäßig rund um die Augen ziemlich dick auf. Die anderen Sylter Geschäftsfrauen hält sie auf Abstand, das mag aber auch eine Generationsfrage sein. Für ihr Alter sieht sie erstaunlich jung aus, was bei den Sylterinnen für reichlich Gesprächsstoff sorgt. Eigentlich wüssten viele gern, wie sie es schafft.

Man erzählt sich, dass sie unheimlich viel hat machen lassen. Von erstaunlich gelungenen Schönheitsoperationen ist die Rede. »Man sieht keine Narben«, sagt anerkennend Frau Hass, ihre Verkäuferin. Und die muss es wissen. Sie ist ja fast jeden Tag mit Frau Inga auf engstem Raum zusammen. Eigentlich wüssten viele Sylterinnen gern, in welcher Klinik oder bei welchem Spezialisten Inga Graalfs ihre Jugendlichkeit konservieren lässt. Sie sieht überhaupt nicht operiert aus, obwohl sie es ist. Aber niemand traut sich zu fragen, denn das würde Frau Inga als Unverschämtheit empfinden. Sie macht ihr Ding allein. Sorgt auch ab und zu in Westerland für Furore. Ihre Verkäuferinnen stehen dann »oben ohne« im Laden, tragen Kleider mit großem Rückenausschnitt verkehrt herum und zeigen einfach alles. Sehr zum Vergnügen der Urlauber, die sich dann vor ihrem Schaufenster drängen. Bei Frau Inga ist schon immer hinten vorne. Auch ihr Privathaus steht in Kampen in der schönen

Kurhausstraße etwas zurückgesetzt mit Blick aufs Meer. Sie vermietet auch.

Ganz ohne Hilfe würde aber selbst Frau Graalfs ihre Verpflichtungen aus Geschäft, Vermietung und Kindererziehung nicht bewältigen. Eine ihrer treuesten Verkäuferinnen ist die Schwester von James Last, dem berühmten Bandleader und Erfinder des »Happy Sound«, der schon als Kind seine Sommerferien auf Sylter Campingplätzen verbracht und dort enorm viel gefeiert hat. Sylt hat ihm einiges zu verdanken, nicht zuletzt die inoffizielle Sylt-Hymne »Biscaya«. Und natürlich seine vielen »Beachparty«-Platten, die überall rauf und runter gespielt werden. Auch bei Frau Graalfs im Geschäft. »Sie macht aus allem Geld«, sagt meine Mutter. Aber für einen Pelz aus unserer Fertigung hat sie keinen Pfennig übrig. Sie besorgt sich ihre Pelze über Messen und den Großhandel. In den ganzen Jahren hat sie nicht ein einziges Mal bei uns gekauft.

Dabei ist es ein ungeschriebenes Gesetz, dass Sylter bei Syltern kaufen und nicht auf dem Festland. Eine gut funktionierende Binnenökonomie ist dabei nicht so sehr eine Frage der Umsatzsteigerung, sondern mehr ein Ausweis von Respekt und Achtung den Sylter Freunden und Unternehmern gegenüber, die sich alle krummlegen und dafür Anerkennung verdienen von denen, die wissen, wie hart hier gearbeitet wird. »Das Geld muss auf der Insel bleiben« heißt deshalb die inoffizielle Absprache. Und man hält sich dran.

Frau Inga macht das auch, aber sie investiert in Immobilien und Bauland. Sogar ein mehrstöckiges Apartmenthaus in allerbester Lage hat sie hochgezogen. Es ist leider überhaupt nicht schön, aber es steht in unmittelbarer Nachbarschaft vom Hotel Miramar im oberen Teil der Friedrichstraße. Und genau dort wird sie ihre Boutique neu eröffnen. Größer und moderner. Man bewundert sie allgemein für ihre Unerschrockenheit. Gleichzeitig wagt man nicht, sie anzusprechen. Obwohl ich nebenan von ihrem Geschäft aufgewachsen bin und wir uns fast täglich begegnet sind, hat sie mich über all die Jahre vollkommen ignoriert und nicht einmal gegrüßt, als ich schon erwachsen war. Sie wirkte selbst dann ungerührt, teilnahmslos und in keinster Weise erschüttert, als ihre Schwiegertochter ermordet aufgefunden wurde. Die Leiche lag enthauptet in einem Wassergraben in Mecklenburg-Vorpommern. Das Verbrechen wurde niemals aufgeklärt. Und der Kopf bleibt verschwunden. Wer Frau Graalfs danach begegnete, nahm keine Veränderung wahr. Sie wurde sehr alt, fünfundneunzig Jahre. Und lebte immer nach ihrer eigenen Agenda mit einem seismografischen Gespür für ein gutes Geschäft.

Als sich Soraya in unserem Geschäft ankündigt, bleibt das Frau Graalfs natürlich nicht verborgen. Sie nimmt Witterung auf, spricht meine Mutter an und erinnert zielbewusst an die gemeinsamen Zeiten mit meinem Großvater. Sie könnte doch eine Auswahl an Seidenblusen, Twinsets und Sommerkleidern vorbeibringen. Ein Pelz wirke doch viel besser »im Complet«. Ich glaube, dass es ihr nur darum geht, ein einziges Mal mit Soraya zusammenzutreffen, diesem Wesen aus einer anderen Welt. Wenn auch einer Ex-Kaiserin. Auch meine Oma lässt sich keinesfalls abwimmeln (»Ich bin schließlich eure Mutter!«).

Und so kommt es, dass der Laden ziemlich vollsteht, als Soraya mit ihrem Gefolge anrauscht. Meine Eltern, meine Oma – natürlich frisch vom Friseur und mit halterlosen Strümpfen –, Frau Inga im schwarzen Hosenanzug – die Haare noch mal kräftig nachgedunkelt –, und unser Kürschnermeister Herr Becker im weißen Kittel, der extra noch in aller Eile einen Kurzmantel aus sibirischen Luchsen angefertigt hat. Wegen der Größe war er sich allerdings unsicher. Von den Fotos her schätzt er Soraya auf eine 40–42. Aber so was kann immer täuschen.

Leider muss ich vor der Tür bleiben. Ich passe nicht dazu, aber als stille Reserve darf ich durchs Schaufenster sehen und beobachte meine Mutter, ob sie möglicherweise eine ihrer versteckten Gesten durchs Glas schickt. Könnte ja sein, dass sie etwas braucht. Ein paar Leute aus Kampen sind auch hier, die betont unauffällig herumstehen. Da Soraya in Kampen logiert, wird sich wohl herumgesprochen haben, dass sie heute der Friedrichstraße einen Besuch abstattet.

Als ein dunkler Wagen vorfährt, kommt Bewegung in die Menge. Ein Mann im Trenchcoat springt aus dem Auto und öffnet den Wagenschlag. Zwei Damen in kniehohen Wildlederstiefeln, kurzen Röcken und dicken Sonnenbrillen schwingen sich von der Rückbank auf die Straße und verschwinden in unserem Geschäft. Sie tragen ganz offensichtlich Perücken, was auch vollkommen normal ist. Meine Mutter würde auch niemals ohne ihren tonnenförmigen Perückenkoffer verreisen. Ich weiß nicht, warum ich dachte, eine von den Frauen müsste auf jeden Fall noch eine Krone auf dem Kopf haben. Das ist natürlich Quatsch.

Ich sehe, wie die Damen sich auf meinen Vater zubewegen und wie er die Hand ausstreckt und dann bei der offiziellen Begrüßung eine sehr tiefe Verbeugung macht. Ob das jetzt mit dem Protokollchef verabredet war oder nicht, alle stehen auf einmal aufgereiht wie bei Hofe, und beide Frauen schreiten diese seltsame Formation ab und reichen jedem die Hand. Meine Großmutter versucht sich an einem Knicks – aus Platzmangel fällt der eher sparsam aus. Kürschnermeister

Becker ist sichtlich nervös und massiert das Nadelkissen, das er in der Hand hält.

Es wird Mokka gereicht. Meine Mutter platziert einen Teller mit Friesenkeksen aus dem Café Mateika auf den Abstelltisch. Dann hilft mein Vater einer der Frauen in einen Mantel. Man plaudert. Dann noch ein Mantel. Dann der Kurzmantel. Dann wieder der erste Mantel. Ist das Soraya? Die raucht ja unheimlich viel. Oder ist es die andere? Besonders glamourös sieht keine von denen aus. Wenn sie die »schönste Frau ihrer Zeit« war, ist das ja auch schon ganz schön lange her. Mehr passiert eigentlich nicht. Der Laden ist offiziell geöffnet. Niemand geht hinein. Es wirkt wie eine geschlossene Gesellschaft. Mit dem Unterschied, dass man wie im Kino von außen aus die Szenerie betrachten kann und geblendet ist von so viel Weiß. Der Laden strahlt.

Das liegt an den vielen Luchsmänteln, die mein Vater heute zur Auswahl ins Geschäft gebracht hat. Mindestens acht. Von bodenlang bis ultrakurz. Alle sind von weißer, klarer Farbe mit dunklen Tupfen und dazu ausgesprochen exklusive Ware, weil man bei diesen Großkatzenfellen – ganz unklassisch – nur die Bauchseiten verarbeitet. Es ist die helle Wamme, die zählt. Sie ist deutlich schmaler als ein Rückenfell und erzielt extreme Preise. Luchspelze sind federleicht und haben einen fluffigen Look. Auf einem einzigen Quadratzentimeter Fell stehen ungefähr viertausendsechshundert einzelne, feinste Härchen. Nichts ist weicher und kuscheliger als der Bauch einer Luchskatze. Und das ist keine Übertreibung.

In einem Luchs stellt man sich nicht zur Schau wie in einem Zobel oder in einem Nerz. In einem Luchs feiert man sich selbst. Wer Geld hat und das Leben genießt, wer der Außenwelt nicht zeigen muss, was man sich leisten kann, trägt Luchs. Nur die Eingeweihten wissen, dass man für ein

Modell in besonderer Qualität zwischen dreißigtausend und vierzigtausend Mark auf den Tisch legen muss. Ziemlich viel für einen Pelz, der auf jeden Fall eher zu Jeans passt und weniger zum Abendkleid und der von Frauen getragen wird, die keine Männer brauchen, um etwas darzustellen. Mit solch einem Pelz panzert man sich nicht. Der lässt alles durch. Junge Frauen tragen Luchs. Vorausgesetzt, sie können sich so was leisten.

Ex-Kaiserin Soraya braucht ungefähr anderthalb Stunden, um den richtigen für sich auszusuchen. Währenddessen raucht sie mindestens zwanzig Zigaretten und isst dazu noch alle Kekse auf. Nach der Entscheidung scherzt man noch ein wenig herum, sie spricht ja vier Sprachen fließend, während Herr Becker den wunderbar weichen Pelz betont liebevoll in Seidenpapier einschlägt und ihn sorgfältig in den Karton hineinfaltet. Den Transport übernimmt Sorayas Begleiter, der gut frisierte Herr mit den teuren Schuhen. Als die Kaiserin endlich wieder abgefahren ist, sinkt meine Oma in den Sessel, fächelt sich Luft zu und sagt: »Dass ich das noch erleben durfte. Warum haben wir kein Foto gemacht?«

»Schon eine Erfahrung«, sagt mein Vater. »Wirklich eine Frau von Format.« Die geschäftlichen Modalitäten werden am Wochenende geklärt. Dafür kommt der gepflegte Herr Leisetreter noch einmal vorbei. Über den Preis wurde überhaupt nicht gesprochen. »Spielt für sie offenbar auch keine Rolle«, sagt mein Vater und füllt die entsprechende Arbeitskarte aus.

Frau Graalfs konnte heute leider kein Twinset loswerden. Aber für sie hat es sich trotzdem gelohnt. »Ich wollte wenigstens mal die traurigen Augen sehen.« Nur meiner Mutter hat dieses ganze Getue nicht wirklich gepasst. »Die kocht doch auch nur mit Wasser. Aber immerhin hat sie gekauft.« Und für uns war es natürlich Werbung, denn Soraya zog mit unserem Mantel durch die Bars von Kampen, von Gogärtchen bis Pony. Überall hat man sie gesehen. Und die frohe Kunde ihres Besuchs auf der Insel verbreitete sich sogar bis nach Hörnum und List und von dort aus noch viel weiter bis nach Marbella und St. Tropez. Dass Soraya bei uns eingekauft hat, gab unserem Geschäft einen weiteren Push. Keine Frage.

Denn Kampen ist Kampen. Wer sich dort ansiedelt oder regelmäßig Urlaub macht, setzt normalerweise keinen Fuß nach Westerland. Es sei denn, man will einen Pelz kaufen. Aber wir Westerländer fremdeln umgekehrt genauso mit diesen Kampener Klunkerleuten, von denen wir uns herabgewürdigt fühlen. Die Kampener Society ist in den anderen Inseldörfern nicht sonderlich beliebt wegen ihrer unverhohlenen Protzerei.

Pfuschi und Nann haben sich deshalb mit diesen Leuten einen schönen Spaß erlaubt. Von der neuen Eisenbahnbrücke in Tinnum aus kippten sie in jedes teure, offene Cabrio, das auf dem Autozug unter ihnen Richtung Westerland durchfuhr, einen Schwung Ölfarbe. »Aus Protest«, wie sie sich rühmten. Meine Güte. Da war vielleicht was los! Sie dachten, sie werden gefeiert, dabei hing in allen Familien sofort der Haussegen schief. Auch ich wurde inquisitorisch von meinen Eltern befragt: »Warst du dabei? Sag die Wahrheit! Warst du dabei? Lüg uns nicht an! Warst du dabei? Sag uns, wer dabei war.«

Aber ich habe nichts verraten. Niemand hat irgendwen verraten. Wir hatten alle plötzlich richtig Angst. Tief erschrocken begriffen wir, mit welcher Gnadenlosigkeit nach den Verursachern gefahndet wurde. Überall. Das hat uns stumm gemacht. Das war ernst.

Die Eltern gegen sich aufzubringen zieht eine Kette von Konflikten nach sich. Selbst wenn es nicht mit Absicht passiert. Alles spricht sich rum. Man gilt dann einfach nicht mehr als zuverlässig, wird im schlimmsten Fall zum öffentlich angeprangerten Problemkind. Und davon haben wir auf Sylt schon mehr als genug, »das grenzt schon an Meuterei«, sagt mein Vater. Das schadet dem Ruf der Insel.

Erst heute Morgen hat er einen Artikel aus der Sylter Rundschau vorgelesen, in dem ein Jugendstrafrichter aus Niebüll dem Sylter Nachwuchs ein schlechtes Zeugnis ausstellt. Schlagzeile: »Jugendkriminalität ist auf Sylt größer als anderswo«. Die häufigsten Straftatbestände betreffen den Straßenverkehr und Eigentumsdelikte. Der Grund für die besorgniserregende Kriminalstatistik: »Jugendliche auf Sylt sind sich während der Saison weitgehend selbst überlassen.« Darüber kann mein Vater sich nur wundern. »Ihr habt doch viel mehr, als ihr braucht.«

Und ich wundere mich auch. Hier gibt's doch gar keine Polizei. Wie kommen diese Zahlen zustande? Und was ist mit Eigentumsdelikten gemeint? Dass manche Kinder die Kaschmirpullover ihrer Eltern heimlich auf dem Schützenplatz-Flohmarkt verkaufen? Das ist doch eher ein Jux. Ich habe noch von niemandem gehört, der deswegen von seinen Eltern angezeigt wurde.

Vielleicht ist bei diesen Vergehen aber auch das beliebte Strandkorb-Abbrennen gemeint, was manchmal spätabends geschieht, wenn die Luft kalt und feucht wird und wir am Strand kein Feuerholz haben. Ist ein paarmal vorgekommen. Erwischt wurden wir nie. In Bezug auf Eigentumsdelikte konnte allerdings Andreas Schunk einiges nachgewiesen werden. Mit ihm habe ich meine Grundschulzeit in der Nikolaischule verbracht. Der hat aber keine Strandkörbe, sondern komplette Reetdachhäuser angezündet und damit fremdes Eigentum zerstört. Überwiegend von Nichtsyltern. Ein echter »Feuerteufel«, der die gesamte Insel in Angst und Schrecken versetzt hat. Denn was man auf Sylt beinahe noch mehr fürchtet als die große Flut, ist das große Feuer. Weil es so tückisch ist.

Wenn Reetdächer Feuer fangen, fällt das am Anfang gar nicht auf. Ein Strohdach qualmt leise vor sich hin. Das kann ganz schön lange gehen, bis das Dach dann durch die Tausenden kleinen Röhrchen des Schilfs, aus denen es zusammengesetzt ist, buchstäblich ganz tief Luft holt und mit einem lauten Knall auf einmal lichterloh in Flammen steht. Dann ist nichts mehr zu retten. Das dicht gepackte Reet erfüllt selbst dann noch seinen eigentlichen Zweck, wenn es in voller Ausdehnung brennt. Es schirmt darunter liegende Schichten wirksam gegen Wasser oder andere Löschmittel ab. Das aufgebrachte Löschwasser läuft zum größten Teil ohne Wirkung am Dach herunter. In den moderneren Konstruktionen sind die Reetbündel mit Stahldrähten am Dachstuhl verschraubt. Dann ist einfach nichts mehr zu machen. Früher wurden die Dächer mit Sisal »genäht«. Wenn die dann durchbrannten, konnten ganze Dachpartien abrutschen und auf die Feuerwehr fallen. Aber immerhin war dann nicht das gesamte Haus zerstört.

Ein Strohdach wärmt im Winter und hält das Haus im Sommer kühl. Sturm und Regen können ihm nichts anhaben. Und wenn es sauber gemacht ist, hält es fünfzig Jahre. Unter Reet schläft es sich so lange besonders gut, bis man Angst haben muss, dass jemand absichtlich Feuer legt. Und was das Problemkind Andreas Schunk angeht, der stand irgendwie unter Zwang. Mit Frau de Groot in Keitum fing er an. Sie ist schon ziemlich alt und wohnt ganz allein in einem

Reetdachhaus am Rande des Orts mit Blick auf die Wiesen. Während sie schlief, hat Andreas Spiritus unter der Haustür in die Diele laufen lassen und den Stoff dann angezündet. Dabei geriet glücklicherweise nur Frau Niemanns Fußmatte in Brand. Weil der Flur gefliest war. Aber in anderen Häusern fingen Gardinen und Möbel Feuer, auch mal die Eingangstür, und dann stand schnell alles in Flammen.

Beim Löschen war Andreas dann immer vorne mit dabei – als Mitglied der Jugendfeuerwehr. Soweit ich weiß, wurde in dieser Brandserie niemand ernsthaft verletzt. Wie man am Ende auf Andreas Schunk als Brandstifter kam, kann ich nicht sagen. Er soll danach auf dem Festland in Behandlung gekommen sein. Das hat zumindest Butt Steinkrauß meinem Vater beim Ringreiten erzählt. Dass ein Sylter Kind planmäßig Reetdachhäuser in Brand steckt, wurde nicht weiter hinterfragt. Feuerleger hat es auf der Insel immer gegeben. Und meistens hat man sie irgendwann geschnappt.

Niemals allerdings wird man aufklären, wer das größte, teuerste und imposanteste Reetdachhaus der ganzen Insel angezündet hat, die »Springer-Burg« in Kampen. Hoch auf der Düne steht sie, am Ortsausgang nach List, direkt am Wattenmeer. Dreizehn Gästezimmer, sechshundert Quadratmeter Wohnfläche, zwanzigtausend Quadratmeter Grundstück. Definitiv eins der markantesten und gewaltigsten Bauwerke der Insel. Sie gehört dem Verleger Axel Springer, der von hier aus in die politische Weltlage eingreift, indem er – unbeobachtet von der Öffentlichkeit – Politiker, Bänker, Großindustrielle und wichtige Kulturschaffende einlädt, um ihnen seinen Stempel aufzudrücken. Seit Jahren kauft er sich schon in die Insel ein. Wohnungen, Häuser, Grundstücke, von denen er sogar einige an enge Mitarbeiter verschenkt. Aus Dank oder Kalkül bleibt offen. Die Öffentlichkeit bekommt davon nicht viel mit. Warum auch? Es ist ja nicht verboten, sein Geld hier anzulegen. Wie der Hamburger Journalist Michael Jürgs schreibt, gilt das auch für seine Wohnungen in List im »Haus Wattenblick«. Dort wird nach der Jahrtausendwende sogar Bundeskanzlerin Merkel unbemerkt von der Öffentlichkeit mehrfach Urlaub machen. Das Haus bietet einen grandiosen Blick über die stille Seite des Meeres und ihre Dünenlandschaft.

Es ist ein Sonntag im August 1973, als die Springer-Burg in Kampen in Flammen aufgeht. Die Feuersbrunst ist sogar von Keitum aus gut zu sehen. Und selbst wer keinen Blick übers Wattenmeer auf die Brandstelle hat, wird vom Getöse aus dem Schlaf gerissen. Um acht Uhr morgens heulen inselweit alle Sirenen. Das kommt sonst nur bei schweren Sturmfluten und Deichbrüchen vor. Ich bin noch im Bett. Und erlebe einen Panikanfall meiner Mutter als Reflex aus Kindertagen. Sie erwartet einen Luftangriff. Wir hören die Feuerwehr. Aus jedem Dorf rücken die Löschwagen aus und rasen nach Kampen. Gleichzeitig verbreitet sich die Nachricht wie ein Lauffeuer über die Insel, dass die Springer-Burg brennt. Das Reetdach steht schon in Flammen, als die ersten Feuerwehrwagen eintreffen. Ein paar Mutige retten noch wertvolles Mobiliar und antiquarische Bücher aus dem brennenden Haus. Unzählige Schaulustige erschweren den Einsatz.

Und sie bekommen tatsächlich einiges geboten, denn – wie man sich hinterher auf der Insel überall erzählt – vor dem Hauseingang der brennenden Villa sollen sich dramatische Szenen abgespielt haben. Der Schwager von Inge Petersen ist als Feuerwehrmann bei dem Einsatz dabei und erzählt anschließend, dass ihm eine junge, fast nackte Frau in Todesangst direkt in die Arme gestürzt sei. Er hat ihr sofort eine Wolldecke übergeworfen. Gleich dahinter soll Willy Brandts

Ex-»Superminister« Karl Schiller barfuß und im Pyjama aus dem Haus gekommen sein. Statt auf die Feuerwehr zuzulaufen, biegt der Politiker allerdings verwirrt und desorientiert Richtung Wattenmeer ab. Schnell wird er eingefangen und zusammen mit der jungen Frau in ein Auto gesetzt, das sie ins Hotel Rungholt bringt, wo sich beide bald von ihrem Schock erholen und schon am nächsten Tag überstürzt abreisen.

Dass Schiller da gewesen ist, gerät selbst auf der Insel sofort in Vergessenheit. Wer die Nackte war, bleibt ungeklärt, und niemand interessiert sich wirklich dafür, denn viel existenzieller ist nach diesem Großbrand die Frage: Waren es Terroristen der RAF, die das Gästehaus von Axel Springer angezündet haben? Radikalisierte Studenten? Revolutionäre Zellen? Kommt jetzt die RAF nach Sylt? Sicher ist, dass jemand ganz bewusst Feuer gelegt hat, die Polizei spricht von einem »Anschlag«, denn Spezialisten finden zwei Brandsätze. Auf was müssen wir uns jetzt einstellen? Es wird ein bisschen ungemütlich auf Sylt.

Jeden Abend können wir im Fernsehen miterleben, wie draußen auf dem Festland in den großen Städten gewalttätige Straßenschlachten toben. So was hat man seit dem Krieg nicht mehr gesehen. Nachrichten aus einer anderen Welt, die mit unserer überhaupt nichts zu tun hat. Radikalisierte Studenten sind auf den Barrikaden und zünden Lieferwagen des Springer-Verlags an, werfen Molotowcocktails, um die Auslieferung der BILD-Zeitung zu verhindern. In den Zeitungsausgaben des Verlags werden die tobenden Massen als »Linksfaschisten« und »langbehaarte Affen« bezeichnet. Alles ist aus den Fugen. Wir sehen Straßenblockaden, Fackelzüge, Verbrennung von Springer-Zeitungen, prügelnde Polizisten, brennende Autos, rote Revolutionsfahnen, Wasserwerfer, blutbeschmierte Demonstranten, einen Toten, Psychodramen jeder Art. Axel Springer, seine BILD-Zeitung, der ganze Verlag steht im Zentrum gewalttätiger Exzesse.

Am Bahnhof in Westerland und sogar in Morsum und Keitum hängen Plakate mit den Schwarz-Weiß-Fotos der »Baader-Meinhof-Bande«, die dort als »anarchistische Gewalttäter« angeprangert werden. Manche Gesichter sind schon mit dickem Filzstift ausgeixt, denn Andreas Baader, Ulrike Meinhof, Gudrun Ensslin und Holger Meins sitzen seit Monaten im Gefängnis. Nachdem die Springer-Burg in Brand gesteckt wurde, lässt sich keine Spur irgendwohin zurückverfolgen. Auch nicht in die Anarchistenszene oder zur RAF. Auch wenn es naheliegend ist. Denn wenn man Westdeutschland den Krieg erklärt, um mit Waffengewalt eine globale kommunistische Gesellschaft durchzusetzen, ist Sylt das perfekte Ziel. Alles, was Rang und Namen hat und diese Staatsordnung repräsentiert, hat man hier auf einem Haufen. Nackt und schutzlos. Und mit einem Glas in der Hand.

Wenn Pfuschis Mutter die RAF-Fahndungsplakate sieht, weigert sie sich standhaft zu glauben, dass Ulrike Meinhof eine Terroristin sein soll. »Die war doch so sympathisch. Kam immer mit ihren Kindern. Und ihr Mann sah so gut aus. Ganz nette Leute.« Auf die Familie lässt sie nichts kommen. Zwei Töchter, die Mutter berühmt für ihre Kolumnen in der linken Zeitschrift konkret. »Die hat auch Brigitte gelesen. Wie alle. Habe ich selbst gesehen.«

Ulrike Meinhof war sehr oft im Sommer auf Sylt. Gewohnt hat die Familie in Kampen. Wenn man Pfuschis Mutter glauben darf, muss sich hier niemand Sorgen machen. »Mag sein, dass sie irgendwas in die Luft sprengt. Man kann ja nicht in die Leute reingucken. Aber bestimmt nicht Sylt. Dafür war sie zu glücklich hier.«

Während es also in Berlin und München brennt, sind wir auf Sylt tatsächlich ziemlich glücklich. Ganz weit ab vom Schuss. Man braucht drei Stunden mit der Bahn, bis Deutschland in Hamburg wirklich anfängt. Mit den Umwälzungen, die dieses Land und seine Gesellschaft gerade tief greifend verändern, haben wir nichts zu tun. Wir gehören gar nicht dazu. Wir sind kein Teil von Deutschland. Wir sind lediglich das Gästehaus für alle – mit eigener Hausordnung, die den Urlaubern fast alles erlaubt. Wir sind ein einziges großes in sich abgeschlossenes Feriendorf, in dem man es überall krachen lassen kann.

Affären und Ehebruch sind akzeptierter Inselsport und regen niemanden auf. Untreue ist für Sylt ausgesprochen profitabel. Die Insel hat alles im Sortiment, was es für eine bedarfsgerechte Eroberung braucht. Das Angebot reicht vom funkelnden Diamantring bis zum glutroten Sonnenuntergang. Niemals Alltag, immer Überfluss. Und vor allem die große Romantik. Auf Sylt kann man der Angebeteten im wahrsten Sinne des Wortes die Welt zu Füßen legen, auch wenn die meisten Herzensbrecher dann doch ein bisschen mehr verheiratet sind, als sie angegeben haben. Man hat trotzdem eine schöne Zeit zusammen. Das gilt so natürlich überhaupt nicht für die Insulaner, wo jede Affäre sofort auffliegt. Man kann nichts geheim halten. Dafür ist Sylt zu klein. Trennungen sind gesellschaftlich geächtet. Die Währung heißt Zusammenhalt. Alles andere ist schlecht fürs Geschäft. Wer das infrage stellt, steigt im Ansehen ab.

Für unseren Pelzhandel ist der klassische Ehebruch jedoch ein Segen. Es gibt kein besseres Geschenk, wenn es darum geht, eine Ehe wieder in Ordnung zu bringen. Pelze sorgen für klare Verhältnisse. Pelze sind für die, die schon oben sind und die Absicht haben, dort zu bleiben. Damit werden Fakten geschaffen. Diamanten sind nur ein Versprechen.

Kein Wunder, dass sich vor Weihnachten auch deswegen bei uns im Geschäft die vollen Geschenkekartons bis an die Decke stapeln. Manche Männer ordern telefonisch und überlassen es meinen Eltern, das Passende auszusuchen. Die werfen dann einen Blick in die Kundendatei, damit sich im Kleiderschrank später nichts doppelt. Buchstäblich bis zur letzten Minute verkauft meine Mutter an Heiligabend das gesamte Luxussegment direkt vom Bügel in die Tüten. Mit allen Kunden wird dann noch mal angestoßen und tausendmal »Frohe Weihnachten« gesagt. Immer sind meine Eltern hinterher fix und fertig und kommen sehr spät nach Hause, wo doch am Heiligen Abend wenigstens einmal auch die eigene Familie dran sein sollte.

Im letzten Jahr war es zeitlich so knapp, dass sich meine gestresste Mutter bei dem Versuch, die Kartoffelschalen noch in den Abfall zu pressen, die Nase gebrochen hat. Der Mülleimer, modern als Klappversion in der Schranktür, krachte aus der Verankerung, und in der Folge schlug meine Mutter mit dem Gesicht auf der Kante der Arbeitsplatte auf. Sauberer Bruch. Nordseeklinik. Man muss ihr aber wirklich hoch anrechnen, dass sie es immer schafft, trotz aller Widrigkeiten ein großartiges Festessen auf den Tisch zu stellen.

Meistens gibt es fangfrischen Fisch, selbst gekochten Steinbutt, serviert auf weißblauem Kopenhagener Porzellan. Selbst mit gebrochener Nase und extremer Verspätung ist irgendwann dann Weihnachten und immer alles so, wie es auch sein soll. Wir singen gemeinsam am Tannenbaum, meine Schwester spielt etwas auf der Blockflöte vor, ich rezitiere ein kurzes Gedicht, und meine Oma schläft im Sessel. Manchmal ruft dann tatsächlich noch eine Kundin an, um spät am Abend »Frohes Fest« zu wünschen. Gehört alles dazu. Genau wie die immer gleichen zwei Weihnachtsschallplatten, die im Wechsel aufgelegt werden. Bert Kaempfert »Christmas Wonderland« und Freddy Quinn »Weihnachten auf hoher See«.

Am ersten Feiertag bleibt das Geschäft ausnahmsweise geschlossen, und meine Eltern liegen im Bett, aber bereits am zweiten Weihnachtstag stehen sie wieder im Laden, und alles geht von vorne los. Dann staut es sich nämlich schon morgens an der Autoverladung in Niebüll, und der reguläre Fahrplan für den Autozug ist außer Kraft gesetzt, denn jetzt werden die Waggons einfach nur vollgemacht und auf die Insel geschickt, um dem Ansturm wirksam zu begegnen. In den Geschäften herrscht auf einmal wieder Hochbetrieb, die Gäste sind in Kauflaune.

Und wenn es schön kalt ist, der Wind ordentlich bläst, sodass die Leute sandgestrahlt mit roten Gesichtern vom Strand zurück in die Stadt kommen, wenn es nicht regnet und man auch schon den ersten Irish Coffee intus hat, staut sich die Kundschaft folgerichtig in unserem Pelzgeschäft, sodass selbst Oma gebraucht wird, um die Leute bei Laune zu halten, solange mein Vater und meine Mutter noch mit verschiedenen anderen Kundenpaaren ausgelastet sind. Zwischendrin wird immer wieder der Ruf nach Glühwein laut. Dann gehe ich rüber ins Café Orth und hole für die Leute Tabletts voller Punsch und »Tote Tante«, den nordfriesischen Lumumba.

Meine Mutter hat längst von Besinnlichkeit auf Silvester-Stimmung umgeschaltet. Fürs Geschäft habe ich eine neue Kassette aufgenommen. »Wann wird's mal wieder richtig Sommer« von Rudi Carrell ist jetzt im Winter ein echter Kracher, auch weil da jeder gut mitsingen kann. Lady Bump.

Moviestar. Rock Your Baby. Der Jahreswechsel kann kommen. Die nächste Saison darf gerne noch besser werden als die letzte. Wir sind gerüstet.

Ein klein bisschen Wasser mischt sich dann doch noch in den Glühwein. Denn bis jetzt hatten meine Eltern noch irgendwie gehofft, dass Ex-Kaiserin Soraya ihren schönen Luchsmantel irgendwann bezahlt oder wenigstens zu uns zurückbringt. Aber sie kam nicht mehr, denn sie war nicht echt. Eine Trickbetrügerin.

Wir waren nicht die Einzigen. Kampen hat es noch härter getroffen. Natürlich sind wir gut versichert. Der Schaden ist auch eher innerlich.

EPILOG

DIE SACHE MIT DEM NUTRIA

Als endlich die Tonne fällt und krachend ins Biikefeuer stürzt, die Umherstehenden erleichtert aufschreien und ein erheblicher Funkenregen auf uns niedergeht, ruft eine Frau mittleren Alters in glänzend goldener Daunenjacke ihrer Begleiterin zu: »Hier ist wirklich ein Stück weit die Zeit stehengeblieben.« Und beide strahlen sich mit rot glühenden Gesichtern glücklich an, umarmen sich und schwelgen in Erinnerungen.

Im Blick zurück entstehen die Dinge. Und man kann Sylt sicherlich kein schöneres Kompliment machen, als darauf zu verweisen, dass es noch so ist wie früher: kalt und windig, regnerisch, matschig. Brutal irgendwie. Und doch gemütlich. Die Wolken jagen über den Himmel. Das Meer als lauernder Riese in der Ferne, und das Feuer brennt genauso erschütternd dramatisch wie vor hundert Jahren. Aber es fehlen die Pelzmäntel.

Stattdessen stehe ich in einem Meer von Funktionsjacken in allen Farben des Regenbogens, gedaunt, atmungsaktiv und wasserdicht mit Kapuze, an deren Rand eine fusselige Plastikgirlande hängt, die so tut, als wäre sie ein Stück Wolfsfell. Zweckmäßiges Design mit »Kängurutasche« und Kabelausgang für die Kopfhörer, »orientiert an den rauen Bedingungen der Arktis«. Echter Pelz wird, wenn überhaupt, nur noch verschämt im Innern als Futter getragen. Für manche die pure

Nostalgie. Für andere nachhaltige Verwertung. Wohin auch mit dem schönen Pelz, der nahezu in jedem Kleiderschrank unserer Mütter seit vielen Jahren schon auf ein klein bisschen Tageslicht wartet?

Es kommt alles wieder, sagt man in der Modebranche. Und wenn ich die Freunde von Merle sehe, Pfuschis Tochter, alle um die zwanzig, dann kann ich das nur bestätigen und mich gleichzeitig in Grund und Boden schämen, weil mir das alles so bekannt vorkommt: Fruit-of-the-Loom-Sweatshirts in ausgeleierter Übergröße, Lothar-Matthäus-Trainingsanzüge in Lila-Oliv aus Fallschirmseide. Karottenhosen. Benetton-T-Shirts mit Schulterpolstern. Entenschuhe ohne Strümpfe. Ich will einfach nicht glauben, dass ich das auch mal getragen habe. Die Fotos möchte ich am liebsten löschen. Aber sie sind auf Papier und schon allein deswegen ein Zeitdokument.

Wenn dann tatsächlich alles irgendwie wiederkommt, was ist mit den Pelzen? Das wollen von mir immer häufiger Freundinnen wissen, die in den Schränken ihrer Elternhäuser auf diese brisanten Hinterlassenschaften stoßen. Ich gelte als die »Frau vom Fach«, obwohl ich niemals ein Kürschnermesser in der Hand hatte und unser Betrieb vor fünfzehn Jahren dichtgemacht hat. Auch Anja interessiert, ob Pelz noch eine Zukunft hat. Und ich sage dann einfach mal: »Ja. Mal abwarten. Immerhin haben sie eine perfekte CO_2-Bilanz.«

Seitdem ich bei Netflix »Dogs of Berlin« gesehen habe, wo »Haftbefehl«, der fiese Skandalrapper, in einem verqualmten Tonstudio eine eisgraue, nagelneue Breitschwanzpersianerjacke getragen hat, die ihm wirklich außerordentlich gut stand, denke ich: Mit dem Pelz ist es noch nicht vorbei. Er taugt noch für Tabubruch und Rebellion. Wer die Gesellschaft und meine Generation mal richtig schocken will, müsste sonst lange suchen, um noch etwas zu finden, was echte Empörung auslöst. In meiner Generation haben wir doch alles schon durch. Drogen, schlampige Klamotten, verfilzte Haare, Tätowierungen, Piercings, Konsumverweigerung, Hausbesetzung, Die Grünen, Die Linken, schlechte Manieren und No Future. Bei Pelzmänteln aber rasten wir kollektiv aus. Ein No-Go. Und sitzen gleichzeitig in SUVs und buchen Kreuzfahrten auf der AIDA.

Ist der Pelz ein Erbstück, sind die meisten hin- und hergerissen. Ein mit Emotionen aufgeladener Teil der Kindheit. Vielleicht können wir uns deswegen auch so schlecht davon trennen. Unsere Mütter haben sich darin selbstbewusster, schöner und überlegener gefühlt. Stark und unverwundbar. Dass dafür Tiere sterben mussten, drang gar nicht so in das Bewusstsein. Die Zeiten haben sich geändert. Tiere sind jetzt unsere Freunde. Sie müssen beschützt werden. Wir sehen sie mit eigener Seele, mit Schmerzempfinden und Leidensfähigkeit. Wir begegnen ihnen mit Respekt. Wir gestehen ihnen denselben Anspruch auf Unversehrtheit zu wie uns selbst. Wir haben mit ihnen die Rollen getauscht. Das neue Raubtier ist der Mensch, der nun seine Schuld der früheren Ahnungslosigkeit und Unbekümmertheit abtragen muss. Uns vereint ein ausgeprägter Hang zur »Cancel-Kultur«. Über Pelze darf man nicht mal mehr sprechen. Sie sind einfach ausgelöscht. Jetzt ist es der Reiz des Verbotenen, im Secondhandshop in das Fell eines Ladenhüters zu greifen. Füchse und Biber werden zwar heute immer noch bejagt, wenn die Population zu groß wird, aber jetzt gräbt man ein Loch, wirft sie rein und macht Erde drüber.

Als Anjas Mutter starb und sie das Haus ausräumen musste, wühlte sie sich tagelang durch den Nachlass, sichtete Fotos, las Briefe, suchte nach Unterlagen, nahm jedes einzelne Buch in die Hand. Sie sortierte Silberbesteck, Berge von Tischdecken und Bettwäsche, Porzellan und die vielen Sammlerstücke, zum Beispiel die Weihnachtsteller von Royal Copenhagen und die Hummel-Figuren, die heute leider kaum noch etwas wert sind. Sie wunderte sich vor allem darüber, dass ihre Mutter nicht nur Anjas Schulzeugnisse aus der Nordkampschule, sondern auch die plump zusammengebackenen Aschenbecher aus Ton aus dem Werkunterricht mit unserer Kunstlehrerin Frau Reiche aufgehoben hatte. Es kam Anja vor, als löschte sie Stück für Stück mit jedem Teil, das sie aussortierte und in den vor dem Haus aufgestellten Container warf, die Lebensleistung ihrer Mutter aus. Und damit auch ihre eigene Vergangenheit.

In einer Schublade fand sie dann auch noch alle Taschentücher ihres bereits vor längerer Zeit verstorbenen Vaters penibel gebügelt und mit Monogramm. Und dann im Kleiderschrank, sorgfältig eingeschlagen in eine Hülle samt Reißverschluss, der unvermeidliche Nerzmantel mit dem voluminösen Fuchskragen. Natürlich hat sie ihn anprobiert – wie das wohl alle tun – und beschloss anschließend – wie das wohl alle tun –, diesen nicht wegzuwerfen. Er war schließlich mal teuer. Aber es gab noch einen anderen Grund. Auf aparte Weise war in diesen Mantel der Zauber vergangener Zeiten eingearbeitet. Das »Schick-Anziehen«, das heute weitgehend von den Straßen verschwunden ist. Also was macht man am Ende damit? Verkaufen? Dazu kann sie sich nicht entschließen. Mehr als ein paar Hundert Euro wird nicht bezahlt, obwohl er viel mehr gekostet hat.

Da kommt dann mein Vater ins Spiel. Der prüft, ob sich die Qualität noch für eine Umarbeitung lohnt, etwa als Pelzinnenfutter für einen Outdooranorak. Für solche Fälle hat er immer noch Verbindungen zu alten Kollegen, die wiederum noch Verbindungen zu alten Pelznäherinnen haben, die wiederum noch Verbindungen zu den alten Maschinen haben, die irgendwo in alten Werkstätten herumstehen. Natürlich gibt es auch heute noch vereinzelt Kürschner, die ihren Beruf aktiv ausüben. Gerade habe ich von einem in Thüringen gelesen, der sich in der Produktion umgestellt und den neuen Marktbedingungen angepasst hat. Er macht jetzt »Schlupfsäcke« und Auflagen aus Lammfell für Rollstühle und Pflegebetten, »damit sich die Leute nicht wund liegen«. Ein Bestseller. Die deutsche Pelzbranche in der Form, wie man sie kannte, verstarb übrigens ziemlich zeitgleich mit meiner Großmutter. Im Nachhinein würde ich sagen, das war ganz gut. Sie hat nie verstanden, warum die Pelze auf einmal verteufelt wurden. Das hat sie deprimiert. Meine Oma war damals neben ihrer Colani-Toilette ausgerutscht und kam per Rettungswagen mit einem Oberschenkelhalsbruch ins Krankenhaus. Der klassische Anfang vom Ende. Meine Eltern fanden das nicht so dramatisch und sahen in dem Unfall keinen Anlass, ihre lang geplante Urlaubsreise zu verschieben. Und ich dachte, das schaffe ich schon mit dem Besuchen und so weiter. Am Ende starb meine Oma an einer Blutvergiftung. Sie hatte sich wund gelegen und einen offenen Rücken, wo man schon die Knochen sah. Vielleicht hätte ich ihr so ein Lammfell unterschieben müssen. Gefragt hat sie allerdings nicht danach. Ich schwöre, ich habe nicht bemerkt, dass ihr Zustand so schlecht war.

Sie bat mich, in ihrem Haus nach der Dokumentenmappe zu suchen. Sie gab mir ihren Haustürschlüssel. Ich sollte auch ihren Schmuck mitbringen und das Geld aus der Schublade unter der alten Nähmaschine. Ich dachte noch: Wozu braucht sie ihren Schmuck im Krankenhaus? Ist da eine Feier? Typisch Oma. Egal, wo sie ist, immer muss sie überall dabei sein. Vielleicht hätte ich sie aber auch einfach einmal umdrehen sollen, um mir ihren Rücken anzusehen. Aber ich bin schlicht nicht auf die Idee gekommen, obwohl sie sehr über schlimme Schmerzen klagte. Meine Oma mochte nicht, wenn man sie anfasste. Sie hat immer gesagt: »Erst wenn das Licht aus ist.« Meine Eltern mögen auch nicht angefasst werden. Und ich kann es auch nicht leiden. Es gibt so Familien. Deshalb ist es gut, dass es Krankenhäuser gibt. Da sind Leute, die sich um die Sachen kümmern, die man selbst nicht hinbekommt.

Und dann war meine Großmutter tot. Sie starb genau einen Tag nach der Rückkehr meiner Eltern. Ich konnte nicht trauern. Ich habe mich die ganze Zeit schuldig gefühlt, dass ich nicht besser auf sie aufgepasst hatte. Mein Vater war entsprechend genervt: »Warum hast du uns nicht vorgewarnt?« Ich konnte es nicht fassen. Sie war wirklich tot.

Und sie wollte gar nicht sterben. Sie hatte mir sogar häufiger gesagt, sie könne gar nicht sterben. Als es so weit war, hatte sie Angst. Niemand von uns war bei ihr. Sie soll sich angeblich an der Nachtschwester festgekrallt und noch ein paarmal »Mutti« gerufen haben. Wie komisch. In meiner Vorstellung war sie immer stark und allein. In meiner Vorstellung wurde sie nicht von irgendjemandem geboren. In meiner Vorstellung hatte sie sich einfach selbst erschaffen.

In ihrem Testament stand nichts von den Angelique-Büchern und nichts von den Spieluhren oder dem Auto. Aber dort war zu lesen, dass sie in ihrem schweren, alten Nutriamantel beerdigt werden wollte. Diesen Mantel aus Biberfell hatte mein Großvater noch für sie gemacht. Im vorigen Jahrtausend. Dieser Nutria war ihr eigentlich viel zu klein, eine 38. Sie hat ihn Jahrzehnte nicht tragen können und, wie ich weiß, auch nicht tragen wollen. Alle Pelze, die meine Großmutter trug, hatte nicht ihr Mann, sondern ihr Sohn für sie gemacht. Doch meine Großmutter war im Krankenhaus dann doch ziemlich eingeschrumpft, so passte der alte Nutria auf einmal wieder wie angegossen, und sie kam darin unter die Erde. Heute finde ich sehr schade, dass ihr großer Zylinder aus Nerz irgendwann in den letzten Jahren verloren gegangen ist. Er war so typisch für sie.

Mit dem Andenken ist das so eine Sache. Wenn jemand einen alten Pelzmantel zu uns zur Begutachtung bringt, leuchten die Augen meines Vaters. Er lässt dann wieder und wieder die Hände übers Fell wandern, prüft die Nähte und inspiziert fachmännisch und geradezu verliebt die Ware. Meine Mutter, jetzt auch schon über achtzig, ist da eher abgeklärt. »Oh Gott«, ruft sie dann, »das Modell ›Karat‹. Unser größter Verkaufsschlager. Am Ende ist es das Einzige, was von uns übrig bleibt. Und die Ärmeleinsätze sind auch noch von Yves Saint Laurent geklaut. Der machte einfach perfekte Ärmelschnitte.«

Die vielen Pelze, die meine Eltern im Laufe ihres Lebens für jede einzelne ihrer persönlich bekannten Kundinnen angefertigt und verkauft haben, sind ihr einziges Vermächtnis. Sie werden meine Eltern noch lange überdauern. Die verwendete Qualität ist einfach zu gut. Im Gegensatz zu den Werken international bekannter Designer werden die Kreationen meiner Eltern jedoch in keinem Museum ausgestellt oder gar als Kulturgut behandelt. Die Kunst meiner Eltern hängt mit voller Absicht vergessen und versteckt als Zeugnis einer epochalen Verirrung in Kellern, auf Dachböden und in der hintersten Ecke von Kleiderschränken. Nicht gerade schmeichelhaft und auch nicht das, was man unter einem gelungenen Leben versteht. Aber wenn man meine Mutter danach fragt, sagt sie ohne jede Bitterkeit: »Wir hatten keine Wahl.« Einfach blöd gelaufen. Und jetzt ist es zu spät.

Mein Vater ist da nicht so fatalistisch. Er fühlt sich betrogen um sein Lebenswerk. Abgestürzt wie Ikarus. Darüber reden? Wozu denn? Haben wir doch nie getan. Und mit mir sowieso nicht. Kind bleibt Kind. In der Vorstellung meiner Eltern wurde ich sowieso mitsamt meinen Freunden als Teenager eingefroren. Eine Generation, der alles geschenkt wurde, die sich alles aussuchen konnte, nur konsumiert und nichts konserviert und jetzt auch noch leistungslos den Wohlstand der Eltern vererbt bekommt. In den Augen meiner Eltern sind meine Freunde und ich ständig nur mit uns selbst beschäftigt und vor allem unsicher in allen Entscheidungen. »Der Fuchskragen muss ab«, sagt meine Mutter zu Anja. »Oder willst du so eine alberne Kapuzengirlande, die dir die Leute beim Biikebrennen mit dem Feuerzeug abfackeln? Das hätte auch deine Mutter niemals gewollt.«

Wären wir nicht Kürschner, sondern Fischer gewesen, dürften wir wenigstens noch mit einer romantischen »Weißt du noch?«-Note punkten. Da hätten wir heute stimmungsvolle Fotos von uns in Ölzeug und Gummistiefeln. Obwohl wir kräftig mitgeholfen hätten, die Nordseekrabbe auszurotten und mit unseren Grundschleppnetzen den Meeresboden zu ruinieren. Fischer gelten noch als bodenständige, ehrliche Leute, die aus irgendeinem Grund nicht dafür verantwortlich gemacht werden, dass in der Nordsee außer Plastik nur noch wenig schwimmt.

Wenn ich meine Eltern heute so sehe, mit den Lesebrillen auf der Nase und dem Pelz in der Hand, gut beleuchtet von der Wohnzimmerlampe und vertieft in ihre Analyse, dann ist tatsächlich die Zeit stehengeblieben. Dann sind sie als Menschen wie damals. Konzentriert auf ihre Profession und durch nichts abgelenkt. Als Paar gefordert und im Austausch. So läuft es zwischen ihnen mittlerweile leider nur noch selten. Beide waren nicht darauf vorbereitet, dass mit dem Ende unseres Pelzgeschäfts auch das Ende ihrer gemeinsamen Interessen und Gesprächsinhalte besiegelt war. Bis heute haben sie keinen echten Ersatz gefunden, außer auf Reisen zu gehen.

Erschwerend kommt hinzu, dass es nicht gerade zu ihren Stärken zählt, in Würde bedeutungslos zu werden. Das haben sie mit den anderen Sylter Geschäftsleuten der Aufbruchgeneration gemein. Es deprimiert meinen Vater nachhaltig, wenn er an der Anmeldung beim Arzt von der Sprechstundenhilfe gefragt wird, ob er Tourist oder Einheimischer sei. Mensch! Was für eine Frage! Man kennt ihn doch hier. Zumindest früher. Okay, die Glanzzeiten liegen etwas zurück. Deshalb würde ich es mir tatsächlich manchmal wünschen, in die Vergangenheit wandern zu können, um alles noch einmal ganz anders zu genießen. Um die Insel noch einmal zu erleben, als die Sylter selbst noch die alleinigen Gastgeber waren und uns dieses Land bis auf wenige Ausnahmen selbst gehörte. Aber es ist nicht mehr 1975. Wir leben 2020. Unsere Heimat ist kein Ort. Unsere Heimat ist ein Gewühl.

Hätten wir nicht bereits vor Wochen reserviert, gäbe es nach dem Biikebrennen nirgends eine Chance auf einen Tisch im Restaurant. Unser Ziel ist heute die Alte Schule in Archsum, wo Holger Autzen einmal im Jahr das Sylter Traditionsessen zur Biike kocht und auftischt, wie es früher üblich war. Keinen angerösteten Thai-Curry-Grünkohl mit eingelegten Tofu-Würstchen in übersichtlichen Portionen als Tellergericht. Hier stehen große dampfende Schüsseln auf dem Tisch voll mit gezuckerten Bratkartoffeln, grober Kochwurst, gegrillter Schweinebacke, Kasseler und saftigem Grünkohl – und das in Mengen.

Es ist laut. Es ist heiß. Wir feiern mit fünfundzwanzig Leuten, mit allen Generationen, umkränzt von gut situierten, alternden Ehepaaren an Zweiertischen, die bei einem Glas Merlot oder Mineralwasser ganz offensichtlich den Abend in Ruhe ausklingen lassen wollten. Ihre missbilligenden Blicke ignorieren wir. Heute läuft es mal anders. Sogar mit Schwof und Disco. Resident DJ Pommi Petersen ist heute zwar nicht an den Plattentellern, sondern seine Vertretung, aber die Stimmung steigt trotzdem, vor allem durch den Smash-Hit »Dans op de Deel« von Carla Lodders. Sofort verlässt das kultivierte Publikum fluchtartig das Lokal. Die Alte Schule ist nicht bekannt für Remmidemmi. Die Gäste schätzen das gutbürgerliche Ambiente. Reelle Preise. Gedämpfte Atmosphäre.

In Archsum wohnt der Kenner. Es ist der Rückzugsort für diejenigen, die die dicke Hose in Kampen nicht schätzen. Die auch nicht gesehen werden müssen oder wollen. Archsum ist das in Friesenhäuser gegossene Understatement mit dem ganz großen Geld und dem ganz großen Wunsch nach Privatheit. Hierhin hat sich zum Beispiel Joachim Hunold, Mastermind von Air Berlin, zurückgezogen. Sein Landhaus wirkt überhaupt nicht protzig, was sich jedoch sofort ändert, sobald man es betreten hat. Der Mann hat vier Kinder. Und jedes hat einen großzügig geschnittenen ganz eigenen Bereich für sich. In Archsum entspannt auch Familie Jahr, die Verlegerdynastie aus Hamburg.

Für uns Sylter ist es ein Sport, die Häuser der Superreichen im Rohbau bis kurz vor der Schlüsselübergabe regelmäßig zu begehen und alle Details genau zu durchleuchten. Die Baustellen sind meistens ungesichert. Und man bekommt intime Einblicke. Leistet man sich einen Kachelofen von Mylin? Führt Gerrit Hahn die Tischlerarbeiten aus? Wie viele Einbauschränke gibt es? Werden voll ausgewachsene Bäume vom Festland angeliefert und im Garten eingesetzt, um vorzugaukeln, die waren schon immer hier? Wie groß sind die Badezimmer? An deren Größe und Anzahl lässt sich ablesen, in welcher Preiskategorie wir uns in diesem Haus bewegen. Es ist ja nicht so, dass auf Sylt an irgendetwas Mangel herrscht. Mit Ausnahme von Fläche und Raum. Davon gibt es inzwischen so wenig, dass alle Sylter Handwerker darauf spezialisiert sind, aus der allerkleinsten Dachkammer noch ein luxuriöses Schlafzimmer zu erschaffen.

Sich auszudehnen ist nicht so leicht auf einer Insel, die kaum noch neues Bauland ausweisen kann, ohne in die Naturschutzgebiete einzufallen. Deshalb baut man neuerdings in die Tiefe. Für zwanzig Millionen Euro wechselte unlängst in Kampen ein nicht besonders auffälliges Reetdachhaus den Besitzer. Weil der neue Eigentümer nicht in die Breite bauen durfte, ging er unter die Erde. Und zwar gleich drei Etagen tief. Das Haus blieb stehen. Kunstfertig abgestützt, damit es während der Bauarbeiten nicht zusammenfiel. Der Ausbau in den Sylter Untergrund kostete noch einmal zusätzlich acht Millionen Euro. Aber jetzt steht dort am Kampener Watt ein wahres Raumwunder. Darin ein großzügiges Spa mit verschiedenen Saunabereichen, ein ausladendes Schwimmbad, eine Tiefgarage und zusätzlich ein echter Panic Room als Schutz vor Überfall und Entführung. Das Haus gehört nicht Mark Zuckerberg. Aber so ähnlich. In Deutsch.

Eigentlich muss man staunen, dass wir Sylter immer noch da sind. Wenn man bedenkt, mit welcher Wucht und Macht die Investoren mittlerweile zu Werke gehen, um uns die Insel endgültig zu entreißen. Fährt man ganz in den Norden, nach List, wo nach mehreren Umbettungen bis vor Kurzem der Hund begraben war, traut man seinen Augen nicht. Auf einer jahrhundertealten Sanddüne mitten im Ort wird zurzeit ein Hotel der Superlative gebaut. Mit dem größten Reetdach der Welt. Für hundert Millionen Euro. Die Dimensionen sind so gigantisch, dass das Projekt internationale Strahlkraft entwickelt.

Es ist die teuerste Hotelanfertigung Deutschlands. Wobei die Beschreibung »Hotel« eigentlich nicht richtig passt. Es ist eher ein Krankenhaus. Oder eine Kurklinik. Oder ein Gesundheitsresort. Es gibt bislang keine griffige Bezeichnung für das, was dort entsteht. Was soll man sich unter einem »Medical Spa« vorstellen? Im Lanserhof werden Menschen einchecken, die gesundheitliche Probleme haben, aber nicht schwer krank sind. Kurz unterhalb der Arztgrenze.

Vielleicht kann man das am besten so erklären: Man genießt allerhöchsten Luxus bei gleichzeitiger medizinischer Betreuung. Man zahlt extreme Preise und bekommt kaum etwas zu essen. Das Haus bietet Kardiologie, Burn-out-Prävention, Bewegungstherapie, Entgiftung, Darmsanierung, Physiotherapie, und besonders Frauen werden sich gerne der »schamanischen Energiemedizin« hingeben. Oder auch den Ziegenbutter-Packungen.

Das Konzept vom Lanserhof wurde bereits in Österreich, am Tegernsee, in Hamburg und London getestet. Der Erfolg: Warteliste. Schon zur Eröffnungswoche am Tegernsee 2014 schwebten ausgebrannte russische Oligarchen mit dem Hubschrauber ein. Da können wir uns auf einiges gefasst machen.

Es heißt, die Zimmerpreise im Lanserhof auf Sylt werden fünfhundert Euro pro Nacht deutlich übersteigen. Suiten können bis zu zweitausend Euro kosten. Und die medizinische Behandlung ist noch nicht mal inklusive. Die kommt noch preislich obendrauf. Der Aufenthalt unter einer Woche ist außerdem nicht erwünscht. Drei Wochen Kur für fünfzigtausend Euro sind ein durchaus realistischer Preis. Leider zahlt das keine Kasse. Deshalb sind die meisten von uns hier schon mal raus.

Selbst für Sylt, wo sich unbestritten der bundesdeutsche Reichtum niedergelassen hat, wird der Lanserhof neue Maßstäbe setzen. Bislang kommen siebenundneunzig Prozent unserer Gäste und Intervall-Einwohner aus Deutschland. Das wird sich ändern. Die Sahnehaube der Geldelite ist international. Sie kommt aus England, Skandinavien, Übersee und den osteuropäischen Ländern. Neuerdings auch viele aus Australien oder China oder dem Nahen Osten. Die andere Hälfte der Gäste im Lanserhof stammt aus Deutschland, Österreich und der Schweiz. Wohin sie zur Kur fahren, ist allerdings ganz egal. Hauptsache, es gibt einen Flugplatz in unmittelbarer Nähe und die Aussicht ist schön. Sylt an sich haben die Leute gar nicht auf dem Zettel. Deshalb versprechen die großformatigen Werbeanzeigen für das Hundert-Millionen-Projekt nichts Spezielles, sondern »einen Ort, der Ihr Leben verändern wird«. Als Sylterin kann ich das nur als Drohung verstehen.

Bilder von der Baustelle zielen direkt ins Herz dieser Insel. Der Düne, die für List ortsprägend ist, die sich majestätisch vor Jahrhunderten hier niedergelassen hat, wurde die Krone abgerissen. Sie wurde enthauptet. Ihr Torso liegt jetzt ausgeweidet da. Man darf dabei zusehen, wie ihr die funktionierenden Organe entnommen werden. Stattdessen setzt man künstliche ein. Und das ist den Investoren auch bewusst. Auf ihrer Internetseite schreiben sie: »Es handelt sich hier um eine der höchsten Erhebungen der Insel mit einem fantastischen Rundumblick über den Lister Hafen sowie das angrenzende Landschaftsschutzgebiet. Der Lanserhof wird auf dieser Erhöhung entstehen.«

Dreiundneunzigtausend Tonnen feinster Muschelsand wurden abgetragen und durch Beton ersetzt. Damit man diese abgetragenen Sandmassen nicht teuer mit dem Autozug aufs Festland transportieren musste, haben die zuständigen Behörden dem Bauherrn erlaubt, unzählige Wagenladungen voller Sand an den Wattstränden südlich von List und rund um Munkmarsch zu verteilen. Eigentlich eine kreative Küstenschutzmaßnahme. Aber leider wurde nicht nur der Sand, sondern praktischerweise auch gleich der ganz gewöhnliche Bauschutt mit abgeladen und an den Naturstränden großflächig verteilt. Geschredderte Ziegelsteine, Metallteile, Fliesenreste, Beton, Holz und Glas. Die größte Umweltsauerei seit Jahrzehnten.

Aber auch mit so was kommt die Insel am Ende klar. Muss ja. Wir haben auch schon Tankerunglücke mit folgenschwerer Ölpest, gestrandete Wale, die Robbenseuche von 1988 und viele auf Grund gelaufene Frachtschiffe überstanden. Ganz zu schweigen von den Orkanen und den verheerenden Sturmfluten, die die Insel immer wieder heimsuchen. Jetzt also Bauschutt im Naturschutzgebiet. Natürlich hat sich der Projektentwickler entschuldigt. Kommt nicht wieder vor. Und wir Sylter haben ja auch immer noch die Westseite, das ist sowieso der für die Gäste viel attraktivere Strand.

Ich bin mir nicht ganz sicher, ob alle Sylter gelesen haben, was denn am Tegernsee so los war, als der Lanserhof eröffnete. »Radlager und Bagger pflügten die Landschaft um wie auf einer Autobahnbaustelle – zum Entsetzen der Umweltschützer«, schrieb die Süddeutsche Zeitung. Und sie zitiert auch die Sprecherin der Schutzgemeinschaft Tegernseer Tal: »Die haben da oben gemacht, was sie wollen. Das Hotel hat mit den Plänen nichts mehr zu tun, die man der Bevölkerung gezeigt hat.«

Einer von drei Geldgebern, die zusammen mehr als dreißig Millionen Privatkapital in dieses Projekt investiert haben, ist der ZDF-Moderator Johannes B. Kerner. Kerner besitzt ein Haus in Morsum. Beste Lage. Er hat oft mit mir zusammen morgens in der langen Schlange bei Bäcker Raffelhüschen für frische Brötchen angestanden. Er ist immer nett und verbindlich. Die Insel kennt er lange. Von Scham keine Spur. Im Gegenteil. Den Menschen wird Gutes getan. Das medizinische Konzept wird aufgehen. »Davon bin ich wirklich überzeugt.« Das wird es bestimmt. Das Risiko ist überschaubar. Davon zeugen die vergleichbaren Hotelprojekte an anderen Orten. Vor allem dem Menschen Johannes B. Kerner wird allerdings Gutes getan.

Der Bau schreitet immer weiter voran. Die intakte Dünen- und Heidelandschaft, die in dieser Kombination auf der Insel Sylt einzigartig ist, muss weichen und wird hinterher künstlich wieder angelegt. Allerdings so, wie sich Romantiker eine Dünenlandschaft vorstellen. »Zwischenzeitliche Probleme mit einem Einbruch des Grundwassers seien durch Pumpanlagen mittlerweile behoben. Eine Kolonne von Lastwagen führt eine größere Betonlieferung zur Baustelle des Lanserhofs. Diese Lieferung ist durch eine Ausnahmegenehmigung gestattet«, schreibt die Sylter Rundschau. Mich schmerzt das so richtig. Und zwar erschütternd tief. Für den Bauherrn ist diese Trauer nachvollziehbar, wie er das Handelsblatt wissen lässt: »Eine gesunde Skepsis der Bevölkerung ist doch völlig verständlich. Die Bauarbeiten laufen trotz aller inseltypischen Probleme normal. Und die Finanzierung ist gesichert.« Die Aufregung ist also fehl am Platz. Für die Initiatoren gibt es nichts, mit dem man nicht fertigwerden könnte.

Es ist diese Onkelhaftigkeit, mit der man auf Sylt immer alles geregelt bekommt, sodass wir solchen Leuten das

Teuerste übereignen, was wir haben: unsere Insel. Wir als Bevölkerung sind für Investoren nur die üblichen »inseltypischen Probleme«. Können das nur noch absegnen, weil große Projekte auf dem Festland entschieden werden. Wir werden nur noch als folkloristische Kulisse gebraucht und stehen dekorativ um das große Biikefeuer herum, wärmen uns an der Tradition und lauschen den Reden unserer gewählten politischen Vertreter, die gebetsmühlenartig beklagen, dass es viel zu wenig bezahlbaren Wohnraum für die hiesige Bevölkerung gibt, um dann, wie der stellvertretende Bürgermeister Manfred Koch, im selben Atemzug zu sagen: »Wir freuen uns auf den Lanserhof, das neue attraktive Angebot in List.«

Hier läuft doch etwas schief. Händeringend suchen Sylterinnen und Sylter, die hier feste Arbeit haben, nach einer halbwegs günstigen Bleibe. Und gleichzeitig verscherbeln wir jeden Quadratmeter an Außenstehende, die an der Insel und ihrer Schönheit nur dann ein echtes Interesse haben, wenn man damit Geld verdienen kann. Im Papierhaus Voss hat man sich schon Schilder mit der Aufschrift »Wegen Personalmangel geschlossen« ins Lager gelegt. Manche Läden öffnen nur noch an drei von sechs Tagen, weil ihnen die Leute fehlen. Bundesweit wird nach willigen Kräften gefahndet. Man setzt auf die Strahlkraft der Insel. Doch der Glanz ist stumpf geworden. »Arbeiten, wo andere Urlaub machen« zieht nicht mehr, weil man sich immer ein »Wohnen, wo andere ihren Heizungskeller haben«, mitdenken muss.

Ein Unternehmen wie der Lanserhof braucht viele zusätzliche Fachkräfte, die es auf Sylt gar nicht mehr gibt, weil hier alle Betriebe – vom Supermarkt über die Arztpraxis bis zur Post – hektisch nach neuen Mitarbeitern suchen. Wer neu auf die Insel kommt, konkurriert mit Einheimischen und Saisonkräften um die wenigen bezahlbaren Unterkünfte, die Sylt überhaupt noch im Angebot hat. Und wer nichts findet, landet als Pendler auf der Marschbahn zwischen Westerland, Klanxbüll und Niebüll, Langenhorn bis Husum, wo man jeden Tag damit klarkommen muss, von den Bahn-Verantwortlichen über die Schmerzgrenze hinaus gedemütigt zu werden.

Ich ziehe meinen Hut vor allen, die sich diese Tortur täglich antun und in vollkommen überfüllten, entweder ungeheizten oder nicht klimatisierten Zügen wie Vieh über den Hindenburgdamm transportiert werden – ohne funktionierende Toiletten, ohne zuverlässige Gleisansagen, ohne Information über Zugausfälle, Verspätungen, ohne eine Entschuldigung oder auch nur ein freundliches Wort der Verantwortlichen für dieses Desaster. Falls der Zug denn überhaupt fährt. Und nicht einfach nur steht. Oder viel zu spät kommt. Wegen Signalstörung, Verzögerungen im Betriebsablauf oder Lokschaden. Böschungsbrand. Weichenstörung. Türstörung. Schrankenstörung. Wegen einer Kuh im Gleis. Oder natürlich immer häufiger: wegen Personalmangel. Klar.

Das Einzige, was bahntechnisch zwischen Westerland und Niebüll gut funktioniert, ist die Facebookgruppe, die die Sylt-Pendler selbst ins Leben gerufen haben und auf der in Echtzeit jede Unregelmäßigkeit an die anderen weitergegeben wird. Man organisiert sich in Eigenregie ohne jede Unterstützung. Im Bahnhofskiosk in Westerland neben der Kasse steht eine Spendendose, darin klappert ein wenig Anerkennung für die drei Administratoren, zwei Männer und eine Frau, die neben ihrer täglichen normalen Arbeit diesen unentbehrlichen Informationsaustausch am Leben halten.

Das Bahnchaos, das nun schon seit Jahren anhält, ist längst zu einer harten Belastungsprobe für die Sylter Wirtschaft und das Alltagsleben der Inselbewohner geworden. Betriebe können nicht öffnen, Schwerkranke nicht rechtzeitig versorgt werden, man verpasst den eigenen Hochzeitstermin, ein wichtiges Punktspiel im Handball auf dem Festland und sein Flugzeug in Fuhlsbüttel, falls es mal in den Urlaub geht.

Neuerdings kommt sogar die Polizei, räumt Züge und Bahnsteig, wenn der Zug in Westerland mal wieder wegen Überfüllung nicht abfahren kann. Dann müssen als Erstes die Pendler wieder aussteigen, damit auf jeden Fall die Urlauber von der Insel kommen. Es kommt zu Tumulten. Es wird geschubst und gepöbelt. Es fließen Tränen. Und in der Facebookgruppe ist zu lesen: »Leute, es ist vorbei. Ich kann gar nicht sagen, wie glücklich ich bin. Ich darf die Insel verlassen. Ich habe einen neuen Job in Niebüll. Ihr dürft gratulieren.«

Wer dem Chaos entfliehen kann, der tut es. Aber Sylt kann es sich nicht leisten, seine wichtigste Ressource zu verlieren. Auf nichts ist die Insel so sehr angewiesen wie auf gut ausgebildete Arbeitskräfte. Und sie dankt es den Pendlern beschämend schlecht. Über ein paar müde und fruchtlose Appelle kommen Politik und Unternehmerverein nicht hinaus. Mit der Fürsorgeverpflichtung hat man es hier nicht so. Viel zu selten berichtet die Sylter Rundschau, als würde sich dieses Drama auf einem fremden Planeten abspielen. Gelegentlich wird ein regionaler »Bahngipfel« abgehalten, manchmal kommt sogar der Verkehrsminister auf der Insel vorbei, trägt ein bisschen weiße Salbe auf und wiederholt immer dieselbe Zauberformel: Es wird bald alles besser. Trotzdem kommt immer noch jeder zweite Zug entweder überhaupt nicht oder grob verspätet an.

Immerhin ist es nach mehreren Anläufen endlich gelungen, den Bundesrat zu überzeugen, die Strecke »beschleunigt«

auszubauen. Das ist ein Fortschritt. Faktisch bedeutet diese Entscheidung allerdings, dass das Elend noch mindestens fünf weitere Jahre so weitergehen wird. Ohne Gnade. Man könnte der Strecke etwas mehr Luft geben, wenn die Autozüge seltener fahren würden. Wenigstens im Sommer wäre das eine vernünftige Maßnahme, um die Strecke zu entlasten. Aber dazu ist kein Betreiber bereit. Und rechtlich auch keinesfalls verpflichtet. Weder der rote Sylt-Shuttle noch der blaue Autozug sehen sich in der Lage, nur eine einzige Fahrt auszusetzen. Dass die Insel leidet, dass ihre Menschen keine Luft mehr kriegen, ist keine nennenswerte Größe in den Businessplänen. Man reitet den Gaul lieber tot. Warum? Weil man es darf. Und die Politik? Wenn sie nicht mehr den Menschen dient, sondern den Maschinen und Funktionären, dann ist sie keine Kunst mehr, dann kann sie weg.

Oder wie ist es zu verstehen, dass sich die »Jahrhundertmarke Sylt«, eine sogenannte Ikone der deutschen Wirtschaft, ausgezeichnet mit dem »Markenpreis der deutschen Standards«, seit Jahrzehnten mit den rußenden, dreckigen und anfälligen Dieselloks abfinden muss, die – Tag für Tag, Stunde für Stunde – die Natur vergiften? Klimaschutz und Zukunft finden anderswo statt. Zum Beispiel zwischen Buxtehude und Cuxhaven. Dort sind bereits die neuen abgasfreien und geräuscharmen Wasserstofflokomotiven im Einsatz, während wir uns runter bis nach Itzehoe, kurz vor Hamburg, mit einer vollkommen veralteten Technik aus dem vergangenen Jahrtausend quälen lassen müssen.

Es ist beeindruckend, mit wie viel Würde und Selbstachtung die Menschen, die Sylt am Laufen halten, ihre kostbare Lebenszeit opfern und an jedem neuen Tag wieder zu Tausenden auf einem Geisterbahnhof entlang der Strecke ohne zuverlässige Information auf ihren Zug warten, um murmeltiertagmäßig immer und immer wieder zu erleben, dass sie der Deutschen Bahn, der Schleswig-Holsteinischen Landesregierung und den Inselpolitikern nichts wert sind.

Mein Leben lang habe ich mich darüber gewundert, was alles nicht klappen kann, wenn man zwischen Sylt und dem Festland unterwegs ist, niemals jedoch bin ich mit einer derartigen Geringschätzung behandelt worden, wie sie mittlerweile normal geworden ist. Schon erstaunlich, was einem alles zugemutet werden darf, ohne dass es zum ganz großen Aufstand kommt. Dass jetzt auch noch der Klingelwagen abgeschafft wurde, der im Zug wenigstens Kaffee und belegte Brote bereithielt, passt ins Bild. Wieder »zu teuer«.

Als Entschädigung muss der Blick aus dem Fenster reichen, wenn das Weltnaturerbe Wattenmeer in seiner unbeschreiblichen Schönheit, beleuchtet von den verschiedenen Farben des Himmels, an einem vorüberzieht und am Horizont in der Unendlichkeit verschwindet. Immer wieder ein Erlebnis. An jedem neuen Tag. Tausendmal gesehen, und doch ist es niemals genug. Ein zerbrechliches Ökosystem. Aber das ist unsere kleine Insel-Community auch. Man kann nicht alles nur nach dem Wert des Geldes bemessen. So funktioniert keine Gesellschaft. Zusammenhalt kann man nicht kaufen. Nicht mal auf Sylt, wo der Kapitalismus im Grunde erfunden wurde.

Wäre das möglich, würde ich sofort ein paar neue, jüngere Sänger für den Shantychor besorgen. Der droht nämlich auch auszusterben und tritt nur noch selten auf, weil die Jungs so alt geworden sind und Durchblutungsstörungen haben. Viele können deswegen nicht mehr lange in der Reihe stehen und müssten sich eigentlich hinsetzen. Auch für den »Rummelpott« würde ich Geld ausgeben. Rummelpott ist kein Getränk! Das ist unser »Insel-Halloween« in der Silvesternacht. Eine uralte Tradition. Mit Masken verkleidet, gehen Sylter von Haus zu Haus und singen dort launige Lieder vor. Sie lassen sich mit Schnaps und Scheinchen bezahlen. Alles vorbei. Niemand hat mehr Lust, durch Geisterdörfer zu wandern oder bei Leuten vorzuspielen, die sich davon nur belästigt und nicht belustigt fühlen. Solche Traditionen verschwinden nun zusammen mit den Sylter Familien ab aufs Festland. Moderne Heimatvertriebene im 21. Jahrhundert.

Wenn Geld alles wäre, würde ich für das Meer Millionen neue, dicke Nordseekrabben kaufen. Ich würde auch unsere alten Nachbarn zurückkaufen. Und den Handschlag, mit dem sich alles so gut regeln ließ. Am meisten würde ich wohl für die inseltypische Weltoffenheit ausgeben. Das Leben und Treiben auf der Insel waren vor allem deswegen immer so besonders, weil es distanzlos war. So hart wie das Meer das Land bestürmt, prallten hier die unterschiedlichsten Menschen aufeinander mit den verrücktesten Biografien. Und alle durften, wie sie wollten. Eine einzigartige Mischung, die die heute so heftig diskutierte »offene Gesellschaft« wie selbstverständlich vorweggenommen hat. Mir fehlt das. Mir fehlt, dass Keitums Pastor Traugott Giesen mitten auf der Straße vor mein Auto springt und sich lauthals empört, dass ich aus der Kirche ausgetreten bin. Mir fehlt mein Ansprechpartner in der Barmer Ersatzkasse in der Strandstraße. Er ist jetzt ein Callcenter in Wuppertal. Alles ist inzwischen auf Abstand.

»Ich bin hier geboren, meine Eltern würden sich im Grab umdrehen, wenn ich etwas zulasse, was unserem Ort nicht guttut«, sagt Lists Bürgermeister Ronald Benck dem Hamburger Abendblatt und feiert die Riesenbaustelle vom Lanserhof, als wäre sie die Lösung aller unserer Probleme. »Inzwischen bin ich fest davon überzeugt, dass List vom neuen Lanserhof sehr profitieren wird.« Inzwischen? Wie denn?

Wenn man Leute fragt, die es wissen müssten, zucken sie mit den Schultern. Der Einzelhandel? Der Großhandel? Vielleicht kommt ja irgendwann mal jemand raus aus diesem abgeschirmten All-inclusive-Resort und kauft sich am Lister Hafen einen Regenmantel. Oder er kauft gleich die ganze Insel, weil sie ihm so gut gefällt. Donald Trump wollte ja auch Grönland kaufen. Keine Pointe. Vielleicht wird es aber auch wie in der Dominikanischen Republik, wo man die Annehmlichkeiten der Anlage genießt und den Kontakt mit der einheimischen Bevölkerung vermeidet und sich – wenn überhaupt – in einem klimatisierten Bus herumfahren lässt, um mal zu gucken, wie der Rest denn so wohnt.

Wir müssen mal über etwas sehr Unangenehmes reden. Über uns.

Der Lanserhof ist ja nicht einfach so über Sylt gekommen. Auch nicht das TUI-Dorfhotel in Rantum, das gegen den erbitterten Widerstand der Bevölkerung vom Gemeinderat durchgedrückt wurde und jetzt auf ewig die herrliche Wattseite am Rantumbecken mit seinem Plattenbaucharme verschandelt. Auch nicht die Keitumer Thermenruine, die als Rohbauskelett bis vor Kurzem zehn lange Jahre an einem der schönsten Aussichtsplätze der Insel vor sich hin rostete. Und nicht das A-Rosa-Hotel in List, das plötzlich viermal größer ausgefallen ist als ursprünglich geplant. Nicht das Kurzentrum, die erschreckende Bausünde der späten Sechziger. Nicht das neue »Lornsen am Strand« in Westerland, das noch in Planung befindliche Trauerspiel der noch ganz frischen Zwanziger. Nicht der Zirkus, den die Kurverwaltung Westerland auf der Promenade mit den sich krakenartig ausbreitenden Fress- und Promotionbuden am Brandenburger Strand veranstaltet. Seit Jahren mit Plastikgeschirr und entsprechenden Müllbergen.

An allem haben Einheimische entscheidend mitgewirkt oder sind noch tatkräftig dabei, könnten umsteuern, sich verweigern oder zumindest für das Gemeinwohl etwas herausschlagen. Was Sylt nicht gelingt, schafft jede x-beliebige Gemeinde, nämlich bei großen Projekten den Bauträgern und Investoren für die eigene Infrastruktur und für das soziale Gefüge etwas abzuhandeln. Die Einrichtung einer Kita etwa. Oder die Überlassung von Wohnungen mit günstiger Mietpreisbindung. Manche Gemeinden sind auf diese Weise zu neuen Spielplätzen gekommen oder zu Fahrradwegen, zu Turnhallen oder Mehrzweckräumen. Doch zum Funktionieren des Sylter Gemeinwesens tragen die spektakulären neuen Großprojekte nichts bei. Wo ist der Deal, um allen zu zeigen, dass die Profiteure verstanden haben, dass sie nicht nur etwas nehmen, sondern auch etwas geben müssen? Dass sie zu uns gehören?

Der Lanserhof müsste ja nicht gleich so weit gehen, der Insel die dringend benötigte Geburtsstation zu stiften. Das wäre ein feiner Zug. Aber stattdessen einfach den Bauschutt an die Oststrände zu kippen spricht allen Verheißungen hohn. Deutlicher kann man nicht zeigen, dass man sich nicht als Teil dieser Insel versteht. Diese Kränkung tut weh, weil man uns zu Statisten degradiert. Wieso lassen wir uns das gefallen? Eigentlich muss die Politik die Sachen regeln, die zu groß für unseren Alltag sind. Aber wer regelt die Sachen, die zu groß sind für die Politik? Die Schieflage, in die wir geraten sind, ist beängstigend. Greta, wo bist du, wenn man dich wirklich mal braucht?

Uns Syltern sagt man nach, dass wir immer dann am geschicktesten waren, wenn es galt, bei stürmender Nordsee Schiffe durch falsche Feuer in gefährliche Untiefen zu locken und dann auszurauben. »Strandräuberei nannte man die damals übliche Art der Eigentumsvermehrung, eine Mentalität, die in den Inselbewohnern über Generationen steckt.« Leider ist das nur ein gut abgehangenes Vorurteil; in diesem Fall vom Journalisten Michael Jürgs mal wieder aus der Mottenkiste geholt, als er versucht hat, das Wesen der Verlegerin Friede Springer zu beschreiben, die auf der Nachbarinsel Föhr geboren wurde. Aber jedes Klischee hat seinen Ursprung. Und ich gäbe was drum, wenn es sie denn heute tatsächlich noch geben würde, die sagenumwobene nordfriesische Strandräubermentalität, die uns Inselbewohnern gern unterstellt wird. Wenn wir die Projektentwickler dieser Welt durch falsche Feuer auf diese besondere Insel locken und dann abgreifen würden, was geht.

In Wirklichkeit ist es umgekehrt. Die Investoren landen mit ihren Schiffen an unseren Küsten an und marschieren ein wie Eroberer. Und wir Sylter rotten uns um ein großes Feuer zusammen, hängen alten Zeiten nach und lauschen der Inselhymne: »Us Söl'ring Lön«. Unser Sylter Land. Aus dem Friesischen in den aktuellen Inseldialekt übersetzt mit »Der Kunde hat immer recht«. Deshalb gehört es uns auch nicht mehr, unser Sylter Land. Und wir ziehen trotzdem immer noch unsere Sylter Freiheitsfahne hoch, auf der seit Jahrhunderten steht: »Lewer duad üs Slaav« (Lieber tot als versklavt), und gehen dann zur Arbeit. Ist ja auch immer so viel zu tun.

Es liegt ganz offenbar in der Natur des Menschen, Verlorenes höher zu bewerten als das, was noch da ist. Jeder hat seine Strategie, Vergangenes festzuhalten und vor dem Vergessen zu bewahren. So ein Aufschreibesystem wie meines kann immer nur der Versuch sein, aus dem Erlebten wenigstens ein paar Lehren und Schlüsse zu ziehen und sie für die Zukunft mitzunehmen. Darin liegt ein gewisser Trost. Naturgemäß ist alles nur eine Frage der Zeit, bis alles verschwunden ist, zerfallen und verfault, vernichtet und zerstört. Man kann nichts behalten. In ein paar Jahren wird Sylt sowieso einfach vom Meer verschluckt oder von einem Orkan ertränkt. Wozu also noch die Mühe? Oder wie meine Mutter es ausdrückt: »Was willst du jetzt schon wieder?«

Ehrlich gesagt, ich hatte da eine Leerstelle. Irgendwann war was abgerissen, und ich konnte nicht genau sagen, wann das passiert ist und was geschehen war. Ich wusste auf einmal nicht mehr, woher ich komme. Wofür ich stehe als gebürtige Sylterin. Außer für ein Klischee. Die Hälfte meiner Welt ist schon gestorben, meine Freundin Antje Preziosi fiel mitten im Café Wien tot um, direkt vor dem Kuchentresen und dann noch in der Hochsaison. Sie hatte lange in Amerika gelebt, war dort verheiratet und ist dann auf die Insel zurückgekommen, weil ihr das Dörfliche im Weltläufigen fehlte, ihr Zuhause. Sie hat nicht mehr viel davon gehabt. Aber sie war glücklicher als in Amerika. Wenigstens das. Ihr Zuhause wurde dann leider wie so oft schnell von ihren Erben in Apartments umgewandelt. Noch eine Zuflucht weniger.

Gerade auf Sylt ist die Zeit eben nicht stehengeblieben. Man denkt, es ist wie damals, aber man bewegt sich in Wirklichkeit nur in Kulissen, die von Menschen bewohnt werden, die so tun, als wären sie von hier. Die behaupten, in ihren Adern fließe kein Blut, sondern die Nordsee. Die Bücher schreiben über original Sylter Rezepte, obwohl sie spürbar nur die Oberfläche kennen und als »Society Lady« vermarktet werden; die sich im Internet als »Sylt-Fräulein« ausgeben und uns unsere Insel erklären, weil sie ein paarmal in den Ferien hier waren. Es ist ein Vakuum entstanden. Und ich habe mir erlaubt, dieses mit Gesängen und Geschichten zu füllen, in denen die Erinnerung noch einmal lebendig wird.

Ich selbst habe nach dem Abitur am Gymnasium Sylt die Insel verlassen. Man musste ja studieren und in die Welt hinaus. Viele Inselkinder leben inzwischen verstreut über die ganze Erde. Die Fähigkeiten, die sie sich erworben haben, könnte die Insel jetzt gut gebrauchen. Diejenigen, die geblieben sind, stemmen sich tapfer gegen die fatalen Entwicklungen und sind doch machtlos.

In mir wächst das Gefühl, dass ich der Insel etwas schulde. Auch wenn es am Ende nur dieses Buch sein wird.

Nichts ist verloren. Wir müssen uns nur erinnern. Selbst meine alten Eltern haben nicht gedacht, dass sie nach ihrem schmucklosen Totalschaden noch einmal zu den Topexperten für die Pelz-Nachlassverwaltung der Siebziger- und Achtzigerjahre aufsteigen würden. Bei uns stapeln sich die Anfragen für Umgestaltungsideen. Geht alles in Richtung »Retro«. Schönes Stichwort.

Nichts ist für immer. Außer das Meer. Hoffentlich.

DANKSAGUNG

Ohne die Unterstützung von Katja Strauch, Ulrike Grübler, Jutta Lang und Kristine Kress hätte das Buch so nicht entstehen können. Danke an euch.

Mein ganz persönlicher Sylt-Verein

Ahoi, ihr Weggefährtinnen und -gefährten

Ada Kadelbach
Andrea Müller
Andreas Voß
Andreas Wendt
Angelika Manchen
Anja Hirschberger
Anja Kiose
Anke Abeling
Anne Hoppe
Annegret Sievers
Annette von Wiedebach
Antje Schmüser
Arne Schmüser

Bea Völker
Bernhard Lorenzen
Bettina Auselt
Birgit Hoppe
Birte Manchen
Birte Volz
Birte Wieda
Björn Tittel
Brigitte Bohnsack
Britta Bielenberg Düysen
Britta Wonneberger
Bruno Remki

Carsten Volz
Christa Laubinger
Christian »Fetzer« Sönksen
Claas Johannsen
Claudia Fuchs
Claudia Stricker
Conny Kamp
Cornelia Düysen

Descha Decker
Dirk Erdmann
Dirk Volquardsen

Eberhard Krämer
Edda Raspé
Edith Isermann
Edu Wulff
Eike Eis
Elfi Hirschberger
Elisabeth Westmore
Elke Berensmeyer
Elke Goldschmidt
Ellen Thomsen
Erich Spintig
Etelka Cselkò

Frank Deppe
Frank Lorenzen
Frank Stricker
Frauke Zucker

Genia Blanck
Gerda Wimmer
Gerrit Hahn
Gisela Schwarz
Gitta Volquardsen
Günther Volquardsen

Hanne Eis
Hans-Hermann Wegst
Hans-Peter Hinz
Hansi Finke
Harry Kress
Hauke Cornelsen
Helga von der Meden
Hella Rossberg-Gerdsen
Hilke Lambrecht
Holger Widera

Ildiko Cselkò
Imke Achenbach
Ingbert Liebing
Inge Elias
Inge Spintig
Ingeburg Lendt
Ingrid Langmaack
Inken Cannazzaro Wahrig

Jelle Stollenwerk
Jo Bohnsack
Jochen Pförtner
John Lambrecht
Jörg Decker
Jörg Elias
Jörg Volquardsen
Jörn Hauke Hoppe
Jupp Thevis
Jürgen Ingwersen

Kai Finke
Karin Voß
Kathrin Weidner
Karl Max Hellner
Kathrin Harms
Kerstin Hoppe
Kiki Lehnen
Kirsten Vahl-Voß
Kläre Reisch
Kristine Kress
Kurti Hirschberger

Lars Fuchs
Lorenz »Loni« Fuchs
Lütje Thaysen

Maike Lappoehn
Manfred Degen
Marc Lambrecht
Marco Simonsen
Maren Kress
Margrit Hansen
Marina Schneider
Marc Hansen
Marlies Schaper
Meike Thomsen

Meli Manchen
Michael Stitz
Monika Söderberg

Nann Söderberg
Nanni Eberhardt
Nicolas Hoppe
Nicole Thöming
Nische Pahl
Nuppi Christina Schmüser

Olaf Newig
Oliver Brandl

Paula Schipper
Peter Rechel
Peter Sawallich
Peter Schmidt
Peter Schnittgard
Petra Fuchs
Petra Hansen
Pommi Petersen

Ralf Henningsen
Renate Lorenzen
Renate Newig
René A. Krüger
Rudi Eberhardt
Rudi Wieda

Sabine Hill
Sabine Neuwerk
Sigi Steinkrauß
Silke Mazzurana Schenk
Silke von Bremen
Sönke Wimmer
Stefan Gutt
Stefan Tamblé
Sünje Kesseler
Susanne Behrends
Susanne Karstensen
Susi Hansen
Sven Lappoehn
Sven Paulsen

Tania Langmaack
Thomas Blanck
Torsten Claußen
Traugott Giesen

Ulla Kubale
Ulla Stricker
Ute Häßler
Uwe Becher
Uwe Hoppe

Volker Bannick
Volker Kiose
Volker Matzen

Walter Blum
Walter Reisch
Werner Hinz
Wolfgang Valentin

Mein ganz persönlicher Sylt-Verein
FAARWEL, ihr treuen Seelen

Alwine Anna Matthiessen
Annegret Thevis
Annette Bohnsack
Antje Preziosi
Antje Wegst

Bärbel Hoppe
Butt Steinkrauß

Carola Gutt
Charlott Frank
Claus »Dokter« Andersen
Coco Corinna Richter

Dieter Erdmann

Elvi Fuchs
Erich Völker
Ernst Broderius

Fritz Krause

Gerhard Hansen
Gisela Fuchs
Günter Lass

Hans-Dieter Stricker
Harro Falkenreck
Harro Lendt

Harry Häßler
Hauke Hoppe
Helga Stille vom Café Orth
Henner Krogh
Henry Koch
Horst Karstensen

Inga Graalfs
Ingrid Pöhlmann
Irmgard Kaczinski
Irmgard Schmüser

Jochen Quäck
Jutta Scotti

Klaus Bambus

»Latsche« Wahrig
Lisa Ehmcke

Manne Schaper

Netty Nann

Paula Hass
Pauli Nielsen
Peter Bendix Düysen
Peter Heising
Peter Lehnen

Peter Schmidt

Reimer Köster
Rüdiger Eis
Ruth Wagner

Dr. Siegfried Fenger
Stibbi Meyerhoff
Sylta Patrone

Theodor Matthiessen

Ursula Sönksen
Uschi Finke
Uwe Alwart
Uwe Volquardsen

Vera Prahl
Volker Lambrecht

Waldemar Nielsen
Willi Langmaack (Willi Wien)
Wiltraut Karstensen
Wolfgang Navrath

LITERATURVERZEICHNIS

Valeska Gert, Ich bin eine Hexe, Rowohlt Taschenbuchverlag, Reinbek 1978

Michael Jürgs, Der Fall Axel Springer, Paul List Verlag, München 1995

Oswalt Kolle, Deine Frau, das unbekannte Wesen, Südwestverlag, München 1967

Ernst Penzoldt, Sommer auf Sylt, Insel Verlag, Frankfurt a.M. 1992

Davon geht die Welt nicht unter aus dem Film *Die große Liebe* (Michael Jary/Bruno Balz), 1942, Zarah Leander mit UFA-Tonfilm-Orchester, Dirigent: Michael Jary, Odeon

Yes, Sir! aus dem Tonfilm *Zu neuen Ufern* (Ralf Benatzky), 1937, Zarah Leander mit Ufa-Tonfilm-Orchester, Leitung: Lothar Brühne, Odeon

Nur nicht aus Liebe weinen aus dem Tonfilm *Es war eine rauschende Ballnacht*, (Theo Mackeben/Hans Fritz Beckmann), 1939, Zarah Leander mit Balalaika-Orchester Boris Romanoff, Dirigent: Theo Mackeben, Odeon